BEIMEIJINGYINGYOUSHIDE
KEXUEZAOJIAOFA

北美精英幼师的科学早教法

棉棉老师
(Alice Chen) // 著

中国妇女出版社

图书在版编目（CIP）数据

北美精英幼师的科学早教法 / 棉棉老师著．-- 北京：中国妇女出版社，2019.4
ISBN 978-7-5127-1683-4

Ⅰ．①北… Ⅱ．①棉… Ⅲ．①儿童教育－家庭教育 Ⅳ．① G781

中国版本图书馆 CIP 数据核字（2019）第 011437 号

北美精英幼师的科学早教法

作　　者：棉棉老师　著
责任编辑：宋　罡
封面设计：尚世视觉
责任印制：王卫东
出版发行：中国妇女出版社
地　　址：北京市东城区史家胡同甲 24 号　　邮政编码：100010
电　　话：（010）65133160（发行部）　　65133161（邮购）
网　　址：www.womenbooks.cn
法律顾问：北京市道可特律师事务所
经　　销：各地新华书店
印　　刷：北京中科印刷有限公司
开　　本：165×235　1/16
印　　张：19.75
字　　数：290 千字
版　　次：2019 年 4 月第 1 版
印　　次：2019 年 4 月第 1 次
书　　号：ISBN 978-7-5127-1683-4
定　　价：49.80 元

序言

Preface

最滋养孩子的早期教育，来源于家长快乐的情绪

当我还是个孩子的时候，我最喜欢待在奶奶家。奶奶是武汉市示范幼儿园退休的老园长，在一线幼儿园从事了一辈子的儿童教育。她的孩子，也就是我的父亲和伯伯们，在那个饭都吃不饱的年代全都顺利考上大学，个个都被街坊邻居夸奖、羡慕，是20世纪最早的一批“别人家的孩子”。人人都说奶奶最懂教育孩子，还有人专程来向她讨教学习，而奶奶一直谦逊地说自己只是好命。其实，她自己是个怎样的人，比起她怎样教育孩子，比她做了什么更为重要。

奶奶一向是个乐天派，乐观且坚强，绝不向命运低头。早年她是吃尽苦头的童养媳，半文盲，连自己父母是谁都不知道。长大后，她积极申请入党，认真工作，下了工还在夜校恶补文化课，直到变成能读能写的“文化标兵”，被组织调到本地最好的师范大学幼儿园工作。奶奶的后半生总算苦尽甘来，工作顺心、家庭和睦、母慈子孝。对于生命中发生的一切，奶奶总是充满感恩。她说，做

好自己该做的，然后坦然接受现实，过好每一天。福和祸都是上天的考验，做个问心无愧的好人，就什么坎儿都能过得去。我在她身上明白，支撑一个人一生顺遂的，其实不是“好命”，更多的是以身作则，积极灌溉命运，让贫瘠的土地开出花来的那种力量感。

我们家族的成员，对于追求学问有一种天然的向往。从奶奶那一辈开始，我们家族里的所有人几乎都在国内从事和教育相关的行业，其中包括幼儿园园长、中学老师、大学教授、大学校长和大学出版社编辑……我呢，无形中也传承了这种家族精神，在机缘巧合之下移居海外，成了一名加拿大的双语儿童教师。

这些年在加拿大的工作和生活，让我愈来愈深地切身体会到，北美的精英中产家庭所采纳的育儿策略和我们国内的育儿方式有着很大的差异。出于分享交流的目的，2016年伊始，我便在网上开设了免费的在线育儿专栏和公众号“爱丽丝与奇妙豆”。自专栏开通以来，我就不断地接到国内家长们充满焦虑的咨询：

“我的孩子实在管不住啦，怎么办？”

“紧急求助，老师，我的孩子是不是有些不正常？”

“孩子行为和情绪方面的问题，怎样解决？”

“我应该要怎样做才能让我的孩子更优秀？”

其实所有的育儿焦虑，都是出于对自己和对孩子的不了解。所有的疑问汇总到一点，归根结底都是同一个问题：究竟什么才是科学的育儿方针？

让我从下面的几个角度简要地分析一下。

孩子不必“争当第一”，而要“成为自己”

我的育儿观很朴素，很简单：

我们首先要了解自己，照顾好自己的需要，然后才能真正理解孩子和善待孩子。人唯有真正成为自己才是幸福的。

因此，我们不要去和别人盲目攀比，也不要勉强孩子去追求第一，而是要鼓励他们走出一条属于自己的路。不属于自己的路，无论看起来多么诱人，也一步都不要走。因为兜兜转转，最终还是会回到原点。比如我，曾经拿到最好的商学院的Offer，却发现学商科并不能使我快乐。我的骨子里，流着和奶奶一样热爱教育、追求学问的血液，唯有投身教育界才可以使我感到幸福。于是我毅然决然地从商学院退学，转去教育学院，选择从加拿大最基层的儿童教师做起。多年的一线育儿经验和教学实践，让我不断发现新的自己，新的目标，新的远景。目前，我已开始为温哥华的私立早教机构设计幼教课程，也应出版社老师的邀约而写下了这本书。我们的目标，是让国内更多的孩子和家长认清自己，成为自己，每一天都感到幸福而充实。

我希望，每一位中国孩子和家长都能在这本书中看到自己，诚实面对自己，并且时时提醒自己：无论我在什么样的境遇里，做着什么样的事，我始终都是我自己，我的价值无可取替。我有力量，我有价值，因为我值得。

幸福的亲子关系，孩子和父母彼此都是“最佳搭档”

幸福的家庭在全世界大都相似，他们的秘诀在于家庭成员之间彼此信赖，凝聚力极强，是彼此的合作者和生活中的“最佳搭档”。孩子的本领是无穷的，前提是我们足够信任和欣赏他们，他们的成长本能才能得到充分的发挥。

比如，当我和加拿大朋友带着她的孩子去动物园玩，她3岁半的小女儿已经懂得自己的事要自己做，小朋友并不需要成年人服侍。小姑娘高高兴兴地背上她的小背包，里面鼓鼓囊囊地塞满儿童餐具、水杯、小零食和纸巾，分量一点儿也不轻，她却健步如飞。不一会儿，我们在一个拐角处迷路了，正商量着该往哪边走，小姑娘已经迈开胖胖的小腿，主动跑去找路边的游客老爷爷问路了。老爷爷很耐心地蹲下身，连比带画地对她详细解释了一番，然后小姑娘笑得一脸灿烂，向我们跑来，一脸得意地指挥我们去接下来的目的地。中午的午餐时间，我们到了附近的餐厅，刚坐下，小姑娘就自告奋勇地问妈妈：

“我可以去帮你们拿菜单吗？”

我对朋友的育儿策略赞不绝口。她的秘诀，就是赢得孩子的合作，让他们成为父母的“合作者”。加拿大孩子从2岁开始就会参与家务活动，小到叠衣服、打扫卫生、倒垃圾，大到购买食材和给草坪除草，几乎每个孩子都是“十项全能”的“生活小助理”。可以想象，和这样的孩子生活在一起，彼此合作，成为“最佳搭档”，并不会是件太艰难的事。

值得我们借鉴的是，不仅孩子应该学习成为家长的“合作者”，家长也应该学会充分信任孩子的能力，培养他们作为自己的“最佳搭档”，让孩子脚踏实地地真正参与到家庭生活之中。孩子不是格格不入的客人，也不是众星捧月的小主人，他应该感受到“我是家庭的一部分”，而非“我就是宇宙中心”。

成长不是孩子单方面的任务，需要和家长共同学习

我在前面说过，一个好的教育者之所以能养育出好的孩子，不在于他说了什么，而在于他怎样做，他本身是个怎样的人。每个孩子的优秀，都不是来源于家人唠唠叨叨的“说教”，而是来源于家庭关系中轻轻松松的“身教”。父母和孩子都需要共同成长，而终身的共同成长，一定是需要学习的。

我一直认为，一家人相亲相爱，孩子拥有温馨的家庭生活，就是孩子所接受的最好的早期教育。爱的滋养，会成为孩子在漫长人生中最坚韧的铠甲，让他们学会善待自己、珍惜自己。

总之，我想说的是：我们没必要去“改变”，而要去“成长”。我们对自我的理解和悦纳，就是孩子最好的榜样，能真真切切地激励孩子去发展他的每一份潜能，活出真正的自己。

希望这本书能帮助诸位家长，和孩子共同成长，开启快乐的育儿之旅，相互激励出彼此最好的那一面。我在和孩子们相处的过程中，找到了真正的自己，衷心祝愿您也可以。

特别致谢

我想感谢所有在我的求学和写作之路上照亮过我的导师们和前辈们。正

因为有你们的存在，让我对于儿童教育领域的未来更加充满信心。

我的作文启蒙老师尹均生教授为我打开一扇大门，让我领略写作的力量；加拿大卡莫森学院的Colleen O'dowd和Enid Elliot教授在我初次进入儿童教育领域时，给予我温暖的鼓励和无尽的灵感；维多利亚大学的Xiaofeng Ke和Roz Turcotte老师用自身的专业素养和无私关怀，成为我在幼教领域里的楷模；作家兼媒体人德川咪咪女士，热心地为我的新书写推荐语。

最后，最应该感谢的是我的爸爸妈妈。感谢你们尽心尽力地将我抚育成人，鼓励我勇敢做自己。你们就是我最好的榜样。

目录

Contents

Chapter 1 好老师VS好家长

Chapter 2 我的快乐育儿锦囊

Chapter 3 “天使宝宝”是怎样养成的

Chapter 4 引导孩子勇敢穿越成长障碍

Chapter 5 北美精英家庭，真没你想象中神秘

Chapter 6 北美中产精英，如何应对育儿挑战

Chapter 7 家校互动，默契十足的“黄金搭档”

Chapter 8 北美名校的优质早教资源，统统给你搬回家

Chapter 1

好老师VS好家长

培养好孩子的秘诀是什么

培养出好孩子的一个重要秘诀，就是要营造一个适合孩子成长的家庭环境。

在加拿大从事儿童教育行业的这些年，我见过了成百上千个孩子。他们分别来自不同种族、不同阶层、不同的文化背景，也看着他们走向截然不同的人生。

托尔斯泰有句名言，一语道破了家庭生活的本质。他说："幸福的家庭大多相似，不幸的家庭各有不同。"看过那么多现实案例，我也不禁感慨，有时候人与人的差距，真像天和地。

有的家庭总是闹得鸡飞狗跳，孩子成为最大受害者，而另一些家庭的亲子关系却积极健康。有的家庭蒸蒸日上、幸福美满，而有的却苟延残喘，不得不借助政府补贴和社会工作者的辅导才不至于深陷泥潭。

心理学家马斯洛说："我们应该摒弃从前侧重研究的病态型人格，而致力于研究人类社会中最成功、最幸福、最优秀的少数'人类之光'，由此找出幸福的规律，造福全人类。"

这句话放在儿童教育领域也有其借鉴意义。为什么有的家庭运转得如此成功，而另外一些却不行呢？成功的父母，在养育孩子时遵循了什么秘诀吗？让我们一起来看看，幸福的家庭之间通常有什么样的共性，有哪些规律可循。

心理学博士芭芭拉·菲斯（Barbara Fiese）和她的团队研究“家族仪式传承”超过了50年。他们得出的答案竟出乎意料的简单——幸福家庭维持良好亲子关系的秘诀，就是这个家庭能够一代代有效地传承他们的家庭“仪式感”。

他们发现，家庭的“仪式感”具备强有力的“黏合”家族成员的作用，即便是在最动荡压抑的社会环境中，仍然能稳定人心，让成员体验到归属感和安全感。特定的“仪式感”会渐渐融入这个家族的血脉，成为每位成员身上有血有肉的一部分。

越是具备“仪式感”的家庭，生活中方方面面的成功和满意度就越高。不仅如此，家族“仪式感”还和家族成员的婚姻满意度、个人身份认同、孩子的健康程度、成绩高低、家庭成员的情感纽带等呈现正相关的关系。而这些其实就是培养出好孩子的关键所在。

“仪式感”到底是什么呢？它听起来玄妙，其实很简单。它可以是孩子记忆中爸妈煮的热气腾腾、香气扑鼻，饱含着爱和安全感，深深融入了孩子的血液之中的一碗面条。

让我们先来看一个“一碗泡面拯救人生”的故事。

有个年轻人陡然遭遇了一连串的变故，内心终于承受不住了。他决心自杀。在自杀前，他给父亲打了最后一个电话，想听听父母的声音再上路。当然，他绝口不提自己的自杀计划，只问父亲在做什么。

父亲回答：“我在煮方便面。”

这个年轻人静默了一下，说：“爸，光面不好吃，你多放一个鸡蛋吧。”

父亲咂咂嘴，笑了：“那还用说！除了鸡蛋，我还得加上榨菜、香菇、辣椒油和昨天炒的肉丝，那味道闻上去就香啊……你还记得小时候我给你煮的面吗？你最爱吃我煮的各种面，想想你贪吃的样子我就好幸福啊！”接着他又问：“仔，你在那边吃什么？多吃点好的，别亏待了身子。”

年轻人喃喃地应了几句放下电话。他突然间很想吃一碗父亲煮的那种方便面。这种想法越来越强烈，把死的念头完全挤到了一边。于是，他去超市买回了所有的佐料，开始精心炮制那一道按父亲的食谱煮成的方便面。煮好的方便面香气扑鼻、鲜艳夺目，堪称活色生香。

年轻人狼吞虎咽地吃完了那碗面，身心都活了过来。他再也不想死了。他买了车票，打算回家陪父母多吃几顿饭。

其实拯救这个年轻人的不是泡面，而是早年的家庭生活在他生命中留下的美好印记。正是这些有气味的回忆，在他最脆弱、最危急的关头拉了他一把，让他悬崖勒马，没做下不能挽回的事。

家族与家族之间的传承和仪式是不同的。但它们的共同点是，能让哪怕最幼小的家庭成员感受到只属于这个家族的印记，由此而拥有身份和记忆，拥有该家族所珍视的精神力量，维系和传承了整个家族特有的价值观。

比如，一个传统的中国家庭每到冬至和春节都会包饺子，大家说说笑笑地一起动手擀面、和馅儿，孩子眼巴巴地在一旁流着口水等热腾腾、香喷喷的饺子出锅……这样一来，每当家人想到冬天，他们就会想起大家欢聚一堂包饺子的场面，也会对冬天的到来怀有更好的期盼。

当孩子将来长大了，离开家了，还是会想起那一碗饺子的余温。也许将来他自己在异地他乡建立家庭后，也会将这一碗充满温情的饺子一代代传递下去。比一切都更重要的是，无论在高峰还是低谷，体验过温情的孩子们永远都明白，家是他们永远的退路。它一直就在那里，随时张开双臂迎接失意的孩子们归来。

所以，家庭环境的构建对孩子的健康成长尤为重要。我们再次重温一下托尔斯泰的金句：幸福的家庭大多相似，不幸的家庭各不相同。让我们为了孩子健康、幸福的成长营造一个和谐的家庭氛围吧！

该让孩子成为“人生赢家”吗

前几年火遍全球的“虎妈”蔡美儿，她对孩子的要求高到严苛的程度，她教育的最终目的就是把孩子培养成她心目中的“人生赢家”，即“所有人眼中的成功者”。她追求的是将孩子培养成“永恒的精英”：门门功课永远第一，当首席小提琴手，上哈佛大学。

“虎妈”的育儿观念，逻辑上自成一体，在全亚洲也拥有一大批拥趸。只是，我看待“人生赢家”的标准与她有些不同。大家心目中的“人生赢家”，或许全都活成了不同的样子。

我想先给大家讲两个我亲眼所见的身边的真实故事。

第一个故事发生在我的一位学生家长身上。她是一位华人母亲，在这里称她为R女士吧。R女士带着儿子，刚移民来加拿大没几年。她丈夫在国内开公司，她当全职主妇，陪孩子在温哥华上学，每天家—幼儿园—超市三点一线。由于刚移民，事事都不习惯，她亲力亲为带孩子，良辰美景无暇欣赏，也没有娱乐活动，生活是很苦闷的。她对我感慨道：“全是为了孩子呀，不然我哪肯背井离乡地搞‘洋插队’，受这份罪。”

孩子刚来我班上时，一句英文也不会说，被金发白肤的小伙伴们吓得直哭。三个月后，他彻底适应了幼儿园的生活，和加拿大小伙伴亲热地勾肩搭背，一口英语说得溜溜的。

R女士也渐渐适应了加拿大的生活，加入了各种各样的“妈妈群”，整天忙着研究育儿策略。她来加拿大的目的很明确，就是给孩子最好的教育，让孩子将来成为人人羡慕的“人生赢家”。她的原话是：“我都给他计划好了——从最好的幼儿园直到最好的大学，他将来能差到哪儿去呢？”

于是孩子的时间，就在R女士的策划中被塞得满满当当的：周一游泳课，周二绘画班，周三补中文，周四练足球，周五学弹琴……周六周日可以歇半天，其他时间要用来“干点儿正经事”。

从幼儿园毕业后，孩子面临着升学的问题。R女士的“人生赢家培养计划”遭遇了第一次的打击——她的孩子没能考上本地最好的私立学校。R女士不甘心，到处托人找关系，据说还给了大笔的赞助费，总算让孩子上了一个排名还不错的私立学校。那所私立学校从学前班一直覆盖到十二年级，孩子的教育总算有了着落。

你以为故事到这里就圆满结束了吗？并没有，进入私立名校，还只是一个开始呢。

儿子进了好学校，R女士才发现攀比之风在全世界范围内都盛行，有钱人家的孩子扎堆的地方更是“环球同此凉热”。表面上每年的学费不算高，但高额的赞助费才是学生家长们暗自角力的地方。而且，学生们就算不炫耀自家的豪宅名车，也会暗自比一比各自父母的头衔和来头，拼一拼自己的智商和基因。

R女士无奈地告诉我，孩子已经好几次抱怨“你为什么不工作，某某的妈妈是大企业CEO，某某的妈妈是名校终身教授呢”，要不就是央求“妈妈，我同学家有游艇，上次我们坐他的游艇出海玩儿了……我们家什么时候也买一艘吧”。

怎样帮儿子建立自信和正确的价值观，目前成了R女士最头疼的问题。

第二个故事，也是我班上一个学生的。

这个孩子比R女士儿子低两届，在文中就叫他小L吧。小L的父亲是个木匠，母亲是公立学校的小学老师。换句话说，他们家就是加拿大的普通家庭，经济方面和R女士家没法比。

可是小L活得挺开心自在，充分地享受了他的童年和家庭生活。他从小爱和父亲一起做手工，心灵手巧，做了好多可爱的木头工艺品送给老师和小伙伴，大家都喜欢他。每年父母过生日，他都央求我们和他一起制作手工贺卡送给爸爸妈妈，让他们乐得合不拢嘴。妈妈则爱给小L讲故事。小小年纪，小L已经和妈妈一起读完了近千本高质量的儿童绘本了。

周末，父母总会带他去游玩，温哥华的游乐场、水族馆、科技馆、马戏团和儿童剧场等地方他都去遍了。迪士尼一有巡回演出，只要到了温哥华，父母就会带小L去看，小L对迪士尼的人物如数家珍。

每天，小L的父母都会肩并肩一起来接小L放学，给他一个大大的拥抱和亲吻。小L总是开心地张开双臂，扑向他们，眼睛亮闪闪地告诉他们：

“我今天是个很好的孩子哦。”

父亲总是一下将他抱起来，举过头顶，说：“好孩子，我们带你去爷爷奶奶家吃好吃的。”

作为一个孩子，你更想拥有怎样的童年呢？

每次看到小L的笑脸，我总会想到一段话：最幸福的人生，无须很有钱。父母健在，知己二三，盗不走的爱人，两个孩子两只狗（猫），足矣。其他的都是幻象，别太当真。

钱没了可以再赚，可是孩子失去的天真无邪的童年，却是多少钱也买不回来的。现在国内患“育儿焦虑症”的父母太多，个个都怕孩子输在起跑线上，恨不得从孩子刚孕育时就开始胎教，听莫扎特、读莎士比亚。这样焦虑的结果就是，养出和父母一样焦虑的孩子，对自己的成就永远不满足，永远停不下来好好享受一番，永远在追求更高目标的路上。

和别人攀比，是永远没完没了的，欲求不满的人不会快乐。就像R女士，难道她一咬牙买了游艇后孩子就会开心了吗？不会的，因为还有好多同学家里有私人岛屿呢。

人和人的际遇是不同的，因此对于每个人的成功标准，也应该因人而异。我们要将人生看成一场马拉松，是自己与时间的赛跑，和他人无关。成功的“人生赢家”，是能不气馁地坚持跑到最后的人。

综上所述，家长应该立志把孩子培养成“人生赢家”，只是我认为的“人生赢家”是指那些用心生活的人。他们踏实肯干，幸福指数高，对自己具有较高的正面评价。他们的每一刻，都用来活出独一无二的自己。最重要的是，他们对自己的人生感到满意，也能为他人带来幸福。

孩子的“问题行为”背后，隐藏了些什么

很多有“问题行为”的儿童并不是真正的“问题儿童”，而只是“熊孩子”。

“熊孩子”是个有中国特色的词汇，有点儿类似北美家长说的“Terrible Two，Horrible Three（糟糕的两岁，可怕的三岁）”。“熊孩子”，通常是指“不听话”和“爱恶作剧”的淘气孩子，并非彻头彻尾的坏孩子。然而，缺乏有效的干预，可能会让“熊孩子”的淘气变得不再可爱，反而会酿成大祸。

我看国内一些“熊孩子”的新闻常常是触目惊心的。有一户人家家里失火，孩子还大声欢呼：“书包甩进去喽！”另一个“熊孩子”，在跨国旅行的飞机上打人，导致他们一家都被美国警察逮捕并遣返。还有一个孩子，在车棚对着蜡烛练“劈风掌”，结果引燃40多辆车。更有甚者，还有的孩子自导自演绑架案急坏父母，最后发现其实是孩子一手策划的，就为了跑出去玩……总之，孩子的“熊”法千奇百怪，只有我们想不到，没有他们办不到的。

所有的“问题行为”背后，根源都在于一点：漠视规则，甚至对规则毫无概念。造成这种局面可能有许多种原因，其中最大的一点就是：孩子从小缺乏正面楷模，没能得到来自家庭的爱的滋养。现在“溺爱”孩子的父母绝

不少见。然而溺爱不同于滋养型的爱，对孩子的成长极其有害，“熊孩子”就是这么养成的。在孩子闯祸之后，家长缺乏专业而积极的干预，还有不少家长就是抓过来简单粗暴地打一顿了事。

在我工作的加拿大幼儿园教室的墙上，一直贴着这么一段话：“如果孩子来自一个健康、运作良好的家庭，那会让我们的工作变得轻松。如果他们来自一个急需帮助的家庭，那会让我们的工作变得重要。”

这段话完美地诠释了儿童教育领域工作的真正意义。

我们不是孩子的保姆或玩伴，而是沟通孩子和家庭、家庭和社会、儿童与成年人之间的一座座桥梁。儿童教师们通过自己的专业素养和满满爱心，去发现孩子的诉求，从孩子的角度理解他们的世界，并身体力行地示范给孩子看：哪些行为是被大家所接纳的？哪些行为是不被认可的？负面情绪怎样从正面表达？怎样和这个世界沟通最有效？

在孩子们还小的时候，他们的适应力很强，早年的创伤有可能被充满爱的教育一点点滋养和治愈，不良习惯还比较容易被纠正过来。随着年龄的增长，他们的可塑性会一再降低。过了一个节点，已经形成的人格就根深蒂固地很难改变，就像混凝土遇到空气后会慢慢凝固一样。

回忆起小时候3岁左右，我也曾经狠狠“熊”过一阵子：把奶奶米缸里的米故意撒一地，往陌生人脸上用水枪滋水，按隔壁家的门铃然后窃笑着躲起来……这一类的“坏事”我通通都干过。

不一样的是，在我小的时候，大人们对于“熊孩子”是宽容的，对于孩子闯的祸往往一笑置之，没有人真的和我们一般见识。大家都明白，恶作剧的本质是孩子在用他们自己的眼睛观察世界，用自己的双手去探索环境，用自己的理论去试探其他人的反应。久而久之，孩子们会意识到，自己的恶作剧其实并不那么好笑，大人们也不是真的喜欢这些行为，只是因为爱自己所以才包容了自己。于是孩子们会停下来，自我反省，在长辈的引导下停止那些惹人厌烦的小把戏。

在这个过程中，其实孩子的心理需求已经在无形中完成了。在“熊孩子”持续不断的坏脾气和恶作剧背后隐藏着的诉求很简单，那就是成年人也都在渴望的“无条件的爱”。当“熊孩子”在耍性子闹脾气的时候，我们可以理解为，他们正在发送一种潜在的信号：

“我需要你（父母或者主要监护人）向我证明，即使在我不够好、讨人嫌甚至攻击你的时候，你也依然无条件地爱我。”

比如，有的孩子会通过哭闹、叛逆的行为来挑战学校的规则，试探老师的底线在哪儿。他们一方面明白老师对于模范行为的期望值，另一方面仍然希望自己像在家里一样被全然接纳，于是会不断地以自己的方式抗争。

作为专业的儿童教师，我们的工作正是为各式各样的家庭和孩子提供帮助。对于幸福家庭的孩子，我们会引导和鼓励他，让他始终保持在身心发展的“正循环”之中。对于因为环境变动而不适应的孩子，我们可以通过相应的方式来协助孩子摆脱负面情绪，例如转移他们的注意力，老师通过“一帮一”活动帮助孩子融入集体，等等。

对于另外一些带着内心伤痕的“熊孩子”，我们则应该先去了解，在他／她的成长环境中究竟发生了什么。根据多年和儿童打交道的经验来看，如果说一个孩子的性格或行为出了问题，那么，几乎可以肯定这个孩子的成长环境也出了问题，他的生活中一定缺失了某些不该缺失的东西。

一些轻微的问题和不大愉快的童年经历，是可以通过专业的儿童教师进行开解、纠正与缓和的。一旦我们发现问题过于严重，我们会立即通知儿童发展中心的社会工作者，帮助孩子获取专业的诊断和相关帮助。

无论是父母与孩子的亲子关系，还是夫妻之间的伴侣关系，要负担起另一个生命成长的责任，从来不是件容易的事。我认为没有天生的“灵魂契合”，而是要大家真的非常努力地去不断改善自己的个性，不断磨炼沟通技巧，以建立一段“越来越趋向于完美”的关系。无论是和自己的孩子，还是与自己的伴侣，莫不是如此。

为了和“熊孩子”建立充满信任和爱的关系，为了让他们成长为内心强大而温柔的大人，我们真的需要非常努力。

更贵的幼儿园和早教班，一定更靠谱吗

相信许多国内的新手父母，对于如何寻找好的育儿机构的话题都很感兴趣。哪一种幼儿园或早教班最靠谱？育儿机构的牌子响、硬件设施高大上、收费昂贵的就一定比普通幼儿园更好吗？

首先，我们来明确一下加拿大幼儿园的概念。

这里的“幼儿园”和国内的概念不太一样。加拿大的幼儿园，指的是专注于儿童早期教育的托管中心，里面孩子的年龄从6个月到5岁不等。以我所在的加拿大英属哥伦比亚省（BC省）为例，5岁以前孩子的托管费用主要由孩子的父母负担，政府会根据情况给予一定的教育补贴和“牛奶金”；5岁以后，孩子进入公立教育系统，则全部是免费的。

5岁以下的孩子，每月的早教托管费用相当昂贵，大约在1000～1500加币。有的低收入家庭甚至无力负担孩子的托管费用。针对此情况，加拿大政府会给予一些补助。在满足条件的低收入家庭中，只要有未成年的孩子，每个孩子的教育补贴最高可达每个月350加币，“牛奶金”则是每个月500多加币。政府鼓励低收入的父母把孩子送去幼儿园进行托管，接受科学的养育，让孩子有一个好的开始。

至于加拿大中产阶级，经济条件较好的精英家庭，大多数父母和国内父母差不多，都是一片痴心，掏心掏肺地希望把最好的奉献给孩子。有的家长从怀孕期就早早开始筛选孩子未来的幼儿园，在孩子出生之前便提前报名，以便让孩子得到最好的教育资源。

我们中国人相信“一分钱一分货”的说法，许多北美家长也很吃这一套。他们认为，一个早教机构如果能在教育行业脱颖而出，形成品牌，那么它的成功一定是有原因的。

但是，另一方面，叫好又叫座的早教机构通常会开启加盟形式的商业模式，而这种加盟模式正是理想化教育的“杀手”。即便是再好的早教品牌，加盟店的素质也是良莠不齐。美好的教育理念，能否不被歪曲，能否具体细化滋养到每个孩子，完全取决于加盟店的教师和团队素质。

因此，不要过于迷信知名品牌（国内的连锁幼儿园爆出负面消息的也不少），家长们一定要注意甄选，别让孩子不小心落入“金玉其外，败絮其中”的早教机构里。哪些学校只是徒有虚名？哪些学校的教学质量高而不贵？缺乏经验却又急于给孩子找到托儿机构的焦虑父母，常常会忙中出错，落入品牌营销的陷阱。

为了应对这种情况，在儿童教育领域从业多年的我，愿与大家分享一些挑选托儿机构的经验。我自己总结了几个快、准、狠地定位“学校性价比之王”的策略：

1. 准妈妈和准爸爸们早点儿报名，千万别偷懒

所有的事，都赶早不赶晚，早做准备准没错。

在寻找托儿机构的问题上，我建议准爸妈在孕期就应该开始留意搜集未来想去的托儿机构的信息。别以为这样是神经过敏，太过潇洒的人都会哭在最后。

我所工作的城市温哥华，但凡是有正规资质的早教机构，尤其是口碑较好的幼儿园，全都是一席难求的。难到什么程度呢？普通幼儿园的等待时长通常是一年左右，而好一点儿的幼儿园等待时长起码是两年左右。

我以前曾见到一位绝望的妈妈在幼儿园经理的办公室失声痛哭，原因就是她在6个月以前递交了孩子的入园申请，却一直被校方告知还有很多人排

在她前面，而她毫无时间上的余裕，马上就面临着产假结束需要回去上班的问题。

因为见过太多的此类教训，温哥华本地人已经形成了共识：托儿机构很紧俏，最好一怀孕就去申请才靠得住。

国内幼儿园入学的情况，虽然没有这么夸张，但也不容乐观。例如，在上海的幼儿园入学申请攻略上面就明确地写道，理论上来说是5月份报名，但好一点儿的幼儿园一定要提前准备，有些私立幼儿园甚至会提前一年进行录取。

2. 利用有效渠道，达到信息最大化

现在这个互联网时代，许多托儿机构的风评、教育风格、学生家长的反馈都能在网上查到，信息不对称的情况已经慢慢减少。可以说，只要我们愿意，我们可以有各种有效渠道去了解一家托儿机构的方方面面。

在这个阶段，绝不可偷懒或者有侥幸心理。幼儿阶段是形成人格底色的关键时期，所以希望家长绝对不要在择校的问题上听天由命。

使用互联网，在对于托儿机构的信息了解得差不多了之后，可以申请在校园开放日，到幼儿园和早教中心进行实地参观。

参观学校主要要做些什么呢？首先，是要和校长交谈。校长的介绍会帮助你对机构本身的教育理念有基本的理解。这个时候，你要仔细考虑校方的理念是否能和自己的个人理念相容。

其次，要和托儿机构的老师交谈，观察老师是否真诚、热心、有耐性，言谈举止之间的专业素养如何等。

最后，观察托儿机构的环境设置。北美幼儿教育领域有两句著名的格言。第一句是“环境是孩子的第三位老师”（Environment is the third teacher.），第二句是“养育好一个孩子，需要整个村落的力量”（It takes an entire village to raise a child）。

观察环境时我们可以从细节入手。托儿机构宽敞明亮的教室里，有没有特意为教师设立的休息区？走廊里干净整洁，洗手间内是否也能保持干净？

另外，不要只看学校的“硬件”设施，其实“软件”因素——孩子的老师是谁——才是最关键的。设施高端，学费昂贵，那么幼儿教师的薪水状况如何？这个问题可是直接指向了幼教从业者的心态问题。

我们都知道，情绪愉悦、生活无忧、工作积极的老师，会为孩子们创造出一个更宜人的成长环境。

3. 亲身体验最重要，请相信自己的判断力

我发现新手父母们很容易对周围熟人的意见妥协。常有人说：

“我父母／朋友／同事说那家幼儿园挺好，所以我们就报名了。”

对此我只能摇头叹息。单凭别人家给予的经验就做决定，太草率了。适合别人家孩子的教育模式，未必就适合自家的孩子。孩子的秉性脾气和天赋都不同，和老师们产生的互动质量也会很不一样。因此，我们要寻找的，不是最符合所有人口味的“万金油型学校”，而是要能接纳自家孩子独特性、激发孩子最大潜能的个性化的学校。

这里推荐新手父母去读一本叫《窗边的小豆豆》的书，这本书在国内也非常受欢迎，是作者根据自身的真实经历写就的。书中的巴学园是一所真正的好学校，校长先生用接纳个性、积极引导的方式，将所有不受欢迎的“怪小孩”都培养成为社会栋梁。

最后，我想，为孩子挑选学校时的最终标准，其实可以总结为一句话：看着这间学校里孩子们的眼睛，我是否愿意让孩子成为他们之中的一分子？

祝普天之下的父母，都能顺利地为孩子找到适合他们成长的“巴学园”。

为什么家长说话不管用，孩子只听幼儿园老师的话

美美是个可爱的3岁小姑娘，是个中加混血儿。她的眼睛圆溜溜的，小脸蛋肉嘟嘟的，一笑起来还有两个浅浅的酒窝，眼睛笑眯眯地像弯弯的月牙。每当老师讲故事时，她便坐得笔挺，侧耳倾听，大眼睛一眨一眨地盯着老师，让老师们很感动。美美最爱干的事情，是爬到我的膝头找个舒服的姿势坐下，把我的双臂拉过来紧紧环抱住自己，像只心满意足惬意的猫咪。

虽然美美有时候太爱撒娇，但平时乖巧又可爱，因此我们大家都很喜欢她。

有一天下午，美美的外公第一次来幼儿园接她回家。外公是最近才来加拿大探亲的，很想向老师们了解下美美在学校的情况。由于老人家不太会讲英文，急得有点儿语无伦次，于是我连忙走过去用中文与他交谈。

见到有中国老师在，外公明显地松了口气，话匣子也打开了，问了许多美美在学校的情况，例如吃得怎么样？睡得好不好？有没有和别的孩子冲突？

我当着她外公的面，大大夸赞了美美一番，笑着说："她在学校表现很好，很听老师的话，从不乱发脾气。今天中午吃的是鸡汤面和蔬菜沙拉，她虽然不爱吃蔬菜，可我们稍微一劝说，她就乖乖吃光了。午睡时间她不需要

人哄，自己就能睡觉。下午玩游戏的时候，她主动和别的小朋友分享玩具，上礼拜还跟妈妈一起把自己读完的绘本收拾出来，捐赠了一部分给学校。”

外公一听，眉毛耸得高高的，惊讶得连眼镜都快掉下来了。他说：“这孩子，这孩子！在家里从来不听我们的话！有时候她挑食不吃饭，她妈妈劝她劝得都快掉泪了，她还是一口都不肯吃。我和她外婆追在后面喂她，她能吃个三口，我们就觉得心满意足了。”

我很惊讶，连忙又追问了一些美美在家里的表现。据外公说，美美就是个在家称王称霸的“小公主”，如果有什么想要的，就一定要马上到手，全家人都得围着她转。她不想要的东西，说一不二，完全听不进劝。有时候美美挑食起来，不肯吃饭，全家人要轮流哀求她吃一口，她才吃一口。遇上她不肯睡觉的时候，她会撒娇、跺脚、发脾气，不断指定要妈妈给她讲一个又一个的睡前故事，折腾得全家人都没法休息。

听完外公说的话，我陷入了沉思。接着，我告诉他，其实每个孩子在学校和在家中都会有两副面孔，这是很正常的。让我在意的是美美的这两副面孔的差异太大了，甚至有些截然相反的意味。在学校，美美是个招人喜爱的“模范生”，在家里，她却是个不折不扣的“小霸王”。外公忙不迭地点点头，问我在家里怎么纠正孩子的坏脾气？

我告诉他，有三个要点，也许能够帮助美美渐渐在家里收起那副“小霸王”的样子。

1. 家庭生活的决策人，不应该是孩子，而应该是家长

家里必须有个长期而稳定的照顾者，而且这个人要说话管用，能捍卫家庭生活的原则。在美美的案例中，很明显是由于家人给了她过度的决策权，而她滥用了自己在家庭生活方面的权利。

为什么孩子在家就皮得像小恶魔，到了学校就成了乖巧的小绵羊？为什么幼儿园老师在一般情况下，说话总是比家长管用？很显然，是因为老师更加倾向于教育孩子遵守学校的规则，当孩子打破规则时会严肃批评，不会惯着，更不会溺爱孩子。

儿童是天生的“政治家”，他们似乎生来就懂得察言观色，擅长和家长讨价还价。他们很清楚谁是家庭中说话最管用的人，要以怎样的口吻对其撒娇最有用。他们最擅长用水灵灵的无辜大眼睛盯住长辈，娇声央求，必要时哭上几声，通常就能轻易达到自己的目的。

在一些家庭中，心软的家长难以严守家庭内的规则和底线，在孩子的撒娇攻势下只能节节败退。他们从一开始就没能顺利建立起自己身为长辈的“权威感”，对孩子不肯管，也不敢管，一味地向孩子“臣服”，把决定权拱手让人，什么事都交给孩子自己做主。他们不明白，没有原则地一味宠爱，其实是害了孩子，绝对不可取。

我们提倡的，是尊重孩子，给予他们适度的选择权，但不是全部。在孩子成年之前，家长应该起到领路人的作用，必要时需要代替孩子做出重大的人生决策。

2. 家规最好和校规保持一致

一旦家规和校规保持一致，往往能在改善孩子的行为方面事半功倍，收到最好的效果。

比如，美美在家不肯好好吃饭的问题，我建议外公选择和学校一样的做法：不强迫喂饭给孩子，让她自己选择要吃多少，但是在正餐和点心之外的时间绝对不提供任何吃的东西，更不要去主动劝食和喂饭。

外公有些担忧美美会饿肚子。我告诉他，一次两次之后，她就会明白要自己好好吃饭了。因为来得太容易的东西，人总是不珍惜；被一口口喂到嘴里的饭，怎么吃都不会觉得香。美美需要明白，自己做的决定是会有相应的后果的。如果午餐时刻不好好吃饭，又错过了点心时间，就一定会饿着肚子等到晚餐时间。孩子饿肚子一两次，并不会对她造成什么伤害，反而能让她真正学会珍惜食物。

3. 正向强化训练，突出表扬孩子的优势，而非攻击她的缺点

我告诉外公，虽然我们一直在讨论的是美美的不良行为，但我们不能忽

略的一点是，她是个非常可爱的好孩子。我们一定要经常对她的良好行为表示赞美，而不是一直专注于批评她哪里做得不好。一定要多赞扬孩子身上珍贵纯真的天性，以便让她能一直将优势保持下去，因为我们不珍惜的，最终都会慢慢消失。

外公忙不迭地点头，说美美的确是个懂事的好孩子，虽然有些任性，但对家人很体贴。最近外公外婆批评美美的次数较多，也确实感觉到她的自尊心受了伤害。

因此，对于像美美这样自尊心很强的孩子来说，正面的积极引导，永远都比负面批评来得有效。正因为我懂得美美的这种天性，我才能通过“表扬细节”的方式不断强化美美的优点，确保她一直在正确的轨道上快乐成长。

当一名儿童教师不容易，当一个孩子的父母长辈则加倍艰难。当家长说话不管用的时候，唯有联合学校老师携手共进，才能更好地为孩子创造一个有爱有希望的科学养育环境。

比“性教育”更重要的，是“爱教育”

社会似乎是个沉重的被割裂的世界，被一条看不见的河流所阻隔。在河的这一头，光芒万丈，孩子们的父母整天想的是怎样给孩子最高质量的生活，如何优雅地把孩子送进名校，从小将他们培养成“人生赢家”。而河的另一头，乌云密布，留守儿童们的遭遇一言难尽。他们中很多人被扔给了行动不便的老人照顾，而老人们自己已经自顾不暇。孩子们只有在过年时才能见到父母，平时生活中遭受着各种伤害，有口难言，他们在那些阴影的笼罩下，跌跌撞撞地长大了。

最近看了不少关于留守儿童遭遇性侵的报道，事件发生在中国农村和中小城市的居多。报道指出，有更多孩子在受到伤害后没有试图寻求法律援助，而选择了沉默，因此事实上发生的儿童性侵害，远比目前曝光的多得多。针对此类状况，教育专家们纷纷撰文：为了保护儿童，应该在全国各地推广儿童性教育。

普及科学的性教育，当然是件好事。孩子们必须科学地知道自己的身体是怎么样的，要怎样去爱惜它、捍卫它，怎样避免有可能发生的暴力伤害，以及被侵害后该如何寻求帮助，避免二次伤害。

然而，仅仅对留守儿童们进行性教育的知识科普，是远远不够的。他们和全世界所有的孩子都一样，最需要的首先是“爱教育”。

“爱”才是孩子成长中的阳光雨露。就像一株缺水的禾苗，无论怎么给它施肥除草，都解决不了“缺水”的根本性问题。童年时期“爱”的匮乏，会造成孩子心灵中无法愈合的伤痛。由于父母在他们的成长过程中缺位，孩子们的心中留下了一个又一个干涸的空洞。

为了填补这种空洞，有的孩子会奋发图强，力图靠自己的努力摆脱不公正的命运。然而，更多的孩子则是随波逐流，不断向下滑落。从农村地区居高不下的辍学率可以看出，能靠升学而从家乡走进大城市的孩子，毕竟是凤毛麟角。大多数贫困的“留守儿童”早早辍学打工，结婚生子，被现实的巨力压得喘不过气来。

在我们看不到的地方，有更多的孩子们正采取着各种让成年人难以理解的方式去寻求关注，宣泄内心的愤怒和抑郁。有的孩子选择在网络中靠猎奇行为博出位，例如直播生吞玻璃、活吃老鼠，甚至炫耀低龄早孕，令人痛心。

他们感觉自己在现实生活中找不到温暖，看不到希望，至少网络世界里能被人看见，被人记住。大众的嬉笑怒骂，让他们感受到久违的喜悦，感觉到自己还活着。

面对内心极度缺爱的孩子，即便是呼吁全社会行动起来，为他们科普出最完善科学的性教育，也解决不了孩子们内心的空虚。相比之下，我们更应该让孩子从小体会到什么是爱，怎样正确地去爱自己和爱别人。“爱教育”才是一切教育的基础。

对孩子们进行“爱教育”，应该从哪几个方面着手呢？

1. “我是被爱着的，所以要更珍惜自己”

在加拿大的幼儿园，孩子们学的第一课就是关于“爱”的。有许许多多的绘本，都是关于“爱”的主题：我爱我自己；我爱自己的身体；我爱爸爸妈妈；我爱我的小狗狗／小猫咪；我爱学校；我爱我的小伙伴；我爱玩耍；我爱分享……

孩子们通过感知爱，来将自身和外界连接起来，一点点探索这个广阔的世界。孩子通过被爱，学会了自尊自爱。懂得好好爱自己的孩子，即便重重跌倒了也能很快爬起来。以后，即便遇到再大的困难，他们都不会允许自己把生活搞得一团糟。他们对自己充满信心，因为他们认定自己是可爱的。

相反地，如果一个孩子从小就没有被充沛地爱过，他不会懂得怎样爱自己。相反，他很可能感到困惑、愤怒、自卑，认为自己配不上任何好的东西。内心空虚的人最危险，因为他们太容易陷入诱惑，铤而走险。

2. “我很自信，因为我是个很好的孩子”

身为加拿大的儿童教师，我们的重要工作之一就是帮助孩子建立对自身积极的身份认同感。和孩子的父母一样，我们要不断地强化孩子的认知，让他们由衷地认可“我很自信，因为我是个很好的孩子”。

建立孩子的自信心有很多种方式，本书中有许多地方都会详细讲到。我们要用一种积极的、发展的眼光去看待孩子，即便是他们犯了错，也要对事不对人。我们要让孩子有积极的自我感觉，这一点不可撼动。孩子们一定要“喜欢自己”和“自我感觉良好”，因为那是他们自我认同的根基。

得到了足够的爱和尊重的孩子，有了足够的被关注和家庭温暖的孩子，不需要从外界摄取养分，也不会绝望地从同龄人那里乞求接纳。

3. “受害者并不可耻，遭受伤害不是我的错”

在一些地区的保守观念中，性侵受害者本身是可耻的，遭受伤害的一方（尤其是女性）最好为了名声而忍气吞声，否则就会成为大众耻笑的对象，认为他们是“不纯洁”的。

这种贞操观念本身是陈腐、落后、不合情理的，希望它们尽早被时代所淘汰。如果一个孩子不幸遭受了伤害，我们首先要杜绝的，就是那种“受害者有罪论”，避免对孩子造成二次伤害。孩子们一定要明白，受害者并不可耻，遭受伤害绝不是他们的错，也不存在什么“自己已经不纯洁”的说法。

有了正确的观念，孩子们才能更勇敢地捍卫自己的权利，大声对侵害行为说“不”！在事情发生后，他们才敢于寻求帮助，将伤害降至最低。

总而言之，从平时的每一个细节，我们都是在教育孩子怎么善待他们自己。

比“性教育”更重要的，是“爱教育”，因为它能让孩子接纳自我，明白自己值得拥有世间美好的一切。

每个“拖延症”孩子背后，都有一个“控制狂”

中国有句俗话说“三岁看老”，是有它的道理的。在儿童教育领域工作久了的人，都练出了一双会看人的眼睛。年幼孩子做出的一个表情举止，折射出背后的很多东西：这孩子成长于一个什么样的家庭背景中？父母对待他是宽松还是严厉？开明还是古板？

见过了许多孩子，我发现每个人身上或多或少都会带有原生家庭留下的优点和问题。每个孩子都有着不一样的天性，被妥善对待的孩子的天性是轻松和释放的，而另外一些没能被妥善对待的孩子，内心冲突则比较严重。

今天我们来聊聊一个最常见的儿童期内心冲突——“拖延症”。

在学校，“拖延症”严重的孩子常常会晚睡、写不完作业、无法合理安排时间，导致成绩下滑。严重时他们由于自身原因无法配合同伴们的行为模式，被当作异类对待，往往导致交不到朋友，会进一步引发自卑和厌学的情绪。

不仅孩子身上会出现这类问题，有些成年人身上也会有“拖延症”。然而，和成年人顽固的“拖延症”相比，孩子的拖延行为如果得到了有效干预，更容易改善。

“拖延症”和“分离焦虑”一样，都和心理状态相挂钩。

丽娜是个刚来我们学校没多久的小姑娘。她好不容易摆脱了“分离焦虑”，不再每天痛哭了。可是，很快我们发现，她又发展出了慢节奏的“拖延症”，常常对老师的指令置若罔闻，沉浸在她自己的世界里。

通过和丽娜家长的交流，我意识到，他们对女儿有很高的期望值，什么事都喜欢为丽娜制订好计划。在幼儿园阶段，他们就给丽娜规划了满满的日程表，连周末都要参加好几个才艺课程。父母希望她能抓紧时间，在小时候多学些东西，以便将来考上BC省最好的私立小学。一旦丽娜赶不上进度，父母就精神紧张得如临大敌。丽娜的父母有点儿“控制狂”的倾向，他们自己也感到很疲惫。

“控制狂”背后的根源主要有这样几个原因：

（1）“急性子”碰上“慢性子”，无处不在的焦虑感；

（2）自视甚高，对孩子有较高的期望值，有完美主义的倾向；

（3）家长本身缺乏十足的自信，感觉自己无法把控大局，因此需要通过井井有条的规划来降低焦虑感。

丽娜的父母很想知道，为什么家长越是关怀，越是帮孩子安排，孩子反而越拖延？

我是这样对他们说的：“据我观察，不断拖延的孩子不是不聪明，更不是学习态度不端正，他们的拖延行为，暗含了一种‘隐性的拒绝’。因为无法反抗父母的安排，却又有强烈的自主意愿，内心冲突的两边在不断打架，导致大脑彻底‘死机’。”

每个人都曾经是小孩，但是，并不是每个人都真正拥有过童年。过度的关怀，等同于控制和压抑。孩子作为一个飞速成长的独立生命，是有他们的自由意志的。家长一味地用强压去控制，而不顾孩子自身的发展节奏，只会引发孩子内心的混乱。

于是，孩子在平时就需要更多时间去处理情绪，导致做事往往会慢半拍。因为做事慢而挨了训斥后，他们会变得更胆怯，缩头缩脑，导致下一次做事的执行力更慢，形成恶性循环：孩子老是被家长贬低，做事缺乏成就感，渐渐开始消极抵抗，表现出的方式就是越来越严重的拖延症和负面情绪。

我理解丽娜父母的焦虑，因为我自己也曾是个急性子的人，很容易就过度紧张。后来，在工作中发生的一件事，让我意识到了自己的问题。

有一天，我们班3岁的眉眉在穿鞋时慢吞吞的。其他小朋友都穿戴整齐准备出门了，我在一旁着急地催促眉眉，她的动作反而愈来愈慢。最后，眉眉干脆放弃，噘着嘴，哇的一声哭起来，把鞋扔到一边不穿了。别的孩子已经跟着老师去户外活动场所了，我还陪着眉眉在走廊上，心头直冒火，等着她把鞋穿好。

这时校长来了，我低声地告知了她刚刚发生的事。校长听完，笑容满面地走过去，蹲下来和眉眉不紧不慢地聊起天来。

校长："你的鞋子真漂亮！哟，怎么只剩下一只啦？另一只呢？"

眉眉脸上还挂着泪珠，她伸手指了指远处的那只鞋子。

校长说："它们俩是好朋友，现在不在一起了，多伤心哪！"

眉眉想了想，赶紧去把鞋子捡了过来。

"对嘛，你看，你的老师在旁边等着帮助你呢。你需要她教你穿鞋吗，还是我来教你？"

眉眉摇摇头说："不，我会穿，我自己来。"三下五除二，她自己套上了鞋子。

校长不断地用言语鼓励她，语气夸张地说："哇！原来你穿鞋穿得这么快呀！今天爸爸妈妈来接你时，我们可要好好地表扬你了！"

此时站在一旁的我，感到心悦诚服。校长不愧是校长，多年和孩子打交道的经验，让她一眼就看出眉眉这种性子的小孩需要的是什么。校长从未刻意教导过我，但她却用行动为我做了个示范：

要用孩子的语言和他们说话。在孩子的世界里，和风细雨的引导，远远比疾风骤雨的训诫更有力量。在设立好原则底线后，不要过度地去控制孩子。

如果不想再催生出更多的“拖延症”患者，我们首先应该管住自己，别做疯狂的“控制狂”。“管教”的最高境界应该是“不管”。顺应孩子的发展节奏，让她以自己的节奏顺其自然地成长，她反而会表现得更好。

在抵达那一步之前，我们必须不断地提醒自己，充满耐心，慢慢来，没关系，欲速则不达。

见识有限的父母，也能培养出见多识广的孩子

网络上曾经流传一篇文章，叫《寒门再难出贵子》，里面提到一个观点：家庭教育所带来的思维方式，会给孩子留下一生的烙印，极大地影响孩子成年后的人生选择。作者说，见识有限的父母培养出的孩子，可能一开始就输在了起跑线上。

正如那篇文章所说，孩子的成长，永远离不开父母为其搭建的“教育平台”。家庭关系、亲子互动、父母性格、文化程度、待人接物的方式，甚至家庭成员的基因和健康状况……这些因素合在一起，在孩子甫一出生就决定了他们人生的起跑线。

然而，我不同意作者的另一个观点——“阶层上升的通道正在关闭，寒门再难出贵子”。因为我们确实见到，一些见识有限的父母照样培养出了见多识广的优秀孩子。

在起跑线上不占优势的孩子，跑人生的马拉松未见得就一定会输，因为决定一个人一生的，不是他的出生阶级，而是他的“眼界”。在生活中，我们确实能见到一些普通人，甚至是贫寒的底层人逆袭成功的现象。

例如，由真实案例改编的电影《风雨哈佛路》中的女主角。她生于贫民窟，母亲因为吸毒而去世，小时候连一件干净的换洗衣裳都没有。后来，她为了改变命运，硬是一边打工一边读完了高中，拼命考到奖学金，进入世界

第一流的高等学府哈佛大学。

还有美国的前总统奥巴马，身世也颇为复杂，小时候曾随着母亲辗转世界各地生活，但不稳定的早年经历没有妨碍他日后成为美国总统。那些成功人士的父母，并不都是精英人物。

有些见识有限的父母，也能培养出见多识广的孩子，他们的秘诀是什么？

在儿童教育领域工作了这么些年，我所观察到的最好的“教育平台”，不在于物质上的奢靡，而在于父母能够善用“眼界”的力量，引导孩子去认识世界，理解社会关系背后的规律，学会与人合作，尽可能聪明地获取资源以达成自己的目的。

什么类型的家长算是有好的“眼界”呢？那些有洞察力的家长，能够大致体会到未来社会的发展趋势，并鼓励孩子结合自身优势，在激烈的社会竞争中谋求一席之地。这样的家长就是有“眼界”的家长，他们培养出的孩子，通常更自信，也往往具备了洞察未来的世界性眼光。

培养出优秀孩子的父母，往往在养育孩子的过程中做到了以下几点：

1. 让孩子感觉自己有价值

奥巴马的母亲在他小时候，曾对人说过一句话：我的孩子将来能成为他想成为的任何人，哪怕是美国总统。她或许没有给奥巴马优裕的生活条件，但她从来都让儿子对他自己充满信心。

《风雨哈佛路》里的贫民窟女孩，虽然她的家庭支离破碎，但爸爸妈妈在有生之年深深爱着她和姐姐。她知道父母是爱着自己的，只是他们太困顿，困顿到无法给予。她爸爸曾经带她去学校注册，并且跟她说：“亲爱的，虽然我一钱不值，但你和我不一样。我爱你，但你不要爱我，别浪费你的精力。”

当她终于获得哈佛的面试机会时，她连一件能穿出门的衣服都没有，于是找到姐姐求助。姐姐一声不吭就脱下自己唯一的一件衣服给妹妹，光着身子拥抱了她，对她说：“我不行，但你能做到。”所有这一切，让女主角在最困苦的人生中保持着心中的热情，产生不断向上的希望。

2. 承认自己不懂，鼓励孩子不断学习

见识有限但高明的父母对自己有自知之明，清楚自己是谁，并不以自己有限的人生经验去限制孩子的发展。他们鼓励孩子多学习，告诉孩子哪怕他们现在不懂，也总有一天能弄懂。

他们不会为了面子，拿自己可笑的经验来不懂装懂，更不会强制孩子重复和他们一样的一生。他们深知那会害了孩子。他们鼓励孩子去追寻更广阔的天地，而自己在他们背后默默守护。

3. 培养孩子温厚的品性

所有培养出优秀人才的父母，自身几乎都具备温厚的品性，而这种品性反过来又能深深滋养孩子的心灵。这一类父母即便是自身很普通甚至是穷困，也不曾告诉孩子“你是个失败者，因为这就是你的命”。

这一类父母教会孩子，要看得起自己，也要尊重别人。孩子学会了自尊自爱，有同情心，心胸宽广……像这样的孩子，哪怕起点低一些，仍然能够走得更远。

真才实学的本领，可以慢慢靠时间积累；而建立内心的力量，才是提升孩子晋升更高一级阶梯的根本。

4. 给予孩子温暖，不对他们设限

我们现在的社会风气，恨不得把所有的孩子都逼成社会精英，简直是“不优秀，不成活”。可是人生不是这样的，世界本来就是由千千万万的普通人构成的。

所以那些见识有限的父母，竭尽所能地给予孩子温暖，但不对他们作任何要求。他们不对孩子说，你必须成为什么，或者你注定成不了什么。他们把一切交给时间和孩子自身决定，而时间往往站在他们这一边。

总而言之，见识有限的父母，也能培养出见多识广的孩子——因为他们和孩子都深深地相信四字箴言——“你能做到！”

北美名校幼儿园老师最“讨厌”哪种家长

在加拿大工作了多年的我，遇到的大多数儿童的家长都令人如沐春风。他们尊重孩子，也尊重老师，让人觉得人生很美好，工作充满希望。可是，也有少数家长真的是“希望粉碎机”。他们出现时，总是自带着阴沉沉的气场，摆出一副“全世界都欠我”的嘴脸，让老师们顿时眼前发黑，心里默念：完了完了。

这种习惯令人不愉快的人哪里都有，而且似乎总是按比例出现，比例大约是1%～2%。一百个家庭中，总有那么一两个家长特别难相处。他们并不把老师当作同盟军，反而一刻不停地紧紧盯着老师挑毛病，随时随地准备大战一场。

在以前的工作中，我遇到过悄悄地拍摄老师影像、连谈话都要录音的家长；每天都要挤进教室，检查各处卫生的家长；走进厨房，不断盘问厨师，对于孩子的午餐菜谱挑剔不已的家长；徘徊在走廊不肯离去，动不动就伸头进来查看孩子情况，严重影响教学秩序的家长；严厉责骂老师，只因为老师没有按吩咐给孩子在开暖气的室内穿5条裤子的家长；指责老师在下班时间“穿着举止不像个老师”的家长……

其实，我能够理解这些家长们，他们看似无理的行为，都出自对孩子满满的爱，正所谓“关心则乱”。可怜天下父母心，孩子从小养到大，要经历的坎儿太多，没有哪个父母是容易的。有的家长带孩子刚从其他国家移民来加拿大，语言不通，文化也难以融入，对老师缺乏基本的信任感，因此表现出对他人不够尊重的行为。还有些家长，由于孩子本身有较严重的过敏问题，家长担心学校的食物和环境令孩子发病，因此过度紧张。

作为儿童教师，我不是不懂家长的心，甚至在同事和家长发生冲突时，我还会去尽量劝和几句。但是，只有一种人让我难以忍受，那就是毫无缘由地对老师表现出恶意的家长。这种人从来就擅长拿最坏的恶意去揣测别人，用自身的优势资源去霸凌别人。

以前我工作过的一个幼儿园，就有一位新来的老师第一周就被家长骂哭了，一个月不到就主动辞职。

其实事情的起因很可笑，那位家长指责新老师，为何没有在分配早餐水果和松饼时使用不同的夹子。本来只是一件小事，并没有引发任何的过敏症（该班级没有谁对水果或松饼过敏），可那位家长却不依不饶，一步步将事件激化升级。他不仅拍下了新老师的正面照片，还告知她全部谈话已被录音，而且立刻将老师的名字照片发邮件到幼师执照中心和食品安全部，要求他们对该老师进行调查。新老师是韩国人，也是新移民，英语还不够好到能为自己最有力地辩解，完全被事态的严重程度吓蒙了。当我闻讯赶过去时，她已呆立在那里被家长责骂了半个多小时，家长还气势汹汹地不依不饶。我只好赔着笑脸，和家长解释：

“这件事情我知道啦，您的心情我可以理解，相信我们的校长会给您一个满意的答复……”

事件的后续是：整件事不涉及食品安全和教育规范，新老师没有被调查。然而，校长还是向家长发了致歉信，私下对我们说：

“在这种情况下，我们别无选择，只有道歉。”

我们轮流劝慰新老师。尽管她很感激大家对她的支持，可她还是坚持要离职，说：“实在不愿意再看到那个人了。”

莫名其妙被投诉的“无妄之灾”，只要老师工作的时间够久，谁都会撞上一两次。就连号称“零投诉”的我本人也遇到过。曾经有个温哥华的读者看到我的专栏文章，也许是不同意我的某些观点吧，她开始不断地人肉搜索我的个人信息，威胁我说要去幼师执照机构投诉我泄露孩子的隐私，还要联系我的工作单位，想让我被炒鱿鱼。

面对此事，我哭笑不得，因为在我的文章中全都有声明，说为了保护孩子的隐私，作者使用的案例全属化名，事例细节也会进行一些处理。即便是如此，那位家长还是看我不顺眼，非要去投诉我不可，我也只好摊摊手说“请您自便”。

经历过的事多了我也渐渐明白，有些人本身不是不清楚他是在无理取闹。尽管如此，他们还是选择这么做，因为他们知道这样可以让自己讨厌的人生活不愉快。为对方制造不愉快，成为他们人生中最大的消遣，比成功还要令他们高兴。

遇到了难搞的家长，还有一个最令老师头疼的地方，就是这种家长教育出的孩子，通常也会有家长的影子。在一个孩子的幼年时期，一旦家庭环境和父母教育很糟糕，产生的负面影响最致命。即使这个孩子身处最好的贵族学校，即使这个孩子在学校培养出了许多好的习惯和善意，这些都照样抵不过家庭教育中的恶意。一旦孩子的价值观受到家庭环境的反向冲击，学校教师好不容易帮他建立起的信任感必然会分崩离析。

我们作为儿童教师，并不害怕和“问题儿童”沟通，帮他们解决问题，一起成长。我们最怕的就是遇上既不配合学校，又不愿好好坐下来讲道理的家长。我们怕的不是辛苦，我们怕的是看不到希望。其实老师们的诉求很简单：被尊重、被理解，和家长好好配合。

向所有爱岗敬业的儿童教师们致敬。希望各位家长也能对我们这个行业有更多的理解，毕竟许多老师选择这一行的原因，不是因为找不到更好的工作，而是因为他们和你们一样，是深深爱着孩子们的。

愿天下老师和家长都能成为齐心协力的同盟军，一切为了孩子着想，不要再内耗和相互攻击，而是携手同行，共同帮助孩子成长为更好的人。

什么样的家长才合格
——一个儿童教师的心得体会

在加拿大的幼儿园工作了这么久，我和同事们总结出一个规律：一个家长是否受到欢迎，和他的职业、背景、收入统统无关，只和他的人品有关。

我们平时最欢迎的，绝对不是最有钱的家庭，而是最温暖和睦的家庭。这样家庭出来的孩子，无一例外全部都是很讨人喜欢的。能建立这种家庭的家长，也都是有修养的，他们很重视对孩子的教育，尊重老师的专业性，和学校配合度也高。

大部分加拿大家长在这一点上，做得真的非常好。他们中不乏医生、律师、金融精英，收入很有可能超过我十倍以上，但是我从来没有一点点被看低的感觉。没有人摆出一副“我赚得多，我比你厉害”的架子，而是非常谦逊温和。在育儿知识方面，一旦有不懂的问题，他们会虚心地向老师请教，然后衷心地对我们表示感谢。

经过我的观察，在幼儿园很受老师们欢迎的家长，在职场上大多也发展得顺风顺水。普通人可能挣扎在事业和家庭之间的平衡上，可在他们身上，两者是相互促进的。那么，他们的秘诀是什么？现在我就谈谈我的感受。

1. 亲力亲为参与育儿，为孩子从小养成好习惯

我们学校的家长们，几乎全来自中产阶级、高收入家庭。尽管他们负担一个保姆绰绰有余，但没人全盘把孩子交给保姆。家长们每天都会亲自接送孩子，偶尔太忙时会委托家人接送，接送者一定会是孩子很亲近的人。

即使有了家人的帮忙，父母也会尽可能地自己负起养育孩子的责任，不会把孩子丢给老人之后就觉得自己的任务完成了。祖父母只是过来“帮忙照顾”，“养育”和“教育”的责任主要还是由孩子的父母承担的。

北美的父母很看重“亲力亲为参与育儿”这件事。他们相信，孩子在早年的经历和习惯是他们一生命运的基石。因此，他们从小就着重培养孩子讲卫生、懂礼貌、作息有规律的习惯和清晰的沟通能力。

这些能力，更多的是在孩子观察父母一言一行的过程中学会的。孩子们善于观察、模仿和重现自己爸爸妈妈的一举一动。因此，父母是什么样的人，会给孩子带来最深远的影响。“怎么做”永远比“说什么”的影响力更大。

比如，懂礼貌的孩子往往拥有很有涵养的父母。再比如，如果父母本身都很爱阅读，家里的书架也满满的都是书，那么孩子从小就会认为“读书是有趣的”；如果父母喜欢看电视，讨厌读书，即使他们满口都是“要好好读书才有出息啊”，孩子仍然会认定“书本真是枯燥无味”。有知识有修养的父母，养出来的孩子不会差到哪儿去的。

2. 与老师频繁交流，与学校的教育理念保持一致

从我的工作经历来看，我见过一些父母来接送孩子时都是匆匆忙忙的，几乎没有机会和老师进行交流，也无法得知孩子在学校的情况如何，有没有出现行为问题和情绪变化问题。

那些受欢迎的家长，在接送孩子时则会停下来和老师交流。对于这类家长，我们是非常欢迎的，因为这样至少说明了他们足够在乎。

由于我们是在英语国家生活，有时候会见到不谙英语的祖父母过来接送孩子。如果是讲中文的华人还好办，我还是能和他们愉快地交流；如果是讲

其他语言的家长，交流就会变得困难了。同样的情况也出现在别的班级。例如，隔壁班的老师们会讲英语、法语、西班牙语等，但他们见到只能说中文的祖父母还是一筹莫展，想交流也找不到方法，只能次次都微笑着对祖父母说“你好”和“再见”。

这种情况下，我们建议孩子的父母能够抽空也来接送一下孩子，或者来参加学校的家长会，以便了解孩子在学校的情况，更好地帮助孩子成长。

优秀的家长都明白，家庭教育和学校教育的理念最好能够保持一致。和谐统一的环境，会让孩子经历较少的内心冲突和困惑，也能很快地建立起对新环境的信任，培养好的生活习惯。

例如，我们倡导的教育理念是“让孩子尽快学会自立”。通常来讲，两岁的孩子已经有了自己吃饭的能力，所以我们在提供午餐和餐具之后，会跟他们演示一遍怎样使用餐具，然后就让他们“自由发挥”了。

在我们班12名2岁左右的孩子里，有少数的孩子能够熟练地使用汤匙和叉子，说明他们在家的时候，父母一定是鼓励他们自己吃饭的。

大多数的孩子能够偶尔用汤匙和叉子吃几口，另外需要手抓食物进行辅助，说明他们已经有了“吃饭应该使用餐具”的意识，但还需要更多的练习。

还有几个孩子会呆呆地坐在食物跟前，看看食物，再抬头看看老师，意思是：“你还不快来喂我吗？”这说明他们已经习惯在家被家长喂饭了。

从周一到周五，我们好不容易教会了他们学会自己吃饭，也会和家长沟通孩子们的进步。可是，架不住有些家庭中的长辈还是时不时心疼孩子，在家里喂饭，导致孩子的独立性不断退化。

这就是为什么我们说家庭教育很重要，家长和老师的沟通也很重要。如果大家努力的方向一致，孩子的成长会事半功倍；如果双方的努力方向不一致甚至是相反，那么结果就只能是事倍功半了。

3. 不挑刺，用积极的眼光欣赏孩子

家庭给予孩子的成长教育才是最重要的教育，学校教育永远只是第二位

的，起辅助作用的。在家庭教育方面，父母就是孩子的镜子；是成就一个孩子，还是毁掉一个孩子，其实就隐藏在父母平时传递给孩子的眼神、语气和行为之中。

优秀的家长会懂得，教育不是挑刺，而是要用积极的眼光欣赏孩子。

心理学家曾经做过一个实验：在学生名册上随机挑选出一批学生，然后私下告诉老师："经过研究，这些学生是天才，前途不可限量！"他还特意叮嘱老师们不要对学生泄露此事，也不要区别对待他们。结果，尽管老师们并没有对那些被随机选出的"天才学生"们区别对待，但这些学生们的学习成绩和综合能力仍然在短期内有了显著的提高，也表现得更为开朗自信。

这就是隐秘的"期盼"的力量：由于他们对于学生们具有更高的期待，会在无形中感染学生们，让他们对自我的期待值更高，也更加努力地去实现目标。这个看似恶作剧的"心理小把戏"，其实恰恰反映了人性：对自我的期待值可以极大地影响个人的成就。在同等努力和同样天赋的人中间，自我期待值高的人总是比自我期待值低的人更容易实现目标。

4. 不抑制孩子的独立需求

如果一个孩子从小就被家人管头管脚，从来没有自主做过决定，从来没有勇气追求自己喜欢的人和事，那么将来的可能性有两种：

第一种可能，是无法"长大"：这种孩子会默认自己"被支配"的状态，会认为"熟悉的就是安全的"。他们从心理上将自己和父母视为一体，于是去完成父母的期望，去弥补父母的遗憾，努力做个"好孩子"。

这种"好孩子"的问题在于，他们难以建立"自我"：没有自己的兴趣，没有自己的好恶，生命能量被压缩至最低，自身的潜能一直处于"冬眠"状态。

第二种可能，是暴力挣断联结：这种孩子通常也有过一段压抑的阶段，后来自我意识爆发，变得十分任性，通过粗暴的方式完成了和父母的分离，在脱离掌控的情况下也造成了和父母之间感情的断裂。

其实孩子独立的过程是可以从小开始的。把自由交给他们，孩子真正的

“自我”和“生命力”会处于被激活状态。

衷心希望各位父母能把成长的主动权交还给孩子。在情感上和孩子分离的确很难，但是这对于孩子的长远成长是有好处的。

做到了以上四点，家长们就能尽情享受育儿的乐趣，同时在职场和学校处处受到欢迎了。

Chapter 2

我的快乐育儿锦囊

孩子内心的“潜台词”，你能听懂多少

自从在温哥华当上儿童教师以来，我每天的工作就是和小朋友们打交道。对孩子们的理解愈深，愈了解什么样的大人最受小朋友的拥戴和喜爱。

大家可能会认为，小朋友喜欢漂亮的人，或是风趣幽默的人，或者是慷慨大方、愿意赠送昂贵礼物的人。其实都不是。小朋友最喜爱的，是能听懂他们内心的“潜台词”、善解人意的大人。

这一类人具备相当程度的同理心，通常会避免让任何人陷入尴尬处境。就算孩子再小，他们也能够理解谁是真正站在他们那一方的“好人”，谁是恶意捉弄自己的“坏人”。

在国内生活的时候，我发现许多人都有种恶趣味，喜欢无底线地“逗”孩子。他们最常见的手段，就是一本正经地告诉孩子：

“你不是你妈亲生的，是她从垃圾堆里捡来的。”

在孩子心目中，这句话简直和噩梦无异。那些开玩笑的人，压根儿体会不到那句话对孩子而言是何等残酷的打击，会形成何等巨大的心理负担。更糟的是，有些父母也压根儿不把孩子的心事放在心上。当孩子哭着去求父母辟谣，要求父母主持公道时，父母还笑得前仰后合，不以为然地说：“真是个小傻瓜！人家是喜欢你才逗你玩的呢，别小气。”

我小时候也被人这么说过，并且信以为真，简直是地狱一般的体验。你觉得这样的大人，哪怕颜值再高、再幽默慷慨，孩子有可能会亲近他们吗？

还有的人总是想当然，认定儿童都是天真烂漫、毫无头脑的。他们以为他们所听到的，就是孩子小小的脑瓜里所思考的全部了。然而，和成年人一样，孩子们的性格也是多种多样的：心直口快天真烂漫的固然有，小心翼翼步步为营地也绝对为数不少。

和后者打交道时，老师和家长要格外注意，这一类的孩子并不那么容易对人敞开心扉。若是他们觉察出你未曾读懂幽微处的暗示，未能理解他们内心的“潜台词”，他们会毫不留情地“刷”一声将自己封闭起来，变得冷漠难缠，让你对他们的行为和情绪丝毫摸不着头脑。长此以往，那孩子的心就会和你变得愈来愈疏远。

想要和这一类的孩子建立相互信任的关系，就要用心去读懂他们的每一个小暗示。我们班两岁半的妮妮就很擅长暗示。

小姑娘长得很好看，金发碧眼皮肤白皙，是个标准的西洋小美人。在学校，上到校长老师，下至学生家长，每个人都认识妮妮。不过，妮妮可不是靠小美女的皮囊出名的，毕竟学校里漂亮的孩子多的是。

让妮妮全校闻名的是她“戏剧女王”的头衔。“戏剧女王”，就是我们平时说的“戏精”。正如她的外号一般，妮妮非常情绪化。她高兴的时候，会让周围的人觉得生活阳光灿烂、美好至极，而她简直是个完美的“小天使”。可是，一旦她遇上小挫折，马上就能闹得你感觉人生灰暗，心情跌落谷底。妮妮曾创下一个“纪录”，在10分钟内哭了又笑，笑了又哭，4次躺倒在地蹬腿大闹，把其他孩子都吓坏了。当妮妮从小班升级到中班的时候，老师就特别提示我们要注意她的情绪问题。她说：

“这孩子非常聪明，也极度敏感，她倔强起来我们都拿她没办法。”

然而，就是这样一个敏感多思的小朋友，却迅速和我建立了充满信任感的同盟关系。她觉得我是最可靠的“代班妈妈”。我说的每一句话，妮妮都会睁大眼睛竖起耳朵仔细听，迅速执行，并且一本正经地提醒别的孩子：

“爱丽丝老师说了我们要收拾玩具了，大家都要动作快快！”

究其原因，大概是我让妮妮感觉到了，我是真心实意地喜爱她。而且，我还读懂了妮妮大多数的暗示，并及时回应了她内心的“潜台词”。也许是自己敏感的天性使然，我总是能感知到对方在沉默中散播的求助暗号。

像妮妮这样的孩子，情绪起伏大，在脾气发作之前，已经默默地给出了许多的暗示。若是她的暗示没有被及时看见，她的诉求没有被回应，她往往会感觉挫败，会一直使小性子，以哭闹来发泄不满。

到现在我仍然清晰地记得，发生在小朋友洗手间里的一件趣事。当时，妮妮正在学习使用儿童马桶进行“如厕练习”。每当她顺利地使用马桶上完厕所，我都会奖励她一张精美的小贴纸。

大约2～3个礼拜后，妮妮已熟练掌握独立如厕的技能，会每天主动去洗手间，不用再穿尿布了。当时我大力夸赞了她，说：

“妮妮现在是大女孩了，不用奖励小贴纸也能自己去上厕所了吧？”

妮妮一听说不再奖励贴纸了，就皱起了她精致的眉头。可是，她做梦都想向大女孩看齐，尽管想哭闹，却欲言又止。

在我停止对她发放贴纸的第三天，妮妮想出了一个办法，既能保全自己身为“大女孩”的颜面，又有机会得到她喜欢的贴纸。她在用完马桶后，趁着我转身的工夫，变魔术般地拿出一样东西递给我，满怀期待地看着我，说：

“爱丽丝老师，你掉了东西！我捡起来还给你，拿好了！”

我接过一看，一大袋贴纸赫然出现在眼前。平时我明明都好好地把它收在抽屉里，可那会儿它是怎么自己长脚跑到洗手间地上的呢？我看了妮妮一眼。她眼巴巴地看着我，热切渴望着那袋贴纸，连眼睛都不眨一下。

我忍住笑容，一本正经地问她：

“妮妮，谢谢你帮我找到贴纸。你是不是在暗示我，应该奖励你一张呢？”

她眼睛一亮，矜持地点点头，笑着不说话。妮妮这可爱的暗示，已经到了“明示”的程度。还能怎么办呢？我并没有拆穿她的小把戏，照常奖励了她一张贴纸。

然后，我看着妮妮的眼睛，诚恳地告诉她：

"妮妮，如果你下次再想要什么，可以直接告诉老师你的理由。如果你有合理的理由，解释清楚后我们会答应你的。不过，不要再翻老师的抽屉了。"

妮妮点点头，会心一笑，一蹦一跳地跑开了。

在教学研讨会上，我曾把这个案例讲给同行们听。有人回应说，他们讨厌孩子玩弄小聪明小伎俩。

然而对于这类"小伎俩"，我是这么认为的。若是我们明确地感受到了孩子的暗示，说明他们具备某种诉求。孩子的诉求，无论是明示的"死缠烂打"，还是暗示的"弦外之音"，都是需要家长和老师及时回应的。无论我们认为这诉求是否合理，都不应忽视，而应用自己的方式给予积极回应。

需要澄清一点，我说的"积极回应"，不代表家长老师应无条件满足孩子不合理的要求。"积极回应"中当然也包括拒绝。只是，我们不要因为孩子展现出小情绪、小伎俩而去责难他们。他们也是在用自己的方式尝试解决问题。孩子通过家长老师的积极回应，会明白自己被看见、被尊重和被无条件接纳，从此慢慢认可自己，建立内心的秩序感和价值感。

所以，如果您家里也有一位"小戏精"，就尽力去读懂孩子的"弦外之音"吧！

给孩子“立规矩”的正确方式

为什么孩子需要“立规矩”？

我的一位大学同学是名小学教师。提起国内的“熊孩子”，她满腹牢骚。她和先生曾经历过一件事，让他们俩痛下决心，自己将来的孩子绝对不能溺爱，要教他在公众场合懂规矩。

事情的经过是这样的：当时她和先生正在火车卧铺车厢悠闲地看书听音乐，隔壁床位的孩子突然冲过来，对着她就踢了一脚，踢得还挺重。那孩子大约四五岁的样子，踢完之后还得意扬扬地看着她，毫无歉意。孩子的奶奶就在旁边和其他人闲聊，视若无睹。她先生一下子就火了，质问家长是怎么教育小孩的。

“他这么小，就是个畜生，你还能和畜生一般见识？”他奶奶冷笑着说。

她和先生一下子都噎住了。为了不承担责任，宁可骂自家孩子是畜生。这样的家庭，还和他们有什么道理可讲？后来那个熊孩子在车厢里不断上蹿下跳，闹腾得他们烦得不行，只好找了列车员，坚决要求换床位。

别看孩子小，他们还是迟早要参与集体生活的。没有规矩的孩子，不仅惹人讨厌，更容易造成父母“兜不住”的严重后果。

比如，一起“熊孩子”航班闯祸的新闻，就发生在从国内飞往美国洛杉矶的航班上。一个6岁的中国孩子不断骚扰邻座的日本华裔，包括推搡和脚踢。被骚扰的年轻人要求父母约束孩子，一边的父母却撒手不管。那位小哥忍耐了3个小时后，终于爆发了，激动地大骂了孩子的家长。孩子家长不甘示弱，更加激烈地回骂，还愤怒地掐住小哥的脖子，和他扭打在一起。

后来，航班机组人员介入，帮华裔小哥调换了座位。然而这件事并没有简单结束。机组人员在冲突发生后，已通报洛杉矶机场。飞机降落后，等待当事人的正是美国海关执法人员。因为是“熊孩子”的父亲率先动手打人，美国海关以故意伤害拒绝他们一家三口入境，次日凌晨就将他们塞进飞机遣返中国。他们的护照上，也永远留下了被美国拒绝入境的记录，想必以后想再去美国旅行也不可能了。

一句话总结这个故事的教训：你不好好教育自己的孩子，总有一天社会会替你教育他，而且后果会严重得多。

许多爱子心切的父母，只注重为孩子提供有形的资产，像房产、车子和锦衣玉食，却忽略了无形的力量，例如好的教育、修养和人格力量。将有形的资产送给孩子，他们可以享受一时；而无形的资产，却能让孩子受用一世。最好的无形资产，就是将孩子培养成一个人格健全、懂规矩知分寸，走到哪里都受欢迎的人，让他们有能力独自行走天下。因此，望子成龙的父母，最好先教孩子做人的“规矩”。

到底什么叫作“规矩”？“规矩”即一系列约定俗成的集体守则，大家默认在规矩划定的范围内行事，打破规矩的人，会受到他人的冷遇、孤立甚至惩罚。

儿童世界里的“规矩”，在家庭、学校和社会等不同场合也有所差异。和“规矩”相关的故事就发生在我们身边，不同场合下的结局却可能截然不同。

人们普遍认为，亚洲的教育更严厉，而北美的教育则更加宽松，更放飞孩子的天性。其实，这是一种对北美教育理念的普遍误解。

严肃的脸色和温柔的笑脸一样，对孩子的成长都重要。北美式的“放养”真的不等于“没规矩”。放眼一看，我身边的孩子们不过两三岁，都知道随时把“你好”“谢谢”“对不起”挂在嘴边；在公众场合，他们懂得大声喧哗是很粗鲁的行为；路上偶遇长辈和老师，他们懂得要一脸阳光地打招呼。

我们为孩子“立规矩”的正确方式是怎么样的？

在“立规矩”之前，首先我们要明确地让孩子知道我们的期望是什么，画好一条不可逾越的原则底线，并坚决地捍卫它。

举一个我在幼儿园亲自“立规矩”的例子来说明。我们班前段时间新来了一个3岁的华裔小姑娘丽丽，平时在家里也是任性的“小公主”，自由放任惯了的，脾气不小。她觉得幼儿园的饭菜不好吃，皱着眉头一扬手就摔了饭碗，地面一片狼藉。别的孩子都面面相觑——平时他们在家里都从来不敢这么干，更别说在学校里了。

我并没有对丽丽发脾气，只是平静地告诉她，现在不吃过会儿就只能饿着肚子睡觉了。我要求她把地面收拾干净，她梗着脖子坐在那里不理睬。过了一会儿，小朋友们都陆续去睡午觉了，房间里熄了灯，丽丽一个人坐在桌边哭了起来。

我走过去蹲下身温和地提醒她：“把地上的碗和饭菜收拾好，你就可以去睡午觉了。”

这一次，丽丽妥协了，一边哭一边草草清理了她留下的残局。

午睡的时候，丽丽又想出了新法子。她找到我，带着哭腔抱怨：

“我肚子饿了，我要吃饭。”

我首先对丽丽肚子饿表示了同情，但我同时也告诉她，是因为她自己摔了午餐才造成了现在的后果。在午睡时间过后，她可以和别的小朋友一起吃点心，老师不会特意为她开小灶。

丽丽从前在家很少有被人拒绝的经验。在学校，她连续遭遇几次“滑铁卢”，震惊得她“哇”的一声哭了。我默默地坐在她身边等她哭完。大约5分钟后，丽丽自己擦干眼泪，乖乖地坐在床上，安静等待点心时间，不一会儿就倒头睡着了。

以后丽丽就学乖了，知道不吃午餐会饿肚子，所以每天的午餐时间她都会安安静静地坐下吃饭。虽然她偶尔还是会抱怨几句，但是比之前进步多了。

必须说明的一点是，教师和家长在为孩子“立规矩”的过程中，必然要面对孩子的负面情绪，例如痛哭、愤怒和满地打滚。

很多家长会很容易妥协，因为他们不忍心看到孩子哭，宁可放弃自我主张，被“情感绑架”。这时候，“温和的坚定”就显得至关重要了。我们对孩子的感受要有同理心，但一定不要被他们强烈的情感带偏，要坚定地捍卫原则。

其实，孩子的哭并不是什么坏事，这是他们的一种健康的情绪表达。他们不懂用其他的方式表达诉求，因此成年人不要不许孩子哭，而是要去想想他们哭泣的原因是什么。

如果孩子的哭泣是基于合理的要求，我们当然可以满足他们。如果要求不合理或者打破了规则，就应该立场坚定地拒绝。

这就是“规则”教育的意义。我们要让孩子从小就学会为自己的言行负责。一旦孩子了解了规则的运作方式和打破规则的后果，他们就会明白该怎样权衡利弊，在规则之内自我调整和自我满足，建立更成熟完整的社会化人格。

孩子必须遵守“边界感”

人人生而自由，却无时不在枷锁之中。北美的幼教理念提倡家长应赋予孩子有界限的自由，而不是彻底的放任自流。

每个孩子都需要“边界感”。“边界感”就好比是泳池里深水区和浅水区的分界线，提醒孩子“前面是深水区，禁止通行”。这样孩子会明白，有人在持续关注着他们，只要停留在深水线之前他们就是安全的。没有规则和边界的绝对自由，会让孩子不断感到疑虑和困惑：我现在在什么地方？再往前一步会怎么样？如果我靠不了岸，谁会来救我？

缺乏“边界感”的孩子，即便在家里是呼风唤雨的“小皇帝”，在学校却总是不受欢迎。家有家规，校有校规，就连孩子之间的交流玩耍，也需要遵守他们自己不成文的规定。藐视边界的人免不了处处碰壁。

曾有个焦虑的妈妈找我诉苦，说她3岁多的儿子在幼儿园一个朋友都没有，回家总对父母哭诉小朋友都不肯和他玩。妈妈从老师那儿得知，孩子的攻击性特别强，总是抢小朋友的玩具，又爱强迫小朋友按他的方式来玩游戏，稍不如意就跳脚。幼儿园老师建议家长在家多教教孩子怎样分享，怎样尊重他人，友善地和别人相处。

这位妈妈感觉糟透了，不仅孩子交不上朋友，连老师都不怎么喜欢她儿子。她找到我进行咨询，问在这种状况下，她是否应该帮孩子转学或转班。

我感到很诧异。因为这位妈妈的第一反应不是引导孩子解决问题，而是想带着他逃避到新的环境中重新来过，期待事情像魔法般地瞬间迎刃而解。我告诉她，如果不从根源上解决问题，即便去了新的学校，同样的情况也会一再发生。无论是多强势的老师，也没办法强制孩子们和他们不喜欢的小伙伴一起玩。同龄孩子们之间的社交冲突，只能留给他们自己解决。

这位妈妈焦急地追问有什么办法能让她儿子交到朋友，不再受排挤。我告诉她，很多孩子在社交上遇到困难，最主要的原因在于，他们平时的家庭生活中就缺乏心理上的“边界感”。每天孩子吃什么、什么时候吃、穿几件衣裳……孩子从睁开眼后每一件事，都在父母严密的掌控之中。父母无微不至地照料孩子，从根本意义上是由于他们觉得孩子可怜而无能。在对孩子无尽的关爱中，父母无形中剥夺了孩子自主成长的机会。从小就被剥夺选择权的孩子，自身存在的意义和自我价值感都会随之受到贬低。

要解决这一点，最简便的办法就是父母首先以身作则，先学会尊重孩子的个性，他们自己的事让他们自己处理，学会为自己负责。之后，父母可以再慢慢给孩子示范如何尊重他人的“边界”。

例如，在我的班级，孩子们最初入学时，我就会告诉他们以下几点。

“平时请把手放在自己身上。随意触碰别人的身体是不礼貌的。拥抱亲吻别人之前，需要得到许可。故意伤害别人的行为，在这里是绝对不允许的。”

“即使你再想要一个玩具，如果玩具已经在别人手上，你就要学会等待。如果你实在很想玩，可以询问你的朋友：‘我可以和你一起玩吗？’得到许可后，你才能加入对方的游戏。”

“除了身体会受伤之外，感情也是会受伤的。请对你的小伙伴们友善一些。当他们需要帮助的时候，你可以伸出援手，或者马上告诉老师。”

3岁左右的孩子，其实是完全有能力理解以上这些社交方面的规则的。

另外，我们在平时生活中一定要给孩子选择的权利，但选择权不可给得太多。无限的选择也会带来焦虑，导致孩子一再试探我们的底线。

我列了一张清单，是我认为没有选择的“必选项”和可以选择的“可选项”：

没有选择的事（“必选项”）	可以有选择的事（“可选项”）
1. 必须吃有营养的食物	1. 可以选择自己爱吃的蔬菜水果种类
2. 必须有规律地在合适的时间睡觉	2. 可以自行挑选喜爱的睡前故事、毛毯和陪自己睡觉的布偶
3. 必须待人有礼貌	3. 可以选择和谁做朋友，不和谁做朋友
4. 必须保持房间的整洁	4. 可以穿自己喜欢的衣服鞋子（符合天气状况）
5. 必须承担力所能及的一部分家务	5. 可以自行选择做哪几种家务
6. 必须在用餐后收拾自己的餐具	6. 可以选择和谁一起收拾，要不要帮忙
7. 必须保持诚实和正直	7. 可以保留自己对于他人的意见（遇到不想回答的问题可以不评论）

最后，建立好的“边界感”，能帮助孩子建立责任心，不越界做出出格的举动。“给孩子选择”是好事，这不应该成为孩子和父母讲条件的筹码。对于已初步建立“边界感”的孩子，可以适当给予更多的选择权。

如果孩子在成长过程中，希望得到更多的选择、更多的自由和更多的权利，那么他们需要自己用努力去换取。希望父母们能让孩子明白，更高的自由度，意味着更大的责任心。当他们足够成熟、足够有责任感，有能力为自己的选择负责任的时候，他们就值得拥有更多的选择。

“哭宝宝”和“小辣椒”的教育大不同

身为一名儿童教师，我常遇到被新生儿折磨到快崩溃的家长。他们哽咽着问我：

“为什么人家的宝宝是个好带的小天使，吃了睡，睡了吃，而我的宝宝就会吐奶、挑食、夜哭，时时尖叫哭闹？我哪里做错了？”

面对自责的家长们，我强烈希望大家都能明白，人和人的性情、气质和行为模式有先天性的不同。即使你的宝宝需要照顾者更多的关注，也不代表父母的养育方式有问题。遗传因子会随机地影响孩子的先天气质，宝宝的高需求并不该全由父母“背锅”。就算是同一对父母生出的孩子，也可能会有截然不同的个性。我就见过同父同母的亲兄弟姊妹，老大精明泼辣、双商奇高；老二善良温厚、安静低调；老三则情感细腻、骄纵敏感。

按心理学的说法，孩子先天的性情脾气通常可以分为不同的类型：

（1）随和亲善型

这类孩子大约占全部儿童比例的40%。如果你的孩子属于这个类型，恭喜你们中了“基因彩票”。正和外形养眼一样，天生拥有受人欢迎的好性格，给孩子带来的潜在优势是不可估量的。这类孩子很容易辨别，随便进入一所小学，班级里朋友最多的那几位“社交蝴蝶”、最受同伴拥戴的多半就是这一类。

（2）慢热型“哭宝宝”

这类孩子大约占全部儿童比例的15%。和上一类随和型的孩子相比，慢热型孩子往往需要更多的时间来熟悉环境、克服心理压力，之后才能投入地进行社交等各项活动。当环境发生变化时，他们会承受比较大的心理负担，需要时间来调节情绪。他们并不是第一类那样的“自来熟”，无法很快融入集体生活。

（3）“小辣椒”或者“性情儿童”型

这类“性情儿童”大约占全部儿童比例的10%～15%。他们和所有人一样正常，只是在情绪方面的感受性更敏锐，更能体验深刻而强烈的感情，稍不注意就会被感情所淹没。

（4）多方位混合型

这类孩子大约占全部比例的30%～35%。混合型意味着不同性格模式的随意切换。有时候随和，有时候害羞，有时候任性。这种性格类型也是人群中很普遍的。

面对不同性格的孩子，教育方式上也应该进行相应的调整。根据孩子不同的个性对他们进行有目的的积极引导，是最有效果的。简单说来，敏感细腻的“哭宝宝”需要更多温柔的鼓励和保护，霸气外露的“小辣椒”则需要持续不断的耐心引导和有效反馈。

以前我在加拿大读书时，有一位外国同学是单亲妈妈。她一岁的小儿子是个不折不扣的“哭宝宝”和“高需求宝宝”。自婴儿时期开始他就特别爱哭，对陌生事物没有安全感，但凡有一点点不如意就会扭住妈妈的手大哭大叫，直到自己和妈妈都精疲力竭。

在加拿大生活的单亲妈妈，虽然可以拿到不少政府补助，但是生活中依然免不了遭遇各种不方便和不公平。有一天，这位妈妈推着婴儿车带儿子回家。天开始下雨了，她决定乘公交。谁知，刚上车没多久孩子就大哭起来，引得车上的乘客人人侧目，她连忙对着孩子哄个不休。大约10分钟后，一个皱着眉头的中年乘客走了过来，指责她为什么不好好管教孩子，孩子大哭大叫真的令人讨厌。

那位妈妈据理力争："先生，很抱歉我的孩子哭了。你也看到我尽了最大努力，这种情况你觉得我应该怎么做？"

那个中年大叔毫不客气地说："这是一个公众场所，如果你没法约束你的孩子，请你带着他下车。"

换成心智软弱、脸皮又薄的妈妈，可能已经羞愧得快哭了。然而，生活已经将那位单身母亲磨砺得很坚强。她勇敢地说：

"不，我不会下车。我没有做错任何事情。我的儿子只是一个一岁的小孩子，他无法控制地会哭。我知道你不喜欢，但我们不会为了你而下车。我也不可能在这种天气推着婴儿车走上十多公里回家。"

这位同学在讲到不愉快的往事时，表情风轻云淡。她说：

"我的孩子不是完美的，但他没有做错什么。做错的人是我。如果我有钱，我一定会给他提供一个安全的环境让他自由哭泣，而现阶段的我却做不到。"

听完这段话，我顿时感到很心酸。孩子是个"哭宝宝"，并不是父母的错，更加不是孩子自己的错。然而，有时候即便是没有做错，也会遭遇不公正的待遇，注定了他们融入集体时会比其他人更为辛苦。

讲完了"哭宝宝"，再讲讲脾气火暴的"小辣椒"。这类孩子常常被称为"问题儿童"，因为他们强烈的个性像火焰一般，稍不注意是会灼伤周围的人的。

我的班上曾经就有这么一个3岁的小姑娘。平时她讨人喜爱、伶牙俐齿，不时就语出惊人，调皮捣蛋更是家常便饭。有一次，她纯粹出于恶作剧的心态，趁着穿高跟鞋的妈妈抱起她时，猛地向后挣扎着一拗腰，导致妈妈和她一起尖叫着滚落楼梯。妈妈摔伤了腰部，她则伤了脚踝，两人不得不在家休养了几个礼拜。

还有一次，爸爸送她上幼儿园，她不由分说地抱住爸爸的大腿，撕心裂肺地号哭，全园上下都听得到她响亮的哭喊声。着急上班的爸爸弯下腰，握住她的手好言安慰，结果惹怒了她，小姑娘毫不留情地把爸爸脸上挠出了一脸血痕。

针对这个小姑娘烈火干柴般的脾气，我和她父母交流过多次。很明显，这孩子在家里是称王称霸的“小辣椒”，父母对她毫无办法。

无论是“哭宝宝”还是“小辣椒”，如果我们想帮助孩子克服情绪问题，首先得了解这孩子的“情绪触发点”在哪里，然后尽量避免。如果实在无法避免，起码提前做好“情绪缓冲”的准备。

我花了一周的时间，观察 “小辣椒”的情绪触发点，终于发现了她最容易爆发的时间段是周末结束后的第二天（礼拜二），以及她需要独自走进教室的那个瞬间。于是，我针对这些情境，为“小辣椒”做了一系列“情绪软着陆”的准备：

1. 从家长的角度，要让孩子充分地做好“上学”的心理准备。

上学的头天晚上，请父母以积极的口吻告知她第二天要去学校这件事，例如：“你知道吗，明天早上你就要见到老师了。”

第二天早晨起床后，再强调一遍：“过一会儿我们就要去学校了哦，你猜猜，今天早上学校的早餐会是什么？”

2. 从学校教师的角度，要充分地和孩子建立信任感和亲密感。

比如，这个小姑娘多次告诉父母“很喜欢爱丽丝老师”。在她父母送她到校的时候，如果是我在门口迎接她，她会很快地收起眼泪。

因此，在她要来上学的日子里，我会尽可能地站在门口笑着和她打招呼。看到自己熟悉和喜爱的人，可以极大地平复孩子不安的心情。

3. 从家长和老师的角度，我们应该理解“小辣椒”情绪上的敏感脆弱，并尽量地为他们减少刺激。

例如，在我们班，早晨通常要进行的流程是：

（1）欢迎孩子进入班级；

（2）引导孩子走进卫生间坐马桶；

（3）洗手；

（4）吃早餐。

当这个小姑娘走进教室时，如果她已经表现得不开心了，我就不会马上要求她迅速听从指挥去洗手间。

我会先温柔地与她说话，陪她一会儿，等她慢慢冷静下来。当她已经能好好和父母说再见后，我再牵着她一起走进卫生间。通常这时候，她就已经平复情绪了，然后就可以按照每天的标准日程表进行活动了。

4．如果不幸的是她还是大发脾气——总会有这种时候——那么我会尽量提供有效陪伴，待在她附近以确保她不会因情绪失控而伤人伤己。

在她发脾气间歇的阶段，我通常会温和地触碰她，给她一个大拥抱，说：

“嘘——我知道你现在心里很难受，爸爸妈妈走了，很难过是吗？”

接着我会用孩子听得懂的语言，直白地告诉她，爸爸妈妈会在什么时候来接她：“当你睡好了午觉，起床吃过点心之后，爸爸妈妈就会回来了。”

5．温和坚定地澄清我们的原则和底线，并告诉孩子打破原则的后果会是什么。

比如说，她曾经抓伤过爸爸妈妈，却从来没有敢对我们老师动手。因为我们在一开始，就很明确地表达了对于暴力“零容忍”的态度。

“亲爱的，我们都很爱你，希望你别做出伤害自己和别人的事情。要是你抓伤我们，就不会再有人来帮助你了。你希望有人照顾你、陪伴你，对不对？”

以上案例中的小姑娘，现在已从小班升级，开始当所有小班幼儿的“大姐姐”了。她在克制情绪的方面大有长进，正健康快乐地成长着，吃饭和睡觉的质量都有所提升。在她的年度成长手册中，几乎各项指标都是“优秀”。

希望这位小姑娘的经历可以启发大家，尤其是心力交瘁的“哭宝宝”和“小辣椒”的父母。当你们感到脆弱无助时，请告诉自己，你们不是一个人在战斗。还有我这个加拿大的一线儿童教师，和你们一起奋斗在孩子们的“情绪前线”。

解读“性情儿童”的“情绪方程式”

在与孩子们的相处中，我常常感觉到，他们的情绪是有颜色、有形状的。快乐是一串明黄色的小铃铛，轻轻戳一下，就会溢出咯咯咯的笑声。幸福是数不清的粉红小泡泡，像香槟酒一样，从心底一点点升上来，令人如同踏在九层云之上。愤怒是红色的怪物，张开血盆大口吞噬所有，恨不得燃烧殆尽，肆虐过后只剩下一地狼藉。恐惧则是不怀好意的青黑色，它把你悄悄诱向一个幽深的井口，“咚”的一声推人跌落。

这些不同的情绪，如果在短时间内全部汇聚在一类儿童身上，他们就是我们俗称的“性情儿童”，有的人会戏称他们为“小戏精”。“性情儿童”的情绪高低起伏如过山车，一会儿高兴得飞上云端，一会儿沮丧得眉眼低垂，一会儿又眼冒怒火，高声咆哮，攥拳跺脚。这类性格的孩子，很容易就把父母搞得晕头转向，不明就里，也容易让父母的情绪陷入沮丧之中，难以和孩子顺利沟通。

在多年的教师生涯中，我一直都饶有兴致地观察着我们班的“性情儿童”。在我班上的孩子中间，有2个孩子属于这个类型，刚巧是一男一女，两人都是3岁左右。

“性情儿童”的情绪的确难以捉摸，但他们绝不是难相处的坏孩子。他们天生对痛苦和快乐的感受异常强烈，情绪跌宕起伏的曲线幅度是普通人的数倍以上。他们有时候会瞬间秒变“小恶魔”，令教师们闻风丧胆。其他时候，他们是最甜蜜体贴的“小天使”，前提是他们乐意。

他们在游戏中眯缝着眼睛，咯咯大笑，笑得连眼泪都流出来，笑得满室都充满阳光。他们会在回家的路上精心采集鲜花，带回家送给爸爸妈妈，大声宣布“送给爹地妈咪”。他们会像旋风一样刮进教室，紧紧地抱住我，送上面贴面的香吻，甜甜地笑着说“老师我最爱你了”。

从儿童性格的长期追踪研究表明，“性情儿童”是个杰出的群体，他们生来就具备充沛的感情、敏锐的创造力和令人捧腹的幽默感。可惜，如果没有人引导他们理解和驾驭强烈的情绪，他们会很容易被自我怀疑和自我厌恶所淹没，周围的人也要因此遭殃。对于这类孩子的教育，如何解读他们的“情绪方程式”就成了当务之急。

我常常和孩子们说，每一种情绪都有价值，就连愤怒和悲伤也是。第一步是要正式接纳自己的情绪，第二步才是要去克服它。为了便于孩子们理解，我用了一个童真的比喻。我告诉孩子们，我们每个人的内心，都住着好几只代表情绪的“小动物”。当我们生气时，其实是因为名叫“愤怒”的小怪兽苏醒了，啊呜啊呜地想跑出来咬人了。

我问孩子们：“该不该把小怪兽放出来，让它伤害别人呢？”

孩子们一致摇头。有的孩子一本正经地说：“如果小怪兽伤害别人，那是不对的，它的爸爸妈妈会伤心。”还有的孩子提议，驯服小怪兽，让它变成温顺的狗狗，每天陪它玩，教它和自己做好朋友。

作为家长和老师，我们怎样才能引导孩子们克制情绪，驯服内心的“小怪兽”呢？怎样才能让孩子学会和激烈的情绪做好朋友呢？

首先，帮助孩子克服情绪问题的第一步，是我们发自内心地接纳他们的情绪。

哪怕在最乖巧的孩子身上，“情绪小怪兽”也是客观存在的。对于“性情儿童”而言，他们的“情绪小怪兽”比其他孩子都来得厉害，破坏性也更大。

他们本人很无辜。不是故意要捣乱，只是负面情绪的能量太强大，他们无法控制自己。很多家长会因为孩子的“坏脾气”而惩罚他们，或者冷漠地把他们推开。没有什么比这种对孩子的“不接纳”更伤害孩子的了。长此以往，孩子会失去安全感，刻意地压抑自己，扮出“乖巧纯良”的样子去讨好父母。

但孩子的内心是不快乐的。无法随心所欲发脾气的人，他们深知自己不是无条件地被爱，他们没有一个安全的港湾。内心缺乏安全感的人，做不到真正的宽恕他人。

真正快乐的孩子，是能坦然做自己，还一直被深爱着的人。

如果家长和老师采取“积极教养技巧”，从积极的角度多多赞美孩子正面的行为，将主要注意力集中在孩子的优点上，孩子得到鼓励的滋养，一定会越来越多地展现令我们欣赏的特质。

其次，凭着我们对于“性情儿童”的情绪机制的理解，我们可以有效地避免触发他们的“情绪雷区”。

当“性情儿童”的脾气要发作时，我们往往能观察到一些明显的先兆和线索，例如：

（1）他们拔高声线，显示出激动的样子；

（2）他们脚步加快，跑来跑去，烦躁不安；

（3）他们开始表现出颐指气使、盛气凌人的样子；

（4）他们开始不耐烦、坐不住，身体扭来扭去等。

当我们注意到了这些先兆时，完全可以通过一些安静放松的活动来疏导他们的情绪，使其冷静下来，例如：

（1）如果在家里，给孩子洗个温暖的热水澡；

（2）和孩子一起玩水，感受水波在指缝间的嬉戏；

（3）在幼儿园，邀请孩子尽情地大力揉捏橡皮泥，释放压力；

（4）采用最能让人冷静和集中注意力的“沙盘游戏”；

（5）轻轻抚摸搓揉孩子的背部，轻柔地与他／她谈话；

（6）在孩子最喜欢的“舒适区”，阅读他／她所喜欢的故事绘本等。

育儿方式没有对错可言，只要是合适的，就是好的。任何一种先天性格的存在，都是有其好和不好的一面的。即使是“性情儿童”突如其来的坏脾气，这种对于情绪的发泄也有它自身的意义。我们应当把“性情儿童”的脾气当作是他们人格的一部分，无关好坏，全盘接纳，就像大地接纳落叶，湖泊接纳雨水。无条件的爱中永远有无限包容。

除了理解，我们还要引导孩子进行情绪上的自我管理，而非一味地支配和控制孩子、否认和打压他们的情绪。我们应该充分承认他们的个性特征，并且帮助他们发展自身性格的潜力和优势。

> 孩子不是由我们的意志产生的，也不应该成为实现我们个人意志的工具。孩子生来不够聪明、不够美丽、不够乖巧，这都不是他们的原罪。生命只不过是生命，原本就充满磨难，岂有十全十美之理。孩子的一切都是完整而自由的，是宇宙中独一无二的生命。我们该为他们的独特和美好而骄傲。

最后，用我认识的一位犹太妈妈的话作为结尾。她说：

“也许他们在别人眼中只是寻常，可他们却是我生命中最珍贵的瑰宝。我何其幸运。”

听不进大道理？学学这些与孩子交流的有效方式

当孩子任性耍赖不听话时，你会怎么做？

打一顿、骂几句，或者实施体罚？那是下下策。或者禁足、强行要求孩子“讲道理”，否则就不许看电视或吃零食，用强硬手段迫使孩子妥协？那是无功无过的中策。只有不刺伤孩子的自尊心，引导他们发现问题，又为他们指明方向的做法，方为上上策。

每一位家长，想和孩子达成顺畅的交流，就要使用他们能够接受的方式。孩子听不进满口大道理的道德说教。因此，如果父母熟练掌握“儿童的语言”，效果是最佳的。

说到“儿童的语言”，首先让人想到的就是儿童绘本了。为什么北美的学校和早教中心鼓励儿童尽早阅读，也鼓励父母和他们一起进行亲子阅读？儿童绘本的亲子共读，到底有什么魔力？

其实，绘本的魔力很简单，它能在无形中帮助孩子和家长解决实际问题。儿童绘本可以从根本上提升孩子的语言发展、认知能力、想象力、思考水平，甚至是审美眼光。孩子通过想象力认识世界，而绘本为其提供了一扇放飞想象力的窗口。

儿童学习的方式有两种：一是和身边的父母学，二是和生活中接触最多的“模范角色”学。这个“模范角色”，既可以是老师、同学、朋友，也可以是他们喜爱的虚构角色。和孩子一同读绘本，就是一个绝佳地引荐我们所认可的“模范角色”的机会。

英文中有一句俗语：“笑是最佳治疗，笑声是万用灵药。”趣味型绘本往往通过笑声给孩子讲道理。孩子初次听故事时，为之着迷的是生动幽默的故事情节。听过几次之后，故事背后的道理会无形中渗入他们的脑海里。

下面是在我的学校里，绘本帮助孩子形成良好习惯的成功实例：

1. 孩子迟迟不肯“戒尿布”，绘本帮他戒掉了

我们班2岁半的小男孩马修，对于学习使用小马桶一直是拒绝的。他对于“戒尿布”十分没有安全感，爸爸妈妈拿漂亮的贴纸、印着赛车图案的儿童内裤甚至糖果来引诱他尝试使用儿童马桶，都没有用。

与父母交流后，我们在学校给孩子引入了一系列关于“内裤”的绘本，逗得马修哈哈大笑。他对于使用马桶不再那么抵触了。目前他的如厕训练正在稳步进行中。

我们使用的绘本叫作《外星人爱内裤》，作者是Freedman & Cort。《外星人爱内裤》的插图色彩明艳讨喜，外星人的造型也可爱无比。它的故事情节是：有几个外星人特别喜欢地球上的内裤。作者通过渲染外星人对于不同种类的内裤的喜爱，引发出儿童对于内裤的好奇心，也进一步促进适龄儿童从心理上脱离“尿布宝宝”的状态，让他们愿意主动进行“如厕训练”。

2～3岁左右的儿童，尤其喜爱和屎尿屁有关的“卫生间笑话”。之前有日本作家创作出一套《什么是大便》的绘本，也极受孩子们欢迎。

2. 家有二宝，绘本引导他们和谐共处

我们学校的一位家长有两个孩子，兄妹之间差两岁。随着两人慢慢长大，小时候的和谐友爱逐渐被吵闹和竞争所取代。两人大事小事都要决出个胜负来，赢的那个扬扬得意，输的那个大发脾气。

在我的建议下，这位妈妈为兄妹引入了一系列的主题绘本，全是讲兄弟姐妹相处的故事。她每天抽出一小时，在孩子们睡前一起进行亲子共读。她感激地说，那一小时是兄妹俩每天难得的“休战时分”，两人安静地依偎在一起，等妈妈讲故事。兄妹俩最喜欢的故事是绘本《我赢了。不，我赢了。不，我赢了》，作者是罗伦·乔尔德。故事告诉孩子们，谁都时时刻刻想成为赢家，然而若是两个人都互不退让，到了最后只会都成为输家。其实谁赢谁输都不要紧，重要的是兄妹彼此友爱，相互关怀。

3. 孩子的玩具玩一次就扔，绘本教会孩子珍惜拥有

常有中国家长抱怨，孩子玩玩具太浪费了，玩一次就想扔了买新的，不然就大吵大闹。我观察了一下，自己接触到的加拿大的孩子似乎并没有这个问题。因为他们有如下的秘诀：

（1）时不时拜访小伙伴，进行闲置玩具交换；

（2）父母严格规定，一周只准买一个新玩具，所以孩子买玩具都深思熟虑，只挑最喜欢的。旧玩具太多了，父母会动员孩子定期将它们捐赠出去，帮助那些儿童福利院里不幸的孩子；

（3）家长鼓励孩子发挥想象力，旧玩具也有各种新玩法。

Antoinette Portis的绘本《不是箱子》，就讲了一只小兔子怎样发挥想象力，在一只箱子上玩得不亦乐乎的故事。大家看着小兔子在箱子里钻进钻出，好奇地问它：“你在箱子里干什么呢？”小兔子不断地重申：“这不是箱子！”那是它的异想世界，箱子在它眼中变身宇宙飞船、海盗船、消防车，甚至超级机器人……

孩子们非常喜欢这个故事，我们甚至鼓励孩子们从家里带来旧纸箱，齐心协力地制作了一艘“大船”。孩子们嘻嘻哈哈地跳到船上，高兴极了，从此更懂得“变废为宝，循环利用”的道理。

优秀的儿童绘本能给人以美的享受。更重要的是，它们能从某种意义上解答孩子对这个世界的疑惑。孩子通过阅读，将故事反映的道理与日常生活相结合，更紧密地与现实生活建立了联结，迈出他们“社会化”的第一步。

使用绘本进行亲子阅读，是一个共同学习的契机。孩子在学习认识世界，我们在学习做更聪明的父母。当我们在一个轻松的亲子共度的氛围下，心平气和地坐下来倾听孩子想说的话，孩子往往更愿意对我们敞开心扉。当孩子在认识世界时产生疑惑，当他们期待着从我们这旦获得指导时，我们可以通过“亲子绘本共读”的形式来讲道理。一板一眼的大道理总是枯燥的。然而，和孩子一起阅读美妙的故事，对故事情节加以讨论，便是深入浅出“讲道理”的另一种模式，能在无形中让孩子觉察到怎样的行为是不妥当的，并积极思考不同问题的解决办法。

最后，请大家也不要忘记了，绘本作者的初衷，不过是希望家长和老师能坐下来，搂着孩子们好好地讲完一个故事。一起享受美妙的故事，一起欢笑感慨，抛却所有的功利心，这个过程本身就是送给孩子最好的礼物。

如果与孩子发生冲突，把它当成一场游戏

加拿大是个兼收并蓄的移民国家。我的工作性质，让我与许多不同文化背景的父母都保持着紧密的联系。这些父母分别来自中国、加拿大、美国、澳大利亚、巴西、印度、日本、韩国等国家，移民之前都至少是当地的精英中产，我想他们面临的育儿烦恼，很大一部分中国父母也会有共鸣。

在和父母们沟通育儿问题的过程中，许多人都提到一点：他们不怕脏、不怕累，最怕的就是处理孩子的情绪问题。一旦孩子在公众场合情绪失控，声嘶力竭地哭叫，家长觉得尴尬极了，这种情况很容易引发新手父母的情绪崩溃。

记得某个夏天我回国，正和家人在大商场逛街，突然听到一声惊雷般的号啕哭声，吓了我一大跳。扭头一看，原来是一个5岁左右的小朋友，非要进商场的游乐园玩不可，不肯跟妈妈回家。衣着朴素的年轻妈妈神色困窘，先是对孩子温言相劝，可孩子就是不听。她想强行把孩子拉走，可是5岁孩子的力气很大，完全不配合，躺在地上连哭带叫，声音响亮得让顾客们纷纷为之侧目。孩子妈妈又气又急，甩开孩子的手转身就走。那孩子在后面连滚带爬地跟着，抱住妈妈的脚号啕大哭，让妈妈别走。于是，妈妈回过头来拉住孩子的手，孩子却又扯着妈妈往游乐园方向走，就是不肯回家。

围观的人群窃窃私语，孩子妈妈涨红了脸，大概是觉得孩子挺丢人。她

挥手就给了孩子一耳光，孩子吓得呆了，然后哭得更撕心裂肺。热心路人赶紧上前劝说：

“有话好好说，别打孩子……”

年轻的母亲一把抱住孩子，两人一起哭，她边哭边骂，说孩子不像话、没出息、整天就知道花钱，明明是穷命却养出了一身富贵病。

我听到周围有人长叹了口气，小声嘟囔：“难怪都不愿意生孩子。这样养孩子，有什么意思！”

我后来问过我妈，我小时候是不是也特难带？我妈说：“哪个小孩子不难带，长大了就好了。”在长辈眼里，“长大”这个词就是灵丹妙药，时间可以自发解决几乎所有的问题。

那么，在孩子长大之前，我们难道就只能忍受他们的坏脾气吗？其实我并不这么认为。前面那个孩子已经将近5岁，他完全应该懂得怎样和妈妈有效沟通，怎样在公众场合规范自己的行为。他不懂得，是因为从来没有人以一个5岁孩子的标准要求过他、教育过他。

有人说，经济基础决定一切，只有有钱了才能教育得好孩子，我不赞成这个说法。对孩子的情绪教育不仅仅是钱的问题，更多的是一种观念问题。

案例中那位一筹莫展的年轻妈妈，让我想起另一个同样贫困，但却永远胸有成竹的女子。她是一名加拿大的单身妈妈，有点儿犹太血统，长得很美。她的孩子在我以前工作的学校上过学。她告诉我，当她的伴侣离开，她自己坚持生下孩子的时候，她只有19岁，不得不从大学辍学。她一人养育孩子，抽空还要打工以及去夜校上课，哄睡孩子的任务只能交给自己母亲。生活虽然很艰苦，她也忙碌到瘦得皮包骨，但是她的精神一直很愉快。她的孩子也和所有孩子一样，常有调皮捣蛋的时候，可我从来没见过她发火。

她做得最多的，是蹲下身来直视孩子的眼睛，慢条斯理地讲道理，脸上带着温柔的微笑，好像是在告诉所有人“没关系，再忍耐一下，一切都会好起来的”。现在每每想起她来，我就会想起那微笑。

有一次，孩子在学校玩得不肯回家，躺在地上打滚，呜哇呜哇地哭。她没有呵斥孩子，只是小心翼翼地把周遭的物品移开，以免孩子不小心碰伤。

然后，她心平气和地告诉孩子：

“妈妈坐在那边等，等你发完脾气，自己过来找妈妈，咱们回家。”

孩子在地上蹬腿哭叫了十多分钟，发现真的没人过来哄她，只好自己慢慢爬了起来。她干号着捂住眼睛假装在哭，其实眼睛骨碌碌地转着，悄悄从指缝张望，看妈妈在干什么。她失望地发现妈妈正专心致志地读着一本书，看都没有看她一眼。于是，孩子越想越心慌，一点点缓缓挪动到妈妈面前，摆出委屈的表情，示意妈妈来抱抱她。

她也很会给孩子找台阶下。在孩子意识到发脾气没用以后，她毫无芥蒂地给孩子热烈的拥抱和亲吻。她丝毫没有羞辱孩子先前的不当行为，而是说：

“宝贝，我知道你克制住脾气有多不容易，妈妈永远爱你。”

有人说，犹太人是全世界最会教育孩子的民族，我想这说法也不无道理。从这位犹太妈妈身上，我们可以借鉴哪几点？

1. 有时候“无为而治”更有用

面对脾气难以应付的孩子，最好的办法，就是根本不要去“应对”他们。

“不应对”并不意味着冷漠和忽视，而是指家长老师要和往常一样保持平和自然的态度，不可因孩子的撒泼哭闹而对他们另眼相待。

“不应对”意味着家长保持冷静，按捺住自己的脾气，不要在情急之下羞辱、惩罚孩子，更不要为了息事宁人而违心地奖励、讨好孩子。

2. 理解孩子在情绪失控时的“小心机”

孩子大发脾气时展现出的“真性情”，是一种与生俱来的试探。即便是在哭闹撒娇时，他们也在悄悄观察着我们的反应。

一旦我们上当，面对孩子的负面情绪，我们也情绪崩溃，孩子马上就会明白“哈，你们怕这一套”，从而认识到哭闹是有效果的，可以迅速达到目的。所谓“会哭的孩子有奶吃”，正是孩子从感情上操纵父母的“武器”，背后的根源就是父母对他们的纵容。许多孩子在父母不当的反应中，养成了爱撒娇和发脾气的骄纵性子。

如果我们对孩子乱发脾气的行为安之若素，不动声色地随他们去，孩子就会明白这一套并不奏效，哭闹撒泼也无法强迫父母向不合理的要求屈服。

孩子的小心眼：“原来在爸爸妈妈面前哭闹不管用，那我还是用他们听得懂的语言和他们讨价还价吧。”

在孩子和家长起冲突时，家长应当特别提醒自己不要动怒。不如把和孩子的冲突当作一场有趣的游戏。我们可以从克服困难中寻找乐趣，披荆斩棘，升级到下一关。孩子获得了成长，我们也成为更聪明的父母。

在孩子展现激烈的负面情绪时，父母不要和他们起冲突，也不要冷暴力，我们可以默默陪伴着孩子，不要让他们伤害到自己或他人，耐心等待孩子冷静下来。家长的注意力应该放在孩子身上，但不要过度介入。要给孩子时间，允许他们自己消化掉激烈的情绪，将人际关系的规则渐渐内化。

放松姿态，轻装上阵，遇到育儿烦恼时不要太认真，我们一起培养点儿“游戏精神”。愿大家和可爱的孩子们一起，把每一天都过成一场精彩的探险。

培养责任感重要，“胜任感”更重要

这世界如果没有孩子的善良，就会沉沦。

在北美的儿童教育行业工作了这么些年，一方面我见证了孩子们身上与众不同的美好品质，另一方面也从他们身上学到了许多。其中，最触动我的，是有的孩子小小年纪就充满社会责任感，不仅对自己负责，还肩负起了许多成年人都望尘莫及的责任，完成了许多人一辈子都做不到的壮举。

9岁的美国女孩霍莉，已经主动种了4年的菜，在家人邻居的帮助下建立起11栋小木屋，只为了给街头流浪汉们一个家。

4年前，当霍莉才5岁时，她在街上遇见了一名饿着肚子的流浪汉比利。比利是个退伍军人，在战争中失去了一条腿，战争夺去了他的健康、财产和家人。当时只有5岁的霍莉问她的妈妈：“可以给他买一个三明治吗？”妈妈帮助霍莉完成了她的爱心愿望。流浪汉流泪了，他说，霍莉就像一个天使一样温暖了他。

霍莉的愿望是可以喂饱街上所有无家可归的人。由于家庭经济能力有限，霍莉明白仅靠妈妈的薪水帮不了所有的人。于是她开辟了菜园，开始研究密集种植法，自己种菜。人生中收获的第一份蔬菜，她用袋子装好，送给了她帮助过的比利。后来，霍莉每天坚持的小小善行感动了街坊邻居，他们也纷纷加入她的种植行动，还分出自家院子的一部分给霍莉当菜园。当地的很多流浪汉都和霍莉成了好朋友，主动来帮助她打理菜园。他们其实不坏，也不懒，只是很不幸。

果蔬一种就是4年，霍莉喂饱了镇上的流浪汉。可是还有许多人露宿街头，霍莉就对母亲说："他们不应该睡在路边，每个人都应该有个家。"

母亲无奈地告诉她："是的，可是即使我们可以喂饱一些人，也不可能给他们房子住。"

于是霍莉向自己再次提出了一个挑战："我想试试盖房子！"

霍莉查了好多资料，花时间画了一幅简单的建屋草图。在家人的陪伴下，她到建材市场买材料，而当建材商劳伦斯知道了她购买材料的目的后，只收取了她一半的费用。小镇上的每个人都热情地给她提供可回收的牛仔布和建筑材料。

当别的小孩还在玩积木的时候，霍莉已经真刀真枪地造起了房子。她的"小房子计划"得到了广泛的关注，霍莉在大家的帮助下一共造了11座小木屋，让流浪汉无论什么时候都可以到那里歇歇脚。直到现在，霍莉还是在学习之余坚持她的善举。她说："我帮助不了所有人，但'爱'可以。"

类似关于孩子们展现责任感的故事，还有很多。从孩子们身上，我看到的不仅是善良，还有头脑、好奇心、创造性和执行力。他们不仅拥有高度的社会责任感，而且还能用自己的双手创造想要的环境，一点点实现个人计划，建立 "胜任感"。

责任感是什么，我们都懂，那么何为"胜任感"呢？

"胜任感"，是指孩子知道自己有能力做某件事，会努力将其做好，并且有信心让这件事对他人产生积极正面的影响。"胜任感"对建立孩子的自信很重要，让他们明白自己是谁，能做些什么，该向什么样的方向努力去实现梦想。

作为幼儿教师和家长，我们应该怎样帮助孩子建立责任感和胜任感呢？

责任感从来都是由小范围渐渐扩大的。首先，孩子们需要从自己的日常起居做起。从两岁开始，我们班的孩子们就学着自己穿衣服，自己换鞋子，自己用餐具乖乖吃饭不乱撒，自己读完绘本后整理好小书架，回家后到睡觉的点了，乖乖和爸爸妈妈说晚安，自己去睡觉不用人哄。3岁以后，懂得在公众场合要守秩序，维护环境的整洁。

有一次远足，我们带孩子们去农场看动物。一个孩子肚子饿了，问我是否可以吃饼干。我把饼干分给他，他吃完后，包装纸捏在手里好久，直到我们找到一个垃圾桶，他才高兴地跑过去把包装纸扔掉。还不到3岁的孩子，就懂得不可以随意乱扔垃圾的道理。

孩子们注重安全，也非常尊重小动物。在触摸农场的小羊羔之前，他们都会反复和老师及工作人员确认："请问我可以摸摸它吗？不会弄伤它吧？"得到肯定的答复后，他们才小心翼翼地走过去，摸摸小羊羔的头。孩子们欢快地围着小羊羔，摸了又摸，直到小羊不耐烦地"咩"了一声，拨开孩子们的包围圈迅速跳开。孩子们虽然恋恋不舍，但还是很尊重小羊的意愿，没有去追逐它，只是站得远远的默默观察。

讲完了责任感，再来讲讲如何培养孩子的胜任感。胜任感也是从小事渐渐扩大的。

孩子们的活动范围，应该随着他们年龄的增长、心智的增强而逐渐扩大。想帮孩子克服畏难情绪，建立自信心的方法非常简单，就是不断激励孩子去做他们力所能及的工作，并让他们看到这类工作的成效，能为世界带来怎样的好处和改变。

首先，小时候孩子就可以在家帮父母做家务。走出家庭进入学校，孩子也可以为自己所居住的社区做出小小的贡献。在北美的孩子，很多都会在家长的带领下去不同的机构做义工，例如，在节假日和家人一起做许多三明治，发放给街头的流浪汉。

有的孩子喜欢小动物，就去宠物助养中心帮忙，替收容所的流浪动物寻找领养人。在美国宾夕法尼亚州，从2013年起，就有一家猫咪收容所让孩子们前来做义工，内容是让孩子读书给猫咪听。"猫咪伴读"计划。一方面，可以让收容所的流浪猫们多与人类互动，降低戒心，和人产生安全感。收容所的猫咪因常与孩子们接触，听着他们规律又温和的阅读声响，渐渐喜欢上人类，习惯了与人相处，这样猫咪们就能有更多机会被好心人收养。另一方面，这项计划也可以提高孩子们的学术成绩和阅读能力。因为有可爱猫咪的陪伴，不少在家自学或平时很孤独的孩子，有了机会走出家门与猫接触互动。甚至有些患自闭症的小孩，参加这项活动后病情缓和了许多。

我们班的孩子，也曾经和我一起在春天为蜂鸟筑了一个巢，希望让它们安心地在此安家。虽然我们从未见过蜂鸟飞来安家，但每次孩子们看到鸟巢都异常兴奋。

为了孩子们能吃上应季的新鲜蔬菜，我们还一起开辟了一片学校的菜园，种上了胡萝卜、辣椒和青菜。孩子们常常主动要求浇水，还饶有兴致地帮园丁培土、除虫、施肥。参加这样的活动，孩子们会头一次感受到自己的力量。他们会意识到，自己是可以为大自然里的小生命做点儿什么的。

这样成长的孩子，想要的不仅仅只是一个“更好的生活”，他们更想要的是一个“更好的世界”。

总之，无论孩子想参加什么样的活动，他们都是用行动在对外宣称：“我是这个世界的一部分。”家长和老师们应该尽量去支持他们。当我们每个人都能对自己和生活环境负起责任，当我们都向外散发出善意，这个世界的确会因我们而变得更美好。

“二宝”要不要？
怎样让孩子爱上家庭新成员

观察我身边的加拿大家庭，家里只有一个孩子的是极少数。在我们幼儿园里，大多数孩子都有一两个兄弟姐妹，或者父母正在准备要第二个孩子的过程中。随着对他们了解的加深，我意识到加拿大孩子对于“二宝”的态度，和大多数中国孩子有着很大的不同，父母的教育方式也有相当大的文化差异。

现在就从四个方面来讲一讲，我所认识的北美父母对于“二宝”问题的处理方式，希望能给大家带来一些启发。

1. 是否要“二宝”的决定，应该和孩子商量吗

国内某个孩子不愿意让父母要“二宝”，以死相逼，告诉母亲不流产她就去自杀，最后母亲只得忍痛流掉了肚子里已经成形的胎儿。有个初中生威胁父母，要是敢生“二宝”，他就不参加中考，自毁前程。还有的孩子逼迫父母写保证书，称要父母“永远第一喜欢我”……这些新闻，一方面折射出中国独生子女内心深切的不安全感，另一方面也凸显出，那些孩子的父母的教育方式是有“硬伤”的。

我的看法是，要不要“二宝”这件事，从一开始就和孩子没关系，应完全从父母自己的立场做出决策。在自己的决策范围，例如生不生“二宝”，什么

时候生，父母应当树立起强有力的权威感，不要过多地将决策权交到孩子手上。与此同时，在孩子自己的决策范围内，父母也应该尊重孩子的决定。

即便是一家人，也应该有个相处的分寸，不应该越过彼此的边界互相干涉。一旦孩子对于父母的决策有任何不满，父母可以告诉他：

“现在你住的是爸爸妈妈的家，所以由我们做决定。等你长大了，有能力离开我们独立生活，你可以建立自己的家，你做的选择我们也会同样尊重。”

2. 有了“二宝”，“大宝”不开心怎么办

先讲一个几年前我班上发生的真实事例。

思思是个活泼可爱的4岁金发小姑娘。在她的妹妹出生以前，家人的注意力和爱意全都倾注在思思身上。那时候的她，聪明伶俐、口齿清晰、笑容灿烂，一看就自带“小公主”气质。然而，在妹妹出生以后，一切都改变了。思思妈忙于照顾新生儿，是思思爸首先发现了思思的情绪异常。思思的眼神好像失去了焦点，失去了从前的那种“生命之光”。思思爸忧心忡忡地来学校找我商量，他说：

“她现在不像原来那么活泼了，很少笑，反而动不动因为一点儿小事就在家里大发脾气，哭闹个不停，还故意尿床和尿湿裤子。有一次我们忙得不可开交，想请思思去帮忙给妹妹拿配方奶瓶，没想到思思故意制造麻烦把奶瓶打翻，弄得一地狼藉，还等着我们去收拾。她以前从来不这样。我们已经和她沟通过好几次，既温言劝过，也严肃批评过，但她目前还没什么进展。”

其实，“二宝”出生后，“大宝”情绪紧张，甚至表现出敌意的情况很常见。我建议思思爸，不要把全部注意力都放在新生儿身上，最近要多陪伴思思，尤其要特别耐心地包容思思的负面情绪，一定要让她感受到父母仍然无条件地爱着她。另一方面，我在学校进行了一些辅助，引导思思观察其他小伙伴是怎样和家里的“二宝”互动的。

我和家长商量过后，邀请了思思最好的朋友丽丽、丽丽妈妈和丽丽小妹来学校玩。小妹妹才一岁左右，刚学会摇摇晃晃地走路，白嫩圆润的小脸

儿，见人就笑，可爱极了。她刚一到我们教室，小朋友们就“呼啦”一声围了过去，惊喜地叫道：“Wow！！一个小婴儿来了！！”

我让大家围成一个圈坐好，挨个儿发言，分享自己是怎样和家里的弟弟妹妹互动的。我还让丽丽现场演示了她是怎样在妈妈的帮助下照顾妹妹的。丽丽小心翼翼地用奶瓶喂妹妹喝奶，骄傲地说：“我的妹妹全世界最可爱。妈妈说她会和我一起长大，一起去上学，我要一辈子好好保护她。”

思思在旁边默默听着，若有所思。她问丽丽：“我能不能摸一下你妹妹的手？”

丽丽想了想，同意了，叮嘱思思：“要轻轻地。”

思思走过去，看看小妹妹的脸，小心翼翼地用指尖碰了一下她柔软的小手掌，摸了又摸。小妹妹盯着思思的脸，噗嗤一声咧嘴笑了，露出两颗小白牙。思思兴奋地大声说：“她喜欢我！”

后来，据父母反映，思思在家对妹妹变得耐心和友爱了。她开始明白，多一个妹妹后自己不会失去父母的爱，还会得到另一个可爱的小人儿的爱。

3. “二宝”家庭，父母偏心有什么危害

父母也是人，对孩子也会有偏向性。美剧《老友记》中的一个例子就堪称偏心父母的典型。

盖勒家有两个孩子，哥哥罗斯和妹妹莫妮卡。哥哥天资聪颖，学习成绩一向优秀，做什么都被父母夸赞，后来一路念完了博士，成了纽约大学的终身教授。和学霸哥哥相比，妹妹十分自卑，一直是哥哥身边的丑小鸭。她从小就明白，爸爸妈妈更偏爱的是哥哥，她的到来只是个不受欢迎的意外。她小时候尚算可爱，可到了青春期就不断发胖，胖得让她自己和父母都感到羞愧。

有一位心理学家分析过莫妮卡，说她之所以拼命吃东西，是因为她从小就不受父母重视，在情感方面一直很饥饿，只能拿食物来填补爱的匮乏。医生忠告她：

“莫妮卡，你要记住，吃下去的只是食物，不是爱。”

严重偏心的父母，对于自己的两个孩子都是残酷的，哪怕他们自认为对

偏爱的那个更好。由于父母的区别对待，被偏爱的那个也不得不拼命努力以维护自己的优势地位，同时还要承受着自己对受轻视的手足同胞的内疚之情。

作为儿童教育从业者，我的身边也经常有类似的情况发生。同一个家庭中的两个孩子，即便成长环境都一样，其中一个会因天赋较好所以表现出色，另一个则泯然众人。即便是父母，也会有自己的偏向性，悄悄地拿两个孩子互相比较。

当大家都在大力夸奖第一个孩子成就的时候，如果父母能注意到第二个孩子的落寞，并拍拍他的肩膀说："我知道你一直以来都特别努力。你会越来越好的，一定会继续进步的。"这些温暖的鼓励，孩子是会铭记一辈子的。

心有点儿偏不要紧，行为上还是要做到"一碗水端平"。不要让孩子感受到家长的偏爱，这样对两个孩子的成长都不利。

4. 怎样引导"大宝"和"二宝"和平共处

总结我身边幸福的"二宝"家庭的育儿方针，以下几个技巧亲测有效：

（1）让"大宝"尽量多地参与到照顾"二宝"的过程中，让他感觉到，这个家庭新成员也是自己生命的一部分；

（2）加强"大宝"对"二宝"的情感关联，一起互动和做游戏，能让他们彼此更喜欢对方；

（3）多称赞和鼓励两个孩子，这是北美幼儿教育中极其重视的一点，我们称其为"正面强化教养"：引导家长把注意力集中在孩子的优点上，正向鼓励孩子发挥出最大的潜能；

（4）夸奖孩子也有技巧，夸到点子上才能收到最好效果。父母应该夸奖的是具体行为而不是抽象概念，例如不夸"你真聪明"，而夸"你真努力"。

在有好几个孩子的家庭，父母不仅应该夸最优秀的那个，也应把注意力放在其他几个孩子身上，帮他们找到特有的优势。

我相信，总有一天孩子会意识到，弟弟妹妹是父母送给他们一生最好的礼物。

放学后的课余时间，请家长手下留情

大家普遍认为，加拿大的孩子很轻松，学校放学早，放学后孩子有大把的时间可以玩耍。其实，真实情况是怎么样的呢？

刚到加拿大读书的时候，我曾经义务辅导过华裔房东的孩子写作文。我问他，能否每周写一篇短周记拿给我看看，以便知道他的中文学习进展。对于我提出的要求，这个小学五年级的孩子面露难色。我以为他是怕辛苦，于是和颜悦色地问他："为什么不愿意写呢？是不是觉得作文没意思？"这个男孩子连忙摆摆手，解释说："不是不是，姐姐，你教我的都很有趣，我也喜欢写日记，但我真的太忙了。"

他一边说，一边叹气，翻出日程表给我看。果真，下午从学校放学后，他的日程表都排得满满的了：周一下午去游泳馆上课，周二上足球训练班，周三练钢琴，周四数学补习……平时他除了日程表上的安排，还要完成作业、参加学校的社团活动和同伴之间的聚会，每天都在"连轴转"，就连周末也没闲着：冬天滑雪，夏天夏令营，还要抽空在我这儿学一点中文。这种强大的学习压力下，他确实没有心力再多写一篇小作文了。于是，我拍拍他的肩，表示理解。

全世界的华裔家长几乎都有几个共同特征：

（1）勤奋工作，拼命赚钱，尽力给孩子最好的生活和最好的教育；

（2）万分重视孩子的功课和成绩，一定要将孩子送进好大学才能放心；

（3）课余时间几乎不给孩子留多少自由发挥的余地，必须上培训班，生怕孩子落在同龄人后面。

我对于前面两点特征表示敬意。华裔父母确实为了培养孩子而煞费苦心，大多数华裔孩子的学术成就也确实在同龄人中名列前茅。可是对于第三点，我感到很忧心。尤其是我在加拿大系统地学习了儿童发展理论和早教专业后，更加对于华裔家长们孜孜不倦的“培优计划”心存疑虑。在我看来，孩子的课后培训班不是不能上，而是不必上那么多。无论在什么时候，都一定要给孩子留有足够的休息时间和自由玩耍的机会。

北美的儿童早期教育理念认为，儿童需要足够的自由玩耍时间，因为他们是通过“玩”来认识和体验世界的。通过由儿童主导的自由玩耍，他们的认知能力和情绪感知能力得到极大的提升，逻辑思维能力和社交技巧也能取得进步。

孩子自己主导的自由玩耍活动，有以下的好处：

（1）孩子通过游戏中戏剧化的角色扮演，充分发展了想象力和创造力；

（2）他们能深入地认识到自身的情绪，并用合理的方式表达出自我情感，不会自我压抑负面情绪，因此有利于保持心理健康；

（3）自由玩耍能强健孩子的体魄，滋养孩子的精神，取得身心发展的平衡；

（4）和同龄的小伙伴们玩耍，能帮助孩子摸索社交技巧、沟通能力、独立解决问题的能力，这些能力对于孩子未来的人生发展至关重要；

（5）自由玩耍是一项自我探索的行为。孩子会逐渐意识到自己是怎样的人、构建自我价值观、了解自我的兴趣和长处，并通过重复自己喜欢的活动而不断发展个人天赋；

（6）学会自我挑战和风险控制。在自由玩耍中，孩子能通过一些看似“危险”的游戏逐渐摸索出自我的极限在哪儿，并学会在能力范围内冒险，同时保持安全。

那么，在孩子放学后，家长应该怎样善用课余时间让孩子得到最好的成长？

我想站在孩子的立场，拜托各位家长，手下留情，每天多留给孩子一些自由时间。

一般来说，越是年幼的孩子，就越需要自我探索的自由玩耍。3～5岁的孩子们，每天起码需要两小时左右的自由玩耍时间，让他们自主安排，其中有一小时应该让孩子待在户外玩耍，达到锻炼身体的目的。

利用这两小时的自由玩耍时间，孩子们可以充分地表达自我。家长和老师都不要为孩子这段空余的时间设限——不要教孩子应该玩什么、怎么玩、和谁玩，让他们自由掌控自己的时间，做自己感兴趣的事。孩子的个性特征和优势长项，都是在父母给予的自由时间中发展而来的，是课后由教师主导的培训班所无法提供给孩子的。给孩子充足的自由玩耍时间，能让他们更健康，更自信，更快乐，也更了解自己，有更高的自尊水平。

据我在工作中的观察，在自由玩耍时间，有的孩子会主动接近小伙伴，试图交朋友和他们一起玩，这好极了，说明他们在发展自己的社交技巧和情绪管理能力。这样的孩子将来人缘好，不容易受欺负，有领导者潜质。

还有的孩子，在自由玩耍时间会一头扎进课外书的海洋里，读自己喜欢的作品，读得如痴如醉。外面的世界，对他们来说无关紧要，因为他们已拥有了一个属于自己的更好的世界。像这样热爱阅读的孩子，他们看世界有自己的视角，在自己擅长的领域中游刃有余，通常是未来的“学霸”，他们很适合深入地钻研某一门学科，成为那个领域的专家。

另外有些孩子，在自由玩耍时间会选择进行戏剧表演，或者户外运动。这些孩子会是很好的演说家、表演家和运动员。

总之，自由玩耍时间能教给孩子许多他们在学校学不到的东西，也是家长们学习了解自己的孩子的好机会。通过仔细的观察，我们能进一步发掘孩子的天赋和特长，也能更好地帮助他们成长为快乐且自信的个体。

Chapter 3

『天使宝宝』是怎样养成的

“理想宝宝”的幻象，“现实宝宝”的噩梦

无论是多开明的父母，都会有自己的倾向性，谁都期待拥有一个符合自己想象的“理想宝宝”。为人父母，谁没有幻想过自己宝宝将来的模样？

每个人心目中都有一个属于自己的 “理想宝宝”，例如，是女儿还是儿子，长相如何，性格怎样，将来培养他们从事何种职业……这种理想化的幻象通常无伤大雅，尤其是在孩子出生后，大多数父母会渐渐认识并爱上真实的那个孩子，“理想宝宝”的幻象会随之烟消云散。

不过，总有一些父母，抓住幻象不放手，进入了自己的幻觉后很难出得来。他们过度向往自己的“理想宝宝”，发现现实和预期并不统一时，也容易陷入抑郁状态，反而影响了自己和孩子建立真实的亲子关系。

有位加拿大妈妈告诉我，在她初次怀孕的时候，孕检医生告诉她是女宝宝，她高兴极了。因为她从小有个“芭蕾公主梦”，虽然她没能学芭蕾，但一直梦想着拥有个穿粉红蓬蓬裙跳芭蕾的可爱女儿。于是，她和家人满心欢喜地准备漂亮的婴儿服、小裙子、铺满碎花图案的柔软小床，连儿童房的墙壁都给漆成粉色。没想到，到了孩子出生的那一天，她发现自己生的竟然是个男宝宝！当下那位妈妈就失声痛哭，还一度陷入了轻微的产后抑郁中。她说：

“当时全身都疼，心态也处于崩溃边缘，我梦想中的‘芭蕾小姑娘’消失了，也许永远不会回来，我实在是忍不住号啕大哭。”

我好奇地问：“后来呢？后来你怎样走出那段情绪的？”

“后来我给儿子喂了第一次奶，觉得这个皱巴巴的丑东西也蛮可爱。虽然还是遗憾没能生个美丽的小姑娘，不过现在我很爱我儿子，比世界上任何人都珍惜他。”

她也渐渐意识到，自己的悲伤是因为失去了想象中那个完美无缺的“理想宝宝”，是一种对于破灭了的幻象的哀悼。

“理想宝宝”的幻象破灭是很普遍的事。在我访问过的8个不同北美家庭中，有7位家长都反馈说孩子和自己的心理预期一点儿都不像。另有1位家长说，自己孩子的坏脾气和他小时候如出一辙，所以他早有心理准备。有意思的是，我访问过的这些北美家长们都承认，孩子虽和自己想象中的那个不同，令自己在一开始有些失望，但也正是因为孩子们和自己的不同，带给了他们无尽的惊喜和快乐。

例如，我们前面提到的那位喜欢女儿的加拿大妈妈。她是位意志坚强又有智慧的女性，在产后很快就调节好了自己的身心状态，用极大的热情迎接属于自己的小生命。她摈弃了自己幻想中的“芭蕾宝宝”，喂奶、换尿布、哄睡、唱歌……日日夜夜，她都陪在孩子身边，一点点和现实中的新生儿建立情感纽带。

现在，她是个快乐的妈妈，常常在放学后风雨无阻地带英俊的小儿子去踢足球，母子俩有说有笑，惹得大家羡慕不已。当这位妈妈注视着儿子时，眼中的爱意和自豪感快要满溢出来。她说：

“现在，他就是我心目中全世界最好的孩子，没有谁比得上他。”

这个故事告诉我们，当水月镜花的“理想宝宝”计划行不通的时候，真心实意地拥抱“现实宝宝”，接纳他们真实的一切，反而能获得意想不到的惊喜。

无独有偶，许多中国的父母也对自己的孩子有着这样那样的不满。他们养育的现实中的孩子，和自己预期的不一样，使得他们的育儿计划落了空，因此感到沮丧和手足无措。

曾经有个家长在网上求助，描述说自己上小学的女儿快把他逼疯了。据他形容，女儿不像爸也不像妈，精力无穷，顽劣得要命。这位父亲说自己和孩子妈妈小时候都是安静斯文、从不惹事的好学生，他们以为孩子也会自觉不让父母操心。谁知，女儿却完全不是这样，不仅性格极其外向、热烈奔放，还特别疾恶如仇，爱打抱不平。谁在学校招惹了她，或者做了让她看不过眼的事（例如欺负小同学等），女儿二话不说就会跳到人家身上狠狠揍他们，打得人家放声大哭。老师请家长到学校反映了好多次，让他们约束女儿。他们在家也教育女儿少惹事，不要和同学起冲突。女儿平时答应得好好的，一到情绪上来的时候却还是控制不住自己。她常常挑战权威，天不怕地不怕，既不怕家长的教育，也不怕老师的批评。

在这种情况下，这位父亲提问："我家孩子这样的行为，是不是代表她在某些方面有点儿问题？该怎样让孩子意识到自己的问题，能变得冷静和文雅一些？"

我告诉这位焦虑的父亲，不用过于担心。孩子和父母期盼中的"乖乖女"不一致，不代表她就有问题。孩子的某些行为是符合她的先天性格和身心发展阶段的。

我不认为这个女孩子是"熊孩子"，反而在她身上看到了无尽的潜能。她是个聪明、活泼、精力旺盛的女孩，所拥有的特质一旦善加引导，可形成极强的领导力。如果家人能够以一种"积极教养"的方式对待这个孩子，他们会看到她身上可贵的地方。

例如，精力旺盛爱运动是好事，如果家长愿意送她去学个芭蕾、网球或者跆拳道，让她把多余的精力发散出来就好了，说不定将来还能成就一颗体坛新星。"爱打抱不平"，说明她具有很强的是非观和正义感，只是需要注意表达的方式和尺度。孩子们在玩耍和冲突中，会慢慢完成自己的"社会化"，知道什么该做，什么不该做，会根据同伴的反应调节自己的行为。家长可以帮助她理解"仗义执言帮助人是好的，可是暴力行为不可取"，鼓励她发现新的解决问题的方式。

至于孩子小小年纪就敢于挑战权威，表达自己的看法，是一种很可贵的批判性思维，应该加以肯定。这一类“质疑一切”的孩子，通常是逻辑性很强的，只接受以理服人，强权压制的结果会适得其反。家长在责备孩子之前，应该先想想孩子为什么会这样做，背后的诉求又是什么。

正如前面所说的一样，每一对父母都会有一个心目中的“理想宝宝”，但最后得到的往往完全不同。

建议大家，忘记自己心目中的“理想化模板”，去拥抱真实的孩子，用欣赏的眼光去看待他们的与众不同，去鼓励孩子发挥独有的优势，用一种更开放的心态去面对真实的亲子关系。要相信，每一个孩子都具备独一无二的潜能，如果家长和老师能善加引导，将来他们定会成为了不起的人。

夸出一个“天使宝宝”：做到这几点，孩子不优秀都难

在加拿大的幼儿园工作了这些年，如果一定要描述大多数加拿大孩子和国内孩子的不同，我会说，北美的孩子看起来更有活力，有点像成熟独立的“小大人”，和人打交道时落落大方，自我意识很强，有时候未免过于争强好胜。相比之下，中国孩子则被保护得更严密、内敛和慢热，心态上也更天真烂漫，尊重权威，但有时候缺乏一些自我意识和自信。

北美父母和国内父母的传统育儿观念，最明显的不同就是北美父母注重个体价值感，他们喜欢教育孩子“你是独一无二的人，不管别人怎么说，都要活出自我”，对孩子的养育以“你能行”为主，因此孩子较为独立，很自信，喜欢吸引大家注意自己，有时候个性上过于张扬。中国父母呢，在集体主义的传统价值观的作用下，常常教导孩子“谦虚使人进步，骄傲使人落后”，他们试图让孩子时刻保持谦虚，每一个人生阶段都要小心谨慎，争取做到最好，不要行差踏错。父母对待孩子的态度常常是“我教你，要这么做”。因此，中国孩子通常尊师重道，乖巧得很，各方面也成果斐然，可他们取得的成绩，有时候并不是他们最想追求的，而是父母不断在背后推动而获得的。

其实，每个孩子都是独一无二的人，他们的个性都有各自的优势和精

彩。如果我们能分别将中西方最有智慧的教育理念结合起来，并在孩子的早期教育中加以实践，那就是最理想的育儿状态——把孩子培养成健康、自信、聪慧、自立，不需要大人操太多心的“天使宝宝”。

这种中西合璧的成功育儿方式的秘诀在哪里？其实很简单，就在一个“夸”字。用欣赏的眼光去理解孩子，有技巧地夸奖孩子，能让孩子的身心发展得更好。在西方所有的儿童发展理论之中，我最认可的一点就是他们的“优势理论视角”。这种育儿方针主张用积极的视角鼓励和协助孩子成长。落实到具体的育儿实践之中，就是简单的一句话：

优秀的孩子是夸出来的，不是打骂出来的。

怎样夸出一个“天使宝宝”呢？我身边的北美精英父母们会做这样几件事：

1. 以理服人，而不是以强权压制孩子

首先他们会由衷接纳孩子也是一个独一无二的完整的“人”。他们并不认为把孩子生下来就是对孩子有恩，也不会要求孩子一味顺服。

让我印象深刻的一件事，是有一次在我们幼儿园，有个小男生闹脾气不肯和父母回家，他爸爸并没有动怒，也没有强行拉走他，而是蹲下来平视孩子的双眼，说：

“爸爸理解你现在很生气，也不会强迫你马上就起身跟我们走。不过，我们希望你能先平静下来。你可以像这样先深吸一口气（爸爸做示范深呼吸），这样你会觉得好受很多。”

小男生照做了。他深呼吸了几次，还准备哼哼唧唧，爸爸接着说：

“等你准备好了，我们准备和你一起去奶奶家吃晚餐。你知道，奶奶做的肉酱意面最好吃了。要是去得太晚，你最喜欢的意面可是要凉透了。”

那个小男生是出了名的小吃货。他听到“意面”就睁大双眼，顾不上哭闹了，开始若有所思地权衡起利弊来。他父母也不催促他，就在一边悠闲地等着。大概在一两分钟后，小男生一骨碌爬起来，牵着父母的手，示意他们可以走了。

理解孩子的需求，给予积极回应，比强行压制的效果要好得多。

2. 对孩子的行为进行“有效夸奖”

怎样夸奖孩子最有效？这是很有讲究的。一言以蔽之，有效夸奖是“夸努力，不夸天分；夸具体，不夸抽象；夸真诚，不夸敷衍”。

例如，北美父母很少对孩子说“你真聪明”，而是会说“我看到你在很努力地去尝试，我们真为你骄傲”。

同样地，在幼儿园里如果孩子们出色地完成了一幅拼贴画，老师们通常不会只笑着夸一句“哇，真棒”，而会这么说：“某某小朋友，谢谢你给我展示的拼贴画！我看见你用了红色、蓝色和紫色的布条。你的作品很生动，颜色搭配也很美丽，剪出来的形状看起来很像小动物。我很好奇，为什么你会选择这些颜色呢？能给我讲讲吗？”

老师和家长遵循有效夸奖的原则，可以让孩子感到自己被充分地尊重和认可，也可以进一步鼓励他们识别自身情绪的能力，刺激他们的语言表达能力。

3. “有效夸奖”的背后是高度信任

在加拿大的幼儿园，我们最常听到以下几句话，来自老师和家长对孩子的鼓励：

“你想自己试试看吗？”

“我相信你能做到。”

“没关系，我们重新再来一次。”

孩子的成长中会不断充满挫败感，例如，衣服扣子扣错，鞋子穿反，学不会自己上厕所……这三句话，是来自父母和老师的“有效夸奖”，是一种积极的关注，也是对孩子能力的高度信任，它们让孩子把克服困难当作常态，因此习惯了不畏挫折、勇往直前和挑战自我。

4. “有效夸奖”塑造孩子强烈的个性色彩

在这些年国内外的教师生涯中，我意识到，优秀的孩子都很有个性。尊重和接纳孩子的个性，可以让他们的个人特色更加焕发光彩。

有的孩子热情，有的孩子内敛，有的孩子睿智，有的孩子自由奔放。孩子的优秀绝不等同于唯唯诺诺的“绝对服从”，而是鲜活而独特的个人特质，让人过目难忘，即便我刚到一个新班级，也能很快地记住他们每个人的名字。

总之，作为家长和老师，我们应该以欣赏的眼光看待孩子，多夸奖孩子的长处，而不是批评他们的短处。“天使宝宝”没有硬指标，只要孩子自尊、自爱、善良、有原则、有同情心，我们就可以说，家长和老师领悟了教育成功的秘密。能做到“有效夸奖”的家长，养出的孩子想不优秀都难。

孩子的“如厕训练”，为何这么难

每一对父母，在孩子过了两岁以后，都会很关注如何训练“尿布宝宝”如厕的问题，并暗暗地留意自己的宝宝，看他们和同龄孩子比是领先还是落后了。一旦有了一点儿发展程度“落后”的苗头，就会开始感到恐慌。有许多国内的读者向我反映，他们非常担心孩子的如厕训练问题，因为一旦孩子没学会，就连报名入读幼儿园都困难。

那么，两岁到两岁半之间的孩子，还没学会如厕是不是正常情况呢？

这里首先要给各位新手爸妈吃一粒“定心丸”。两岁半以下的孩子，还没有清晰的“在马桶上如厕”的概念是正常的。

目前我在加拿大的儿童学校工作，这里主流的幼儿教育方针是不强迫两岁半以下的儿童进行如厕训练，但主张家长和老师去鼓励孩子们对此进行尝试。加拿大的幼儿教育理念认为，如果希望训练孩子顺利地学会如厕，需要他们在两方面的条件成熟，一是做好生理上的准备，二是做好心理上的准备。

生理上的准备是指，孩子身体和智力的各项指标都发育完备，能够比较好地控制自己的膀胱和括约肌，以达到忍住尿意的目的。这样一来，他们才能有条件等到自己进入厕所，坐上马桶，再有条不紊地进行小便和大便。

心理上的准备是指，孩子从内心已经下定决心要脱离“尿布宝宝”的状态，愿意主动向“大孩子”这个阶段迈进了。

经过我的观察，孩子有没有做好身心双方面的准备，其实是有相应的标准的。到达合适时机可以进行“如厕训练”的儿童，通常会表现出以下的特征：

（1）下肢有力，擅长攀爬，跳跃，尤其喜欢攀爬滑梯、书架、沙发等常见的家具；

（2）对尿布的干湿状态有很清晰的觉察。他们可以有意识地选择自己小便和大便的时间（排泄时间较有规律），也有能力忍住尿意，保持尿布干燥；

（3）对“如厕”这件事表露出极大的兴趣，喜欢玩马桶，观察别人上厕所，还喜欢冲水，以及主动要求试穿儿童的小内裤，等等。

即使在儿童充分做好准备的情况下，训练孩子如厕这件事，成功率还是说不准的。孩子既有可能很快、很顺利地学会使用马桶，也可能会面临重重的困难。

我带过的小朋友中，曾经有一个女孩是最先学会使用马桶的几个孩子之一。她父亲说，某一天她看了几集朵拉的动画片，然后就一本正经地走到父母面前说：

“嗨，爹地，我要当大女孩啦。”

从那一天开始，她主动要求父母给她准备儿童内裤，拒绝使用尿布，每小时主动要求到洗手间去坐一次马桶。在几次“尿尿意外”后，她虽然也在受挫后大哭，但在老师和父母的鼓励下还是非常努力，并且最终成功了。她自我训练的过程非常快，大约历时2～3个星期。

另一个男孩就比较坎坷。他出于某些原因，对于“如厕训练”很抵触。每当父母或老师帮助他在马桶上坐好，他马上就崩溃大哭，故意憋尿不肯用马桶，等到大家不注意时再尿到地上。为了他的如厕训练，我们至少花了3个月的时间才成功。

作为儿童教师，我们常常观察到的一种普遍现象是：有的孩子一切正常，就是不肯把尿布拿掉好好使用马桶。就此问题，我特意请教了在加拿大维多利亚大学幼儿园工作超过20年的柯老师。她说：

“有的孩子如厕训练的过程拉得很长，主要问题在于家长和老师训练方式的不同步。”

事实也是如此。一旦开始了如厕训练，最好不要中途停止。这么一停，家长更没办法鼓励孩子坐马桶，孩子在家里拒绝上厕所、哭闹，家长受不了。其实，这孩子本身能力很强，主要是对“如厕训练”有思想疙瘩。只要他的思想问题解决了，就没有什么障碍了。这是一种“心理上的不适感”，在较为敏感的“性情儿童”身上更容易出现。

“如厕训练”这件事，对于孩子而言是一件新技能。由于幼儿语言能力还不成熟，他们没法更好地表达自己“寻求关注”的需求，只好采取吵闹、不肯如厕的方式来获得他们所需要的关注。他们出现抵触情绪的原因，通常有以下几种：

（1）有的孩子会觉得，不在尿布里尿尿就没有安全感；

（2）有的孩子认为，自己并没有准备好，而父母和老师却在严格地要求他们进行如厕训练，让他们感到紧张，没有把握做好，宁可不配合；

（3）还有的孩子认为，不再使用尿布会拉远他们和父母或老师的情感距离。这些孩子很享受父母或老师一对一地帮助他们换尿布的感觉，所以想尽量地延长这种亲密的时刻。

关于儿童的“如厕训练”，我的一些建议是：

1. 尽力而为，顺其自然

顺其自然是对的，但也要给予儿童足够的激励，帮助他们建立“想学会用马桶”的动机。

在这一点上，我们可以做到：

（1）介绍一些关于如厕的绘本，例如《人人都会大便》，或者借助他们喜欢的卡通角色，给他们绘声绘色地讲“你最喜欢的某某如何上厕所”的故事；

（2）带孩子去购买一些他们喜欢的内裤；让孩子试穿新内裤；给孩子

准备一些宽松的外裤，裤头的松紧带要合适，让他们容易自己脱下和提起；

（3）和孩子一起制定一本《洗手间日记》，记录他们的每一个小进展，等等。

2. 父母和老师不要把焦虑传染给孩子

孩子学习如厕是一个里程碑式的发展，是一件值得庆祝的好事，因此父母不要太焦虑。一旦出现儿童大小便的“意外”，不要因此去谴责他们，孩子会觉得很敏感很丢脸，打击他们尝试马桶的积极性。

3. 老师和家长及时沟通

家长和老师应该互相配合，保证相互之间的进展同步。比较理想的情况是：老师和家长贡献三天时间，和孩子进行一对一的亲密“洗手间互动”。

和孩子最亲密的是父母。父母最清楚自己的孩子处于一种怎样的生理和心理阶段，是否适合开始如厕训练。因此，育儿专家并不比你更懂你的孩子，对孩子的教育一定要结合孩子的实际情况。每个孩子的天资、性情、兴趣和成长环境都相差得很大，因此新手爸妈不要过度焦虑、盲目攀比，而是要对孩子的成长过程多参与、多观察、多思考。

总之，家长可以将“如厕训练”的整件事看成是一个重新审视自己和孩子的亲子关系的机会。父母要帮助孩子建立信心，让孩子觉得任何困难和挫折都是可以战胜的。

培训“生活小助手”：孩子为什么需要承担家务责任

北美的中产阶级家长普遍认为，孩子不应该成为一个家庭的负担，反之，他们完全可以成为我们生活上的好帮手。我的加拿大同事曾经开玩笑地说：“我们的教育理念，就是鼓励家长们使用‘童工’。”

他说的“童工”，当然不是指在工作场合非法雇用儿童，或者对儿童成长进行利益剥削。他的意思是，家长们应尽可能鼓励孩子多参与家务活动，不要过度保护和宠溺孩子。

反思我们国内的家长，有时候确实对于孩子有些过度保护了。一位国内的好友对我哭诉：自从有了孩子，她就没睡过一个安稳觉，每日每夜地连轴转，孩子还小不懂事，她永远都有干不完的家务活，洗不完的脏衣物……眼看产假快要过去了，她不得不回到工作岗位，她只好把老家的母亲接来和她一起住，帮忙照顾孩子和分担家务。这种模式在中国很常见。让长辈和自己一起紧密参与育儿过程，既有好的一面，也会带来很多问题。

其实，很多国内的家长都感觉养孩子养得身心俱疲，那是因为他们包办了太多本该由孩子自行承担的生活细节。在一个传统的中国家庭，给孩子喂饭、穿衣服、系鞋带，帮孩子洗澡、洗衣服，清理孩子打翻的食物、打扫卫生……这一类家务事，几乎占据了父母80%的时间，导致亲子互动的时间远远不够，父母也得不到足够的休息。如果我们能把小小年纪的孩子们培养成我们的“生活小助手”，让他们学着分担一些家务责任，做父母的就能够轻松愉快许多。

在我来到加拿大工作和生活之前，我从未意识到孩子的力量，也从来不指望他们能帮成年人分担点儿什么。直到有一天，工作中发生的一件小事改变了我这种观念。

有一天下午，正在我忙着为孩子们准备点心的时候，我们班不满3岁的白人小姑娘妮妮主动提出要帮我搬椅子。

我很惊讶，因为以前从来没听过孩子主动要求帮我忙的。我当时正忙着，本能的反应就是拒绝了妮妮，告诉她我自己来就行了。小姑娘扁一扁嘴，眼泪开始在眼眶打转，一脸委屈地说：

“爱丽丝老师，为什么你不让我帮忙？我做错什么了吗？”

我连忙蹲下来抱住她，安慰说：“你什么也没做错，你是个很好的孩子，老师只是担心椅子太重了，怕你伤着。”

“可是我在家也帮爸爸妈妈搬东西的呀！”妮妮含泪说。

于是，我只好同意让妮妮帮忙了。妮妮瞬间破涕为笑，其他孩子也纷纷要求参与。大家热火朝天，干得非常起劲儿，帮我分担了不少繁复的体力活。

更让我惊讶的是，在我适当给出了一点儿指挥之后，孩子们全都干得有条不紊，一点儿都没有出错。很显然，平时他们也在默默观察着我们，早已懂得干活的步骤和顺序。这时候我意识到，我对于孩子的学习力和执行力，确实是大大地低估了。他们不是无能的、需要被成年人精心照料的小宠物，而是拥有无限精力和好奇心的小生命。给予适当的鼓励，他们在生活方面能发挥很大的作用。

查阅了许多儿童性格和智力发展的研究资料，我发现在北美家庭长大的孩子，从小参与做家务是一项基本技能。研究表明，从小参与做家务的孩子和什么也不做的孩子相比，情绪更积极，沟通能力更强，自尊水平也更高。

孩子们能完成的家务，包括但不限于：

0～2岁：健康成长，学会积极表达情绪，告知父母自己的需求，把脏衣物放进洗衣篓；

2～3岁：整理自己的玩具和绘本，帮家里的宠物喂食、添水；打翻食物后能在他人的帮助下善后，将桌子和地板清理干净；

3～5岁：整理房间，帮忙铺床，倒垃圾，帮忙浇水，打理花园，拔除杂草，帮助父母清空洗碗机，将碗碟放好，使用小型吸尘器；

6～9岁：分门别类地整理衣物，叠好放入衣柜，清洁地板，打扫房间，使用大吸尘器，洗碗，缝衣服，钉扣子，洗菜，做早饭，制作简单的午餐（如三明治等），帮家人准备晚餐，遛狗，扫雪，等等。

鼓励孩子做家务，一方面是培养孩子的独立和自律精神，另一方面则是提高孩子对于家庭生活的参与度，让他们真正有“我是家庭／学校里的一分子”的自豪感和归属感。当孩子从小就被父母鼓励着一同参与家庭生活的各类事务，他们会更自信。

从北美父母培训“家务小助手”的方式中，我们能借鉴的有哪些方面？

1. 不要吝惜对孩子的夸奖

前文提到过，优秀的孩子都是夸出来的。每个人都需要成就感，孩子尤其是如此。因此，当孩子尽他们所能地完成了父母指派给他们的任务时，哪怕只是主动收拾了一次碗筷，父母也绝不应该认为那是理所当然的。

一旦孩子发现父母忽略了自己为家务所做的努力，他们会感到伤心失望，会严重挫伤孩子下一次干家务活的积极性。因此，请家长们不要吝惜自己的拥抱和赞美，多多夸奖你的“生活小助手”吧！

2. 对孩子干家务的态度应该始终如一

有的父母对孩子的教育方式很不稳定，时而为了开拓孩子的视野而追求“富养”，时而为了磨炼意志而“穷养”，时而追求精英教育而变身“虎爸虎妈”，时而又过于心疼孩子而过度宠溺。这种不断变换的态度，只会让孩子感觉困惑，不明白父母的期待到底是什么，也无法始终如一地坚持好的习惯。

好的家庭教育应该是稳定可预测的。例如，在家务问题上，如果打算培养孩子的自理能力，那么家庭成员可以分配一张“家务任务表”，每一位家庭成员都严格完成自己被分配的任务。一旦孩子发现，自己没做的家务不会被其他人包办，他们就会渐渐明白什么叫责任感，也会明白自己的行为会引发相应的后果，例如，垃圾不及时倒掉就会发臭，而不良后果会影响到整个家庭。

3. 孩子干的家务活重在参与，不要追求完美

我们儿童教育领域有句著名的格言：不要等到条件成熟，现在就开始。

我们想要重点培养的是孩子的执行力和对生活的热情，而不是要求他们将每件事都做得尽善尽美。

基于孩子的年龄和能力的限制，他们也很难达到我们对于家务要求的最高水准。但是，不能因为孩子完成得不完美，就剥夺他们练习的机会。只要我们给孩子足够的时间去完成他们所分配的家务，假以时日，他们的水平会不断进步的。

总而言之，一旦我们顺利地培训好我们的“生活小助手”，相信各位父母的育儿生活会更精彩、更轻松、更快乐。

“玩”出孩子的高智商：大自然中的STEM教育

温哥华从10月底就开始进入冬季，阴雨连绵，不负它素来的“雨都”（Raincover）之称。即使是这样，在雨都长大的小朋友们，穿上雨衣和胶鞋，戴上帽兜，踩着雨点的律动，在户外也能玩得不亦乐乎。

操场上下雨了，没有任何商业制造的玩具，孩子们却玩得更开心。玩树叶、枯枝，绕圈跑，他们尽情地发挥着自己的创造力和想象力。

有的孩子拿树叶汇聚成堆，然后哇的一声跳进去；

有的孩子拿落叶遮住脸，再乘人不备“刷”的一声拿开，对你做个快乐的鬼脸儿；

有的孩子用树叶当小扇子，互相“打架”，你拍拍我，我拍拍你，被拍到的人和拍脸的人一起哈哈大笑了起来；

还有的孩子，拿枯枝搭建了一个小小鸟巢，再用落叶铺上一层厚厚的“褥子”……

在这之前，我不知道树上落下的金色树叶可以玩出这么多的花样。也许在我小的时候，是知道的，而现在则已经将孩童时期的玩耍乐趣忘却了大半。

有句话说“孩子都是天生的艺术家”。这句话当然有道理。不过，我还想补充一点——“孩子也是天生的科学家”。

对有些望子成龙的父母而言，自己实在囊中羞涩，买不起昂贵的儿童玩具，因此对自己孩子的前途忧心不已，担心错过了孩子最佳的智力开发期。

这种情况下，家长们也别着急，毕竟现在是儿童早教的最好时代，网上的科学养育的资源非常丰富。儿童心理学家和教育家们已经发现，昂贵的号称“开发智力”的玩具，并没有起到显著的作用。相反，从前被人忽略的来自大自然的灵感，才是开发儿童智力的最好方式。

真正的优质教育，源于自然，将孩子和世界紧紧连接。更棒的是，它们永远免费！想明白这一点后，我才恍然大悟，为什么在我们教室里，即便储藏室里到处堆满了玩具，可每当我询问大家想玩什么的时候，小朋友们总会双眼发光地说：

“去外面玩！！”

那么，孩子们在自发的户外游戏中，是怎样贯彻最先进的科学教育理念的呢？

首先我们来认识下什么叫作STEM，以及它和大自然有什么关系。

所谓STEM，指的是四种不同的科学技术领域。S指的是Science（科学），T指的是Technology（技术），E指的是Engineering（工程），M指的是Math（数学）。

STEM由美国在儿童教育领域率先提出。根据未来社会的发展趋势，为了确保孩子们将来不落后于时代，应从小培养儿童对于STEM类学科的兴趣。经研究计算，这些STEM学科相关的工作岗位，将成为未来的主流。从现在往未来20年推算，当孩子们长大后，他们之中缺乏科学常识、不懂得熟练操作电脑、缺少工程学知识和数理逻辑思维的个人，将成为新时代的“半文盲”。谁都不希望自己的孩子被时代淘汰。因此，我们应该尽早让孩子发展他们在STEM方面的天赋才能。

STEM儿童早教理念的好处就在于，它们无处不在，非常容易融入孩子们的自由玩耍时间中。深思熟虑的老师，可以通过适当的方式引导孩子们，一点点揭开STEM教育的神秘面纱。

例如，作为老师和家长，我们可以为孩子们提供一些安全的小工具，立刻可以将大自然里司空见惯的小石子、枯树枝、树叶“变废为宝”。这些东西便宜得几乎不要钱，但是对于开发智力的效用，比昂贵的变形金刚和乐高之类的好多了！

例如，我们可以提供胶水和胶带，鼓励孩子们把收集到的枯枝黏合起来，建造属于他们自己的“玩具房子”，甚至“小树屋”。

在建造“小树屋”的过程中，孩子们会把枯枝摞到一块儿，其中定会涉及很多工程力学方面的因素。当孩子遇到难题的时候，家长老师可以适当地介入，解答他们的疑惑。

同时，孩子们必须齐心协力，共同合作，才能完成一个对他们而言“声势浩大”的工程。这是一个锻炼社交手段的时机。

连日常的简单体力劳动，也可以成为孩子们的乐趣。

我们在操场上，金黄的落叶飘落得满地都是。我建议孩子们拿个大口袋，把落叶都收集起来。大家拍手赞成，于是很快就热火朝天地干了起来。一个口袋不够，再添一个，最后填满了整整两大口袋。有的孩子都快掉进口袋里面了，却还是嘻嘻哈哈，开心极了。

然而，干点儿活对孩子而言，不仅仅是好玩而已。在合理引导之下，孩子们是可以将“收集落叶”当成一个学习STEM的契机的。

例如，孩子们拿起一片黄叶，仔细端详时，作为教师和家长的我们可以询问他们：“树叶为什么春夏是绿色，秋冬就会变黄？”

鼓励孩子积极思考，聆听他们的答案，再帮助他们寻求科学方面的答案。这正好是可以引入科学知识的机会，我们可以详细地和孩子解释什么是光合作用，什么是常青植物，什么是阔叶植物，落叶落到土里后会发生什么……这也是一个考验家长和老师知识储备的时机。

总而言之，STEM儿童早教理念并不是有钱人的专利。用科学的理念指导孩子认识大自然，接触大自然，比带孩子去高档玩具店，拿着玩具教他们玩更有意义。

想让孩子接受优质的早期教育，你并不一定必须要非常富有。昂贵的商业性玩具只有一种玩法，而大自然的“宝藏”，使用方式却可以多种多样，并且取之不尽，每天都变换着花样。

当孩子学会了和大自然玩，学会了开动小脑筋，创造新的玩法，他们的大脑就是最高级的游乐场。

“聊”出孩子的“双语”甚至“三语”能力

“我爸爸妈妈说，不许我和没有英文名的小朋友玩。”

有一位中国的中产精英妈妈写了一篇文章，分享了一个典型的“中产阶级焦虑”——孩子必须从小就接受中英双语教育，否则就会被同阶层的同龄人排挤和超越。

她说，有一天她带孩子出去玩，有个年龄相仿的小女孩凑到她女儿面前，介绍了自己的英文名，并且问女儿叫什么。女儿以另一个英文名回答她，于是两个人开始玩耍。这时，旁边跑来另一个男孩子也想加入她们，但是得知对方没有英文名字后，小女孩拉着作者女儿的手跑开了，并告诉她：

“爸爸妈妈说了，我不能和没有英文名、看喜羊羊动画片的小朋友玩。”

这篇文章一方面讽刺了中产阶级的“势利眼”，竟然将英语用作孩子之间区分阶层的一大标准，另一方面也证明了目前国内双语教育的普及。英语不再仅仅是一项第二语言技能，更成了大城市中产阶级子女的“标配”。

“语言鄙视链”虽然并不理性，然而这种可笑的现象在世界范围内却广泛存在。

即便是在社会矛盾较小，人口素质较高的加拿大，也有“语言鄙视链”。例如，法语区居民鄙视英语区居民，他们有种谜之优越感，认为说法语的就是比说英语的高贵。然而，当法语区居民遇上来自欧洲的真正法国人，马上就蔫了，因为人家的法语讲得更优美地道，而且还会嘲笑他们的法语发音自带一股土腔。

撇开“语言鄙视链”不谈，多懂得一门或者两门语言，的确是项很大的优势。现在国内外的父母都流行给孩子搞双语教学，国内父母忙着让孩子学习英文，国外的父母忙着让孩子学习中文，或者法语、西班牙语，等等。总之，只使用一种语言的教育已经不再吃香了，懂多种语言的孩子，将来会开启一扇国际化的大门，连扎克伯格在高薪聘用孩子的家庭教师时都指明必须懂得中文。

我除了在加拿大的幼儿园工作之外，平时也会当中文老师，教授第二语言的中文课程。这也是我的硕士专业。对于第二语言的教学，无论是中文还是英文，我还是有一些心得体会的。

学习第二语言，从童年时期开始再好不过了。那么，学双语有哪些注意事项，能让孩子事半功倍呢?

1. 第二语言的学习，开始得越早越好

著名语言学家乔姆斯基指出他观察到的一种语言习得的普遍现象：“一个侨民的幼儿可能在街上以令人惊异的速度学会第二语言。每一个细微的音变，他们都能迅速习得，说得和说本族语的人一模一样。”

研究结果表明，在第二语言和第三语言的学习中，孩子确实具备其特有的优势。0～6岁是儿童潜能发展的最佳时期。不满6岁的儿童组，与13岁以上的少年组相比，有明显的差别：儿童组中68%的儿童能迅速学会第二种语言和语言背后的文化，而少年组则要花更多的时间学习，且只有7%的少年可以达到和儿童组一样好的效果。

因此，如果已经决定了要对孩子进行双语教育（汉语和英语、普通话和方言都算“双语教育”），那么最好从孩子幼年时期就着手做，会进行得更容易。

2. “会聊天”的父母，孩子语言能力更强

所谓“会聊天”的父母，我们具体指的是能够在和孩子的日常交流中，使用口齿清晰、口音规范和语汇丰富的父母。孩子是最敏锐的模仿者，会迅速地习得父母的语言习惯。

例如，我在国内儿童教育领域的实践中发现，有些长辈很喜欢奶声奶气地和孩子说话，什么“宝宝乖乖吃果果”“吃饭饭”“玩车车”之类的。这类不规范的“宝宝呓语”对于孩子的语言模仿和表达能力其实一点儿好处都没有，而且最后孩子学会的是不规范的语言表达。

会聊天的父母，则会使用更标准的语言，尊重孩子，和孩子进行平等对话。他们会说：“请你安静地坐下来，爸爸妈妈切水果给你吃。”

在孩子吃水果的时候，父母还可以引导孩子用语言描述水果的大小、形状、颜色和气味，通过辅助孩子的口头表达，来教会孩子更多的语汇。

为了孩子的语言学习，家长们从现在就开始规范自己的口语表达吧！

3. 孩子把两种语言弄混了，不用太担心

孩子学好了第二语言英语，却忘记了自己的母语汉语怎么办？这个问题一般不会在国内出现，生活在海外的华裔父母却常有这样的担心。有一次，一位移民温哥华的妈妈焦急地咨询我：

“老师，我孩子三岁，他现在把中英文完全弄混了，一句话说得颠三倒四、中英夹杂的，怎么办？家里的老人都责备我们，说搞什么移民，把孩子的母语都搞丢了……”

其实，这种情况无须惊慌，在双语环境下长大的孩子，幼龄期出现将两种语言混用的现象是再正常不过的。他们一开始在两种语言方面的进度，都会比只说单一语言的孩子慢，但是，到了学龄期（6～7岁）以后，双语孩子的语言成长进度会渐渐赶上，并展现出思维方面的优势。已经有语言学家通过研究证实，有双语背景的孩子思维更敏捷、更具备同理心，甚至在注意力、集中力和认知活动方面也具备明显优势。每个孩子的语言发展水平和速度都不同，但在任何一种语言发展阶段，父母和老师都可以通过遵循以上的

规律，去最大化地促进孩子双语能力的发展。

4. 人为制造“沉浸式”语言环境

“沉浸式”的语言环境，让孩子频繁听见和使用第二语言，从而使新语言与孩子的现实产生相关性。双语绘本的亲子共读是一项很好的睡前活动，使用英文绘本给孩子讲英文故事，引导孩子理解故事情节，尽早让孩子习惯英语的语音、语汇和声调，能给孩子打下良好的第二语言基础。

教授第二语言的老师和家长，要和孩子有情感联系。一位温和、坚定、学识渊博、充满包容心的老师，会赢得孩子们的尊重和认可，后面的双语教学活动也就能顺利进行了。一位知识面丰富、思维开阔的家长，对孩子的语言学习更是有潜移默化的好处。

一位好老师需要有强大的个人魅力和表演技巧。教授语言，某种程度上也是一种表演，而不够投入的老师很难说能有什么影响力。

譬如，当我给加拿大的华裔孩子讲述中国江南的美景之时，我自己也会陶醉于江南细腻、缠绵的美景之中。孩子们能从我的表情、语气和声调中，体会到浓浓的乡愁。他们会好奇，是什么让老师这样想念那块土地。通过这份好奇所引发的学习热情，孩子们就渐渐理解，江南真是个美丽的地方。

总之，我常常告诉孩子的家长，希望他们不要强迫孩子一定要快速地取得怎样的语言成就，而要保护孩子对于第二语言的美好感觉。有兴趣，才能坚持下去，哪怕走得慢一点儿，只要一直在前进就是成功。

“炼”出孩子的“心灵独立”，才是真本事

在我的班上，小芊是个两岁半的古灵精怪的小姑娘。她的性格开朗、调皮而又有幽默感，常常说出一些让我们捧腹大笑的话。比如穿上儿童太空服，得意扬扬地说“我是外星公主”之类的话。

小芊什么也不怕，连其他孩子害怕的蜘蛛和老鼠她都不怕。有一次，我们班的儿童卫生间里出现了一只大蜘蛛，把一个3岁的大男孩吓得一蹦三尺高，尖叫着冲出卫生间。小芊冷静地踱步过去看了看，口齿清晰地对我们说：

“真傻，蜘蛛有什么可怕的。它很可爱啊。”接着，她又仰起头，一脸盼望地说：“我们能把它养在教室里吗？”

就是这么一个天不怕地不怕的小姑娘，最怕的就是和爸爸妈妈分开的一瞬。每个周末过后，孩子们重回幼儿园，小芊都会哭成泪人。当爸爸送她来幼儿园时，她会尖声哭喊：“爸爸不要走！”大哭，踢腿，牢牢抱紧父亲不撒手，眼泪喷涌得像喷泉一样。当我把小芊抱在怀里安慰她时，她会反复像扭股糖一样扭动、哀叫不已，我的耳膜都快被她的高分贝震碎了。

身为儿童教师的我，这一瞬间意识到孩子们的童年并非无忧无虑，其实孩子们成长的烦恼，从幼儿时期就已经开始了。

像小芊一样，“分离焦虑”是一种幼儿对于外界环境变化产生的不适和恐惧，就像一种应激反应。

2～3岁的幼儿，正处于“自我中心”的阶段，他们真心认为世界是围绕自己旋转的。当孩子的这种“全能幻想”骤然间被剥离，会造成心理上极大的冲击，也会带来强烈的阵痛。然而，这种阵痛对于儿童的心理成长是很必要的。正是这一种“独立”和“脱离”，能帮助孩子一点点建立起健康的人格，渐渐实现“心灵独立”。

何谓“心灵独立”呢？归根结底，是一种由孩子自发建立的，能独立应对“失去”的能力。正因为儿童体验了初次与父母分离的痛，他们才能突然意识到，原来世界不是围绕他们而运转的。一方面，这会打击到孩子们认知里自我中心的小世界；另一方面，他们接受了现实，扩大了心理舒适区，才能与现实世界发生真实的联结。

随着孩子的成长，他们学会了与童年深深依恋着的事物分离，例如，告别童年时期损坏的玩偶，告别走失了的心爱的宠物，告别远走他乡的好友，或者在幼儿园门口学着和爸爸妈妈说再见，勇敢地开始自己新的一天。

那么，父母和老师应当怎样最大化地锻炼出孩子的“心灵独立”呢？

首要的是，在家和在幼儿园都要让孩子充分地感受到被爱和安全感。要让孩子明白，幼儿园是有趣而温暖的地方，而父母一定会在下班后来接自己回家。

在爱与安全感的基础上，作为老师，我通常采用下面四个步骤来帮助孩子缓解焦虑和难过的情绪。

1. 承认和接纳孩子的感受

我蹲下身，看着小芊的眼睛，柔声说：“我知道你哭是因为你想爸爸了，不希望爸爸离开，所以你很难过。如果哭出来会让你好受些，哭一会儿没关系。”

2. 使用“同理心”，理解孩子的感受

我告诉小芊：“我知道，小芊整个周末都和爸爸妈妈在一起，玩得非常开心，所以今天要和爸爸说再见真的很难。有时候老师和家人分开时，也会感到难过的。”

3. 用简单的句子解释规则，给予孩子可量化的期待

我对小芊说："爸爸妈妈现在需要去上班，这样才能挣钱给你买漂亮衣服、玩具和冰激凌哦。今天等你午觉醒来、吃完点心后，爸爸妈妈就会回来接你的。他们每次都很准时。"

年幼的孩子对于时间没什么概念，所以"四点钟"对于他们而言毫无意义。因此，我告诉她，具体的时间节点在"午睡醒来、吃完点心后"，她就能更好地理解了。

4. 提供解决问题的办法，给予孩子选择

我询问小芊："现在你是想让老师抱一抱，还是想自己去图书角安静地休息一下？"

小芊每次都会选择抱一抱，因为她在脆弱的时候需要更多的情感支持。不过，我也在尽量鼓励她学习更独立地处理负面情绪，所以我常常会引导她去图书角做一些安静的活动，顺便反思自己的情绪和感受，以便慢慢学会自我控制。

如果孩子的年龄大过3岁，我们甚至可以提出"开放式"的问题，启发他们自己寻求解决的方案，比如：

"你现在想做点什么呢？"或者"老师怎样帮你，能让你心情好些呢？"

当然，我的处理方式未必就是唯一正确的方式。在培养孩子的"心灵独立"方面，相信许多人都有自己的心得。

在我看来，对孩子"心灵独立"的教育，最关键的还是保证孩子得到足够的关注，耐心、温柔的教导，建立深厚的安全感，同时也不缺少坚定的规矩约束。

孩子的健康成长，既离不开温馨的家庭港湾，也离不开规则严明、积极向上的学校氛围。对家庭和学校有信心，孩子就能有所期盼，也能勇敢地告别父母，迈出独立的第一步。

共情与共鸣，孩子情商的“分水岭”

在加拿大当儿童教师的这些年，孩子们教会了我许多关于生命的哲理。在知识方面，我是老师，而在人生方面，我从不觉得自己比孩子更有智慧。有许多次，孩子们的情商、勇气和宽容都让我折服。

曾经有个4岁的加拿大小姑娘，用行动教会了我怎样捍卫个人边界，同时仍然受到他人的喜爱。

故事发生在一个叫娜拉的小女孩和一个叫小扣的小男孩之间。娜拉已经4岁，小扣大约3岁半。一个阳光明媚的清晨，娜拉和小扣在学校的户外活动场所玩耍。两人都站在滑梯上，争着想第一个从滑梯上滑下来。争着争着，两人都不高兴了，就吵了起来。

小扣噘着嘴说：“我第一个上来的，我先来！”

娜拉说：“不，我才是第一个！”说着，她迅速地坐下来，霸占了唯一的滑梯通道口。

小扣生气地推了她一把，娜拉从滑梯上滑下去了。接着小扣马上坐到了滑梯通道口上，得意扬扬地“宣示主权”。

娜拉沉下脸，对着小扣用最大分贝嚷道：“讨厌的小扣！我再也不和你一起玩了！”

小扣惊呆了。过了一会儿，他低下头，“哇”的一声哭了出来。

听到哭声，不明就里的我连忙走过去查看情况。娜拉正走向小扣，想和他说点儿什么。我蹲下来询问娜拉发生了什么事情。于是，娜拉如实地告诉了我事情的经过。

我牵着娜拉的手走到滑梯边，对小扣说："我知道你现在很难过。刚才娜拉对你嚷嚷了，你觉得她伤害了你的感情，是吗？"

小扣点点头，哭泣的声音低了下去，但还在伸手抹眼泪。

我回头和娜拉解释："听到你刚才对他嚷嚷，小扣的心里很难过，所以他才哭了。"同时，我也对小扣解释娜拉生气的原因，以及动手推人是不对的。

娜拉脸上气愤的表情消失了。她努力地从滑梯下方逆行爬上滑梯口，认真地看着小扣的脸说：

"小扣，对不起。我刚才真的很生气，但我不该对你嚷嚷的。以前我很小的时候，有个比我大的男孩也吼了我，也伤害了我的感情。我，我……"她尝试着想找到一个合适的词汇来表达内心感受。

于是，我在旁边帮助娜拉："你是想说，因为从前别人伤害了你的感情，所以现在你能理解小扣难过的心情，对吗？"

娜拉点点头，说："是的，我不希望这件事也发生在小扣的身上。"她用力拥抱了小扣一下，说："我还是想和你做朋友。我们还是一起玩好吗？"

这下子小扣就不哭了，擦干了眼泪，点点头。

接着，娜拉开始兴致勃勃地讨论她即将到来的生日派对。她指着小扣和我说："我会邀请你，小扣……还有老师，当然还有小A、小B、小C……"

得到了这个友好的邀请，小扣已经完全忘记了刚才的争吵。两人笑逐颜开，又一起去愉快地玩耍了。

我把这件事讲给我国内的朋友听，大家都惊叹"天啊，这小姑娘的情商真的高"。

现在问题来了：当我们在谈论情商时，我们在谈论什么？

是情绪管理吗？是社交手段吗？是性格的成熟度吗？都正确，然而还有更重要的一点：对自己和他人的情感认知的敏感度、同理心以及高度清晰的自我表达能力。

在以上提到的几个因素中，娜拉这个4岁的小姑娘，每一点都做得很好。而且，她的高情商并非出于“技巧”，而是发自内心，自然而然。

让我们一起来回顾整件事中娜拉的做法：

1. 直截了当地表达自我情绪

“你讨厌，我再也不和你一起玩了！”

当娜拉不高兴时，能够用恰当的语言和行动表达自己的愤怒，捍卫自己的边界。

2. 向第三方澄清事实

当第三方（老师）介入后，她能用精准的语言描述事情经过。

3. 使用过往经验进行共情

“以前我小时候，别人也伤害了我的感情。”

当娜拉观察到对方的反应时，她能够运用同理心、回想自身的经验，迅速让自己体察到对方的心情，从而达成对小扣的理解。

4. 宽容谅解，不吝惜道歉

“对不起……我们还是一起玩好吗？”

娜拉意识到自己伤害了对方的感情后，她勇于承担、真诚道歉，并给出解决方案和补偿方案——言语安慰、拥抱对方、邀请对方去自己的生日派对。她真正不计前嫌，迅速翻篇，又能够愉快地和朋友相处了。

“我也曾经受过伤害，所以我不希望这件事也发生在小扣身上”。这是整件事中，我认为最了不起的一句话。我想，就算是许多成年人，也未必能做到这么好。

很多时候，我们遭受的情感伤害仿佛成了链条，一环扣着一环，由A恶意地传到B，B再扔给C，于是C又不忿地去伤害D……无休无止，流毒无穷。

足够成熟的人，懂得及时止损，消化掉负面的情绪，不再放任自己去伤害别人。所以，高情商的基础，是善良，而人的成熟，与年龄无关。

很感激4岁小姑娘娜拉给我上的这一堂情商课。共情与共鸣，是情商的“分水岭”，也是我们每个人一生必修的课程。

欣赏孩子的幽默感

孩子的幽默感，往往会引发成年人的哄堂大笑，大家会觉得“哈哈哈，这孩子真有意思”。然而，很少有人能体察到孩子幽默感背后的需求。

1. 幽默感的背后，是孩子在寻求关注

幽默是“高情商”和“受欢迎”的另一种表现形式。幽默能帮助孩子成为人群的焦点。

我的班上，有个叫彬彬的两岁半的小姑娘，眼睛大大的，脸蛋像苹果一般，可爱极了。彬彬妈妈和我是认识很久的好朋友，有时候周末会带着彬彬来我家玩。

有一次，彬彬妈妈在我家，和我一起焦头烂额地准备考试，彬彬却不断地呼叫妈妈，想让妈妈陪她玩。

我走过去，温柔地告诉彬彬，妈妈正在准备很重要的考试，所以不要去吵妈妈。说着，我给她准备了小朋友的玩具和点心，让她在沙发上自己享用。

吃完点心后，彬彬又想找妈妈了。她看看我，又看看认真读书的妈妈，眼睛骨碌骨碌直转。过了一会儿，她想好了理由，于是一本正经地走到妈妈面前，清脆有礼地问：

“我现在可以吵妈妈吗？”

彬彬妈妈和我都忍俊不禁。当然，彬彬也如愿以偿地得到了她想要的关注。

2. 孩子用幽默感，试探与他人关系的边界

5年前，我曾在加拿大有名的蒙特梭利早教中心遇见过一个幽默的4岁小女孩。她跑过来问我，能否把她举起来。我托住她的腋下将她高高举起，她兴奋地尖叫起来。当我放她下来后，她一把抱住我，试图把我也举起来，当然没有成功。

我用安抚的语气说：“别担心，等你长大了，你就举得动我了。”

她瞟了我一眼，沉思了两秒钟，然后咧开嘴角，双眼闪烁着淘气的光芒：“是吗？可是等我长大了，你都死了……”

旁边的老师哈哈哈欢快地笑出声，到处对人宣扬小姑娘的“毒舌名言”。

现在再回想起来，很明显那个小姑娘是在和我开玩笑。通过玩笑，她来试探与我关系的边界，想知道我是否足够喜欢她到能够接纳玩笑中的攻击性。

如果是一个成年人这样开玩笑，我或多或少都会觉得被冒犯。但是对于孩子而言，通常他们开的玩笑都能被接纳，从而感觉到被爱。

3. 幽默是一种委婉的请求

儿童的幽默，通常具备“既有情感，又有目的”的特征。他们的幽默背后总是出于一个特定的明确目的，有时候甚至不加掩饰，为听众造成了滑稽的效果。

在我所在的幼儿园，曾经发生过这样的一件趣事。

我们班的汤姆3岁，他特别爱吃芒果和木瓜。有一天，我特意带了一只巨大的木瓜来到学校，一方面是教小朋友们认识木瓜这种水果，另一方面是和同事们分享美食。

当汤姆走进教室看见那只大木瓜的时候，他的眼睛瞬间放光了。他围绕着放木瓜的桌子走了几圈，沉吟一番，然后下定决心似的走到我面前，一本正经地说：

“你知道吗？分享是一种美德。”

同事们已经笑翻了。我忍住笑，跟他商量好，如果他当天能吃完自己的午餐，他就可以分到一片老师的木瓜作为饭后点心。

汤姆在上述的片段中成功地实现了他的幽默感。他通过提醒我“分享是美德”，达成了自己“想和老师一起吃木瓜”的暗示。这就是儿童幽默中的目的性了。

4. 幽默帮助孩子逃避现实中的困难

有幽默感的儿童，能够用笑声化解生活中的压力，也容易有更好的人际关系。在我平时的工作中，也常常会见到此类情况。

两年前，我的班上有个两岁的小男孩小查，还不太明白班级的规则，老是不小心闯祸。每次闯完祸，当老师要严肃训诫他的时候，他总是原地站好，抬起头笑嘻嘻地看着老师，态度好得不得了。大家都觉得他很可爱，所以都不会太严厉地批评他。

直到有一天，我无意中听到我们班一个叫阿朗的3岁男孩，在悄悄地对小查耳语：

“你把书撕坏了？一会儿老师该批评你了。我告诉你，待会儿当她说话的时候，你就看着她一边微笑一边点头，她问你知不知道，你就乖乖回答‘知道了’，过一会儿她就会放你走的。”

小查一边听，一边笑嘻嘻地点头。他用这一招，每次都有效。

聪明的儿童在做错事的时候，会利用幽默的方式来逃避和减缓惩罚。

看了这么多幽默的好处，相信父母们一定会好奇，怎样培养出充满幽默感的孩子呢？

其实，孩子是否幽默、是否生机勃勃，取决于孩子的原生家庭。孩子的幽默来源于宽容积极的家庭氛围，乐观向上的父母身上有许多值得我们借鉴的地方。

例如，汤姆的父母和汤姆一样都对这个世界充满好奇，与人为善，每天都笑容满面。他们待人友善热情，所以汤姆也乐于助人，擅长社交。

汤姆的父母永远都津津有味地认真听汤姆讲话。听到有趣的地方，他们还会和汤姆一起哈哈大笑。我常常见到汤姆在放学后，站在走廊里和父母绘声绘色、手舞足蹈地讲述“今天发生了什么”。他的父母丝毫不催促他“好了快回家”，反而会就地盘腿坐下，认真听他把想说的话都讲完。

所以，想培养幽默的孩子，不如先培养自己向汤姆的父母看齐，为将来成为 “宽厚有爱”的父母做好准备。

总而言之，所有孩子的幽默感所包含的情感都是复合性的，既有喜爱，又有嘲弄，有时还有疼爱、同情或祈求。无论包含着什么样的情感，幽默本身总是出于一个明确的目的，如果我们善于解读儿童心理，我们可以从他们的幽默和玩笑中，看出他们正默默地向大人表达一种怎样的诉求。

孩子的幽默感中包含了至上的人生哲学和生存意义。有智慧的家长，能够体会孩子在玩笑话的背后那种脆弱的温情，也能不动声色地满足孩子的需要，从心理层面保护孩子，让孩子感觉更有安全感。

“贪图享乐”VS“延迟满足”

国内一位忧心忡忡的父亲，对我这样描述他的孩子：“我儿子最大的问题是太放纵自己的私欲。每次尝试和他理性平等地沟通，他都会选择性屏蔽掉他觉得不重要的内容，每时每刻都想着怎么过最肆意、最开心，回避管教和作业，一直和监护人玩捉迷藏，会找最柔软的地方躺下，稍微热一点儿就开空调，冷一点儿就开浴霸，他的口头禅就是无所谓，不考虑明天，当下过得舒服，有游戏和食物就万事大吉了。共情、尊重等方法都试过了，没什么效果。”

这位父亲点出了一种令广大家长焦虑的现象。他描述的这一类孩子为数不少，他们人并不笨，有些还很聪明，却总让父母担心，觉得孩子“聪明但不够努力”“心思不放在学习上”，因此总让父母“恨铁不成钢”。在这种情况下，我们认为这类孩子的“延迟满足”能力有待加强。

什么叫“延迟满足”呢？它与“享受当下”的概念相对应，是指一个人能够为了实现长远目标而暂时忍耐当下的不适感。

几乎所有成功人士的自传中，都提到了一个词，那就是“忍耐”。忍耐是成功的必由之路。谁都希望培养出优秀的孩子，那么，我们该如何增强孩子“延迟满足”的能力呢？

首先我们来看看，贪图眼前的享乐和学会忍耐的“延迟满足”，分别会怎样影响孩子的发展轨迹。把两个针对儿童的行为学实验放在一起看，很能说明问题。

第一个实验就是教育学上著名的斯坦福棉花糖实验，是1966年到20世纪70年代早期在幼儿园进行的有关自制力的一系列心理学经典实验。在这些实验中，4岁的孩子们可以选择在实验员离开后，马上吃掉桌上放着的一个棉花糖；或者选择忍耐，等待一段时间，到实验者重新返回房间（通常为15分钟）后，成功抵制诱惑的孩子就能得到相同的两个棉花糖。

大多数孩子都难以抗拒棉花糖的甜香。4岁的智商已经让他们清楚地知道，等待和忍耐可以让自己得到更多，但有些孩子还是会选择向诱惑妥协——直接吃掉自己面前的棉花糖，紧紧抓住眼前属于自己的东西。

另外的一些孩子决心忍耐。他们采取了各种方式，例如，转过身背对着棉花糖以抵制视觉诱惑、高声唱歌以转移注意力、踢桌子，甚至以打盹儿的方式强迫自己不去碰桌上的棉花糖。

在后来长期的追踪调查中，研究者发现，当年能忍耐更长时间的孩子通常具有更好的SAT（美国高考）成绩、更多朋友、更苗条的身材，等等。总而言之，从世俗的眼光来看，那些当年抵住诱惑没吃掉棉花糖的孩子更“优秀”，即他们取得物质成功的比例更高。

第二个实验，则是研究孩子们做选择时的倾向性及背景原因。同龄的孩子们为什么会做出不一样的选择呢？为什么即使在相似的情境下，还是有的孩子选择“享受当下”，而有的却选择“延迟满足”呢？

统计学家和研究员发现了一个明显的“正相关性”：长期生活在不稳定的环境氛围中的孩子（例如贫民窟长大的儿童、遭受过家庭暴力威胁的儿童），更倾向于享受当下，所谓“今朝有酒今朝醉”。他们因自己生活在一个蛮不讲理、缺乏温情的小世界，而无法对未来怀有期待。他们不能确定明天会发生什么。如果他们今天手里有一颗棉花糖，就要赶快吃光，落肚为安，因为若是放到明天，很可能就会被别人吃掉。

相比之下，生活在资源富足、健康稳定的家庭氛围中的孩子，则更少地展现这个问题。这类孩子对于世界的认识更稳定，也更有安全感，简单说来就是“相信明天不会发生什么了不得的大事”。他们更野心勃勃，对自己有长远规划，为了实现长期的利益而愿意忍耐短暂的不适，实现“延迟满足”。这一类孩子手中的棉花糖，更愿意省下来留给明天，因为他们确信那样对自己更有利，而且到了明天也没人会抢走属于自己的东西。

这两个实验对我们很有意义，让我们认识到，不同环境下成长的儿童身心发展程度完全不同，对心理层面的需求也各有差异。

总之，如果我们希望能增强孩子的“延迟满足”能力，我们对待孩子的方式就要遵循以下的几点：

第一，养育孩子的方式要“持续而稳定”，例如，给予足够的爱，满足必要的物质需求，并且注意日常不要侵犯他们的利益等，这些都会建立他们对周遭世界的安全感。

第二，幼儿教师应该与家长全面配合，帮助家长理解儿童身心发展的阶段性特征，让孩子的家庭环境也趋向于稳定和温情。老师们尤其要告诉家长，不要恶意地“逗孩子”，以免让孩子在童年时期产生负面的“习得性无助感”。

有些人最喜欢故意“逗孩子”——故意夺走小孩子的玩具，吃掉自己许诺给小孩子的糖，故意引得他们哇哇大哭……这种做法很不可取，本质是一种对弱小孩子的欺凌。

第三，幼儿教师和家长应该身体力行地为孩子的成长做出表率。

例如，想要增强孩子“延迟满足”能力的家长，应该明确地为孩子树立家庭内的规则，然后从自己做起，坚定地守护自己定下的规则。

如果家长希望孩子能多读书少看电视，那家长最好自己率先做到这一点，不要自己躺在沙发上一边刷剧玩手机，一边要求孩子去写作业。当家中读书的氛围浓厚起来，孩子自然而然就会对阅读产生兴趣，从而出现潜移默化的改变。

第四，幼儿教师应该帮助家长树立对孩子的“合理化期待”，和家长一起为孩子制定个人化的成长教育方针。

家长嫌孩子“不够优秀”时，老师应当帮家长认识到，每个孩子都有自己的极限。“孩子一定要比同龄人优秀”的出发点是有问题的。孩子们的自身资质、天赋、意志力、眼界、家境资源等都很不同，就连意志力也像智商一样，不是平均分布的。有的孩子天生意志力和忍耐力就更强，能对自己的目标咬牙硬拼，坚持实现目标；有的孩子天生的意志力则趋于薄弱，难以长时间集中注意力，需要外界的辅助和技巧性的引导。

孩子需要家长和老师有策略的引导，将其有限的意志力发挥到对他们最有价值的事情上。例如，孩子成绩不行，但体能非常之好，又擅长运动，这类孩子就应该开发一下他们在体育方面的特长。在自己擅长的领域取得成就，另辟蹊径，也许会走得更轻松、更长远。

希望大家都明确一点：真正的“优秀”，是让孩子和自己纵向比较，每天的他们都能超越从前的自己，每天都有进步，一步步靠近自己设立的长远目标。

当孩子渐渐学会向内探索，懂得了“延迟满足”的好处，他们就能明白，走出“舒适区”时的小小不适是成长的必经之路，“延迟满足”能带来更大的快乐。

Chapter 4

引导孩子勇敢穿越成长障碍

当你还是孩子时，世界真的好残酷

世界吻我以痛，我将报之以歌。

——泰戈尔《飞鸟集》

新年伊始，远在加拿大温哥华的我和班上的小朋友们虽然没有假期，但也沾染了中国新年的喜气，教室里挂满红灯笼，小朋友们个个都收到红包，楼上的老师们还特意带领孩子们一起做了纸龙，表演了舞龙节目，大家全都嘻嘻哈哈地玩得很尽兴。

不过，小朋友的生活里也不是只有欢笑，总免不了有泪水、争执和吵闹。有孩子的地方，总是和泪水脱不开关系。前两天，就有小朋友因为不肯离开爸妈来上学而大哭，也有小朋友在放学之际因为想继续听故事而不肯回家，被父母强行拉走时也一样号啕大哭。成年人可能会对此感到莫名其妙，觉得为这么一点儿小事，有什么值得伤心的？

为数不少的家长，对于“儿童也会抑郁”的说法不以为然。孩子在人们眼里是天真烂漫、无忧无虑的，大家很难相信他们也会忧愁、焦虑，甚至陷入抑郁。正如一首儿歌《心痛之歌》中唱到的，做一个孩子不是容易的事。

我节选英文歌词翻译如下：

他们命令我收拾房间
把我的玩具摆放整齐
当小伙伴来我家玩
我们必须安静守礼　　呜呜
他们说我必须洗澡
但是我前两天又不是没洗
我真的好生气
一点儿都不想再忍下去
难道他们已经记不起
忍耐身为孩子的心痛是多么不易
当有人告诉你
该睡了 到时间该停止游戏　　呜呜
请你请你让我通宵玩下去
我一点儿也不想离去
我一点儿都不需要休息
我只想一直一直嬉戏
难道就没有人肯听一听
我这个孩子的心声
如果没有人能听得到
我看也许我该发发脾气
我不想收拾我的房间
也不想让玩具整整齐齐
当小伙伴来我家玩
我需要大声喧哗嬉戏
我不要听你们摆事实讲道理
对哟 我也从来听不进去
世界真的好残酷
当你还只是个孩子时

当我给孩子们播放CD时，这首《心痛之歌》尤其受到孩子们的喜爱。我初听时忍不住大笑，觉得它太可爱了。但孩子们却坐下来，一脸严肃地仔细聆听，还请求我“老师，我想再听一次”，有些语言能力强的孩子，还断断续续地学着唱了起来。

我仔细研究了歌词，有点儿明白了为什么大家喜欢它，它确实唱出了孩子们平时不被理解的心声。孩子成长的过程本来就充满焦虑，当一个孩子缺乏外界支持时，没有被成年人理解时，世界对他们来说是有点残酷的。

在国内，大家普遍认为儿童在3岁之前是没有记忆的，认为即使他们遇上了天大的事也会慢慢忘记，所以不需要关注幼儿的心理问题和情绪问题。

然而，事实并非如此。哥伦比亚省情绪失调协会会长爱德·罗杰斯表示：“抑郁症可能影响到来自各种社会经济背景的儿童、老人及成年男女。”即使是最天真烂漫的儿童，也会时不时地遭遇情绪低落的折磨。有一部分先天敏感的孩子，更是从小就在和焦虑和抑郁情绪做斗争。

加拿大卫生部和加拿大统计局的资料显示，抑郁症是加拿大上升最快的病症。近8%的加拿大成年人将在一生中的某个时候经历一次严重的抑郁症，每一年有约5%的成年人有此经历。与此同时，罹患抑郁症/焦虑症的学龄前儿童数量比例近年来也不断升高。

来自中国的统计数据则显示，中国有超过1000万儿童有精神或行为障碍。更多的数据无从统计。国内的研究普遍认为，真实存在的抑郁症和焦虑症儿童患者的数据要超出这个数字。更糟的是，很多孩子没有条件得到及时的关注、诊断和治疗。

如果我们国家孩子们的监护人对于儿童的情绪问题不加以重视，许多孩子的焦虑抑郁都无从缓解，而那些负面情绪将会长期影响孩子的身心发展。

根据我在加拿大儿童教育领域的工作经验来看，长期遭受抑郁和焦虑情绪困扰的孩子，往往会表现出以下的一种或好几种行为特征：

（1）情绪不稳定，时而激烈易怒，时而悲伤无助；

（2）社交困难，或者拒绝尝试与同龄人建立社交关系，在集体中没有朋友；

（3）厌食，或者暴食；

（4）长期存在睡眠问题，时而睡眠严重不足，时而嗜睡症状显著增加；

（5）比较频繁地出现歇斯底里的情绪爆发，有很强的攻击性；

（6）难以集中注意力，难以跟上学校的教学进度；

（7）身体能量不足，无法应付正常儿童的学校任务、体育运动和社交活动；

（8）对一切都缺乏兴致，长期敏感自卑，容易对他人感到内疚；

（9）有自残行为，或曾经反复出现过自杀的念头。

如果孩子长期出现了以上的一条或几条症状，就等于为家长和老师敲响了警钟。这样的情绪和行为问题一定要慎重对待，请寻求正规可靠的医疗协助。

“早干预、早治疗”的积极意义在于，只要尽早进行有效干预，儿童抑郁症和焦虑症都是可以被人为控制和治愈的。因此，家长和老师们实在无须对“抑郁症”闻之色变。

关于小小年纪的孩子们通常会因为什么原因而感到无助和焦虑呢？这些“破坏性情绪”是从何而来的呢？原因是多种多样的。

哪怕是最幸福家庭出身的小孩，也免不了与自己形形色色的焦虑感做斗争。比如我在工作中接触到的孩子们，几乎每个人都是出生在中上阶层家庭，父母的家庭年收入在加拿大排得上前10%，全是成功的专业人士。这样的家庭出身，加上父母疼爱与老师精心的教育，照理说他们的童年已经非常幸福。但是，幸福家庭的小孩的成长过程，和所有人一样充满烦恼。

成长本身就是一件不轻松的事。孩子的抑郁状态，与先天遗传的性格气质有一些关系，也和父母提供的后天养育环境有关。

一般我们认为，一个总体上宽容、开明、充满爱与支持的家庭环境，对孩子的成长最有帮助。希望家长和老师能注意聆听孩子的心声，引导他们认识自己的情绪，并慢慢地接纳它、化解它，最终与它共存。

父母也好，家庭和学校环境也好，我们并不需要达到事事完美的一百分。但是，我们仍然能够做好自己的分内职责，理解孩子的身心发展节奏，支持帮助他们平缓度过艰难时刻。

父母的原生家庭很糟糕，孩子还有救吗

作为一名儿童教师，我见过一些孩子在原生家庭中受到深重的心灵创伤，而父母却根本不当一回事。面对父母的每一句冷言冷语和情感忽视，孩子都像撞上了一堵冷冰冰的墙，内心不断受到伤害。

什么叫糟糕的原生家庭？即，无法支持孩子身心的健康发展，对孩子造成身体伤害、精神摧残，或情感虐待的家庭，就是糟糕的原生家庭。北美国家对于孩子的保护力度很大，糟糕家庭的监护人会被剥夺抚养权，严重的甚至要入狱。

在中国的大部分城镇地区，父母从生理上虐待孩子的现象已经很少见了，然而，心理操纵和情感虐待的现象还是有不少。

例如，2018年，有一条新闻说，留学美国的北大才子王猛（化名）写了万字长信给父母，控诉他们从小对他的严格操纵和精神虐待。他说自己人生的二十多年都在努力缓解父母对他的心理伤害。绝望之下他“拉黑”了父母，已经有12年的春节都不曾回家。他父母那一方则完全不理解。

这件事的悲剧在于，没有人真的是坏人。只是，王猛所寻求的温情和支持，和他父母愿意给予的物质保障，实在南辕北辙。有人说，性格决定命运。然而我们也应当看到，命运也会决定性格。生在什么样的环境，具备怎样的基因和先天气质，被怎样的父母以什么样的方式养育，决定权全都不在孩子身上。父母是成年人，他们有力量，有做出选择的能力；而孩子太弱小，没有力量，他们没有选择，只能任凭命运拨弄。

我认识一个小姑娘，她的经历几乎是王猛的翻版。不同的是，直到现在，她仍然没能摆脱原生家庭对她的控制。她说，自己从小就被父母关在家里，上学后也总是独来独往，印象中父母一次都没允许她把小伙伴请来家中玩，也从没为她举办过生日派对。长期的孤独，让她不知道怎么和别人发展出亲密的友情。少女的母亲是个强势的女人，一向牢牢掌控着自己的丈夫和女儿。他们的家庭生活像一座孤岛，旁边竖起坚固的高墙，不允许任何人靠近。听说，后来她为了摆脱自己的父母，选择去了很远的地方念书。毕业以后，经历了一些不顺，无法顺利地融入社会，兜兜转转，但备尝冷眼也不肯回家。

直到看到王猛的那条新闻，我才恍然意识到：原来她也像王猛一样，从小在原生家庭中受到了那样大的心灵创伤。我真心希望，有朝一日她能够找到某种方式重获内心的幸福安宁。

那么，如果我们在童年时期遭受过身体或心灵的伤害虐待，是否我们的一辈子就被毁了，只能一蹶不振呢？

答案是“不一定”。事实上，只要我们愿意“自救”，我们的人生就会有救。原生家庭很重要，因为它奠定了我们性格的底色。然而，最终的调色板和颜料，仍然把握在我们手上。人在成年以后，已经拥有了改造自己的能力。

曾经有一个寓言故事，说是贫民窟里的一个酒鬼父亲有两个儿子，孩子们整天活在家暴的阴影里，战战兢兢地长大了。30年以后，大儿子变成了父亲的翻版：清醒时潦倒不如意，喝醉了对妻儿拳打脚踢，浑浑噩噩地活着。小儿子呢，却过上了截然不同的人生。他奋发向上，脱离了贫民窟，事业有成，家庭美满幸福。他对自己的妻子和孩子尤其温柔。有人分别问了大儿子和小儿子，为什么他会变成今天的样子？两人的答案出奇的一致：“如果你见过我的童年，你就会明白，我变成这样是理所当然的！”

两人命运的巨变，说明哪怕是经历过相同的童年不幸，对创伤的诠释和解读不同的人，也会锻造不一样的命运。

前者认为“我受过暴力虐待，我心有创伤，所以我只能把自己变成和施虐者一样的人来保护自己”，因此他选择一辈子蜷缩在原生家庭的荆棘中流血呻吟，从暴力的“受害者”变成了“加害者”。后者则坚信“我在童年时受到伤害，不是我的错。我要振作起来，尽早脱离这里，以后绝不再让同样的不幸降临我的生活”。于是，他一点点忍痛挺直腰板，一步步艰难地从阴影中走向光明，最终通过建立“理想中的家庭”，实现了对自我的救赎。

心理阴影这种东西，或多或少谁都会有，但我们始终有选择。我们可以选择是否要一直在童年阴影中生存，也可以选择是否自我疗愈内心的伤痕。我们可以选择，在受到伤害以后，是将这份创伤继续传递给下一代，还是将其在心中消融，到此为止。应该怎么做，我相信每位读者心目中都会有自己的答案。

“自我养育”：孩子的第二次“投胎”机会

好几年前的夏天，我在自己带的班上认识了一个可爱的女孩雪莉。她是个中加混血儿，皮肤雪白、睫毛长长、眼珠乌黑。她的外表出色，性格更出众。小小的她，讲话却清晰一如小大人，彬彬有礼，从不耍小性子。

不管老师教些什么新知识，雪莉都如饥似渴地吸收着，总是第一个就学会，然后会去帮助别的孩子完成任务。她自知比别的孩子大了一两个月，自愿承担起班级里“大姐姐”的责任。玩耍时，如果有哪个孩子摔倒哭了，雪莉总是第一时间跑过去，用力把他们扶起来，找来纸巾给他们擦眼泪，再同情地问一句：“你还好吗？”全校的老师和孩子们，只要是认识雪莉的，没人不喜欢她。

看到这里，大家一定以为，这又是一位集万千宠爱于一身，由父母锦衣玉食精心教养出来的富家千金。然而，雪莉面临的生活事实，和我们想象中有一些出入。

雪莉的父母都有丰厚的收入，可两人性格不合，早已离异。两人常常为了争夺雪莉的抚养权闹得不可开交。平时母亲工作忙下班晚，接送雪莉的任务只好交给父亲去做。然而，常见的情况是其他的孩子们早已回家，老师们也准备下班，雪莉却一个人落寞地等在教室门口，谁都没有准时前来接她回家。

雪莉的父亲，人并不坏，只是他天生是个“唐璜”式的浪漫人物，不知责任感为何物。他深爱雪莉，一高兴起来就给她买冰激凌、奶茶、巧克力、热狗、华美精致的衣服，吻着她的手称她为公主殿下，带她去最昂贵的餐厅吃饭……还有一次，父亲一时心血来潮，直接带着雪莉飞去了大溪地晒太阳，连续缺课了两个礼拜，把一向严肃的雪莉母亲气得够呛。

雪莉想要什么样的物质条件，父亲和母亲都能满足她。唯独有两点，雪莉得不到：来自母亲的陪伴和温情，来自父亲的责任和保护。

雪莉妈妈深爱女儿，所以才拼命工作，把雪莉送进最好最贵的学校，却剩不下多少时间陪伴她。作为单身母亲，雪莉妈妈很要强，不肯认输，事事都要给雪莉最好的，自然而然也对她有很高的期望值。

父亲于雪莉而言是个好的玩伴。可是，相比之下雪莉更迫切需要的是他身为父亲的责任感，是他对她的强有力的保护。可惜这两点他却做不到。

有时候，当雪莉的父亲没有准时来接她时，我都会陪着雪莉在图书角读书。雪莉像小猫一般依偎在我身边，津津有味地听着一个已经听过十数遍的故事。她从不给人添麻烦，安静沉着地不像个孩子。我一直把雪莉当我的女儿一样对待，因为我知道她多需要来自家人的温柔陪伴。

面对家庭环境带来的压力，雪莉本可以像一些孩子那样哭闹，认定“我的家庭破裂了，全世界都欠了我”，甚至通过问题行为来博得父母的关注。可是她一次也没有那样做过。她一次也没有抱怨过父亲让自己等得太久，或者母亲对自己要求太严格。她一定是本能地知道，想要获得外界的温情，她必须得比别的孩子做得好。换句话说，她有自己不得不优秀的理由。小小年纪的雪莉就明白，“懂事”和“优秀”才是她的生存法则。

每当老师们因为雪莉的表现而对她大加赞赏时，雪莉总是松了口气般地微笑着，热切地看着老师的眼睛，像是在拼命从大家的关注中汲取爱的养分。她是在用她的方式治愈自己。看着她楚楚动人的笑脸，我总是感到一阵心酸。

虽然雪莉摆脱不了家庭对她施加的负面影响，却仍然努力做到最好。她用自己的责任心，去弥补父亲缺失的责任感，用外界获得的温情滋养自己的心灵，很努力一点点成长着。

雪莉所有向着光明的努力，都没有白费。她从我们学校毕业的那一年，轻轻松松地考取了温哥华最难进的一家私立小学，该学校当年的录取比例是27∶1。我相信，在雪莉的身上，一定有什么东西强烈地撼动了招生老师的心，就像她强烈地撼动了我们的心一样。衷心祝福雪莉，从此拥有更幸福快乐的人生。

从雪莉身上，我深深领悟，一个人最终极的教养是对自己的行为和情绪负责。在外界环境不利的状况下，有的人仍然竭尽所能地进行积极的“自我养育”，立足现在，努力将来。这样的人，不论年龄，都很高贵。

原生家庭的运作模式，对于孩子的发展实在太重要了。一个父母相爱、亲子关系运转良好的家庭，是给孩子最好的礼物。

“自我养育”的概念，是基于接纳自己的心理缺憾基础上的。每一个个体，在被作为孩子养育的过程中，总有抹不去的童年阴影，会对自己的人格造成持续性的影响。然而，有的人选择流连于过去的伤害而无力自拔，而有的人则可以渐渐从过去的伤害中走出来，甚至将其当作一种养分，治愈和滋养自我，成为更强大和完整的人。第二种人，我们可以称其为“自我养育”的践行者。美丽的小姑娘雪莉，就是最好的例子。

如果我们本身来自一个幸福的家庭，那么要感恩自己是个难得的幸运儿，更要将原生家庭带给你的温暖幸福一代代继续传下去。如果我们不够幸运，像雪莉一样来自一个有着各种各样问题的家庭，不要紧，“自我养育”就好比是我们的第二次“投胎”机会。

从心理科学的角度来说，“自我养育”分为两个部分。人的左脑所代表的是自我的“内在父母”，而右脑代表的是自我的“内在小孩”。通过左右脑相互积极的“内在谈话”，个体能够通过自身的“内在父母”的影响，达到治愈“内在小孩”的目的。人人都需要一定程度上的“自我养育”，因为家家有本难念的经，每个人都有自己的心理伤痕，都在和内在创伤进行看不见的战役。

我们应该告诉自己："我接受自己受过伤害的过去，但这不是我的错。过去虽然不能改变，但现在和未来仍可以努力。我永远都有选择。我会不断变得更好。"

我们依然有机会，一边成长，一边修炼和治愈自我，将来给自己的孩子创造一个更加和谐美好的家庭环境。

孩子出现情绪失调与抑郁倾向，怎么办

曾经有一位父亲在网上向我求助，他怀疑自己的孩子有一些长期抑郁。他说，自己平时陪孩子的时间不多，孩子和他们夫妻俩也不亲近。最近，从孩子的绘画作品中明显可以感觉到他的画很贫乏、空洞，就连他捏的橡皮泥四角龙，看上去也很孤独。平时，孩子表现出来的阴郁和压力很明显，对大人提的要求会第一时间表示抗拒，心理压力好像很大。以下是他们的一段谈话：

父亲：你捏的四脚龙怎么只有一个人啊？

孩子：它是只有一个人啊。

父亲：它一个人玩什么？有没有看电视啊？

孩子：没看电视。它一个人躺着。

父亲：它有没有朋友啊？

孩子：没有。

父亲：它有没有爸爸妈妈啊？

孩子：没有。它没有朋友，爸爸妈妈都死了。

父亲：……（沉默）那它一个人在家干什么？

孩子：它在睡觉。什么也不想做。它没有朋友，它就一个人待着。

由于信息的不足，我无法贸然对孩子的心理状况进行诊断，因此我建议这位父亲带孩子去咨询靠谱的儿科心理医生。我作为儿童教师，从自身的经验出发，也许能够给他提供一个新的解读孩子行为的视角。

儿童时期常见的焦虑，大多数源于童年创伤的经验、自我身份认同感的矛盾，或者是有某些需求未能得到及时的回应和满足。

让我们来详细地看看，孩子身上最让父亲担心的几个问题。

1. 逆反心理，习惯性拒绝家长的要求

5岁多的孩子，正是自我意识和自尊心爆棚的时期。这个时期，和他们的社交原则是“先建立关系，再提出要求”。如果还没有建立足够信任、足够亲密的关系，就贸然地对他们过于亲热或提出要求，通常我们分分钟会被打脸。

前面提到的孩子，在童年时期并没有和父母长期生活在一起，在5岁左右才开始和父母朝夕相处。因此，他和父母建立的亲子关系是不够稳固的。

在此情况下，父母不用灰心，先好好地和孩子建立积极的亲子关系吧，相信情况一定会有所改善。

有时候，孩子的叛逆，更是一种对父母的测试。正如有的婴儿会在喝奶时撕咬乳头故意让母亲疼痛，他们希望母亲能包容自己的攻击性，从而获得安全感。孩子只有在父母通过了自己的“厌恶测试”之后，才能确信自己是被爱着的。如果被父母温柔地包容，孩子会慢慢建立对世界的信任。

2. 孩子阴郁的作品，未必真的代表抑郁倾向

案例中的孩子，用橡皮泥捏了一只孤独的四角龙，并解释说：“他没有朋友，父母都死了。”

这句话听起来挺可怕的，父母甚至怀疑孩子出现了心理问题。然而，这句话出自一名认知和语言能力还未发展成熟的孩子，所以我们更应该从儿童心理的角度出发去解读。

由于我的工作就是每天和孩子们打交道，他们常常让我意识到，用成年人的角度去评判一个孩子的行为，是不适宜的。孩子们有时会毫无心机地说

出一些匪夷所思的话来，但这不代表任何事。

如果从最常见的角度来分析，我认为孩子极有可能对四角龙——也就是恐龙感兴趣，所以预先懂得了一些关于恐龙的知识。在一名5岁半的儿童眼中，他很难用标准的学术语句来描述“恐龙灭绝了”的事实，取而代之的，他用儿童化的语句来表述他对于四角龙的认知，即“它没有朋友，父母都死了”。

如果案例中父亲真的想了解孩子的想法，最好的办法是创建一个相似的环境，并引导孩子回顾之前创造四角龙时的情景，然后很自然地和他再次谈论那只四角龙发生了什么事情，为什么它没有任何朋友和家人？看看这一次，孩子是否会赋予橡皮泥四角龙新的故事。

3. 孩子的绘画作品缺乏想象力，说明了什么

两幅涂鸦都由案例中的父亲提供。前一幅来自他朋友的女儿，后一幅来自他儿子。孩子父亲忧心地说，通过两幅涂鸦的对比，觉得自己儿子作品里的阴郁很明显。

朋友女儿的涂鸦作品

那位父亲的儿子的涂鸦作品

在Lisa B. Moschini所著的《绘画心理治疗》中，她说：“艺术不会审查和扭曲。相反，它允许自由的释放。人们放弃了用一生小心发展而来的伪装性语言，心灵被投射在白纸上——这不仅仅是个体自我概念的反映，还是个人对他人概念的反映。”

左边的作品看起来，很像是出自一个天真烂漫的小姑娘，绘画色彩丰

富、明丽，图案是很典型的儿童作品中的太阳、河流与花朵，体现出她的想象力和创造力。我脑补出的画面是这个小姑娘在家里一定备受宠爱，有许多颜色艳丽的衣裳和玩具。

右边的作品，看起来则老成持重得多。与其说它是一幅儿童绘画作品，不如说它更像算数练习册中的某一页。孩子的图画作品中充斥着数字和计算题，甚至还给数字都打好了格子。仔细观察，我们还能看出，他写的数字都是按照顺序进行的0、1、2、3、4、5、6……说明平时他进行了大量的数字练习。

孩子的作品一定体现出他在日常生活中接触最多的事物。按照这位父亲提供的信息，再加上这幅图画传递的信息，我相信孩子的日常生活中，一定被限制了自由玩耍的时间，用来做大量的数学习题。

其实，孩子是需要在玩耍中学习认识世界的。孩子的玩耍，也是一种使用想象力的“人生练习”。学习知识固然要紧，但更应该培养的是孩子“自主学习”的能力，这些包括观察、想象、假设、实验、社交、运动等能力，而不是让孩子生搬硬套地记住一连串古诗名句和算术题。

正如那位父亲所说，他认为孩子的作品欠缺想象力和儿童天真烂漫的天性。为了帮助孩子，我想，这位父亲应该力排众议，给予孩子更宽松的家庭氛围和更多的自由玩耍时间。有条件的话，由父母一起陪着他玩，增进亲子关系，效果更佳。不要担心玩耍会耽搁孩子，其实在轻松玩耍的时候，孩子往往能够获得更多。

想要缓解孩子的心理压力，首先要化解父母内心的焦虑，承认自己和孩子的不完美。父母要给予孩子无条件的爱，不提要求、不求回报。还要充满耐心，和孩子平等沟通，持续地关注他，长期地陪伴他，尽全力给孩子创造一个平和有序的生活环境。

相信假以时日，孩子一定会有更大的进步。只要努力去发掘，每个孩子身上都有独一无二的光芒。只有真正欣赏他们的人，才看得见。

负面情绪如何帮孩子完善自我

我在工作中发现，无论是国内还是国外，大多数新手父母都讨厌孩子在自己面前展露出负面情绪。在孩子哭泣的时候，家长往往烦躁不安，用尽一切手段，让孩子不哭。当孩子愤怒地涨红脸跺脚、大喊大叫发脾气的时候，大多数家长的火气也会被孩子勾起来，演变成一出“家庭大战”，甚至体罚打骂。殊不知，他们采用的“恐吓型止哭法”或“以暴制暴”手段，给孩子带来的身心伤害更大。

长此以往，孩子们常常以为只有不发脾气、不爱哭，每天都乖巧听话的孩子才是好孩子，父母才会爱他们。为了赢得爸爸妈妈的爱，有的孩子隐藏起自己的真情实感，变得一味讨好，很快习得了一个和父母生活的生存法则——压抑自我情绪。还有些孩子自知达不到父母的标准，干脆破罐子破摔，当个“坏孩子”。

其实，每一种负面情绪，对于儿童的自我身份塑造都有意义。每一种负面情绪的背后，都有适宜孩子体验和学习的东西。下面我会用自己工作中所见证的真实案例来说明，负面情绪是如何帮助孩子完善自我的。

1. 悲伤的哭泣

两岁半的金发小姑娘妮妮跑得太快了，一下子摔倒在操场上。她的额头擦伤了，还摔肿了嘴唇，忍痛爬起来摸到一嘴唇的血，“哇”的一声大哭起来。

我赶紧走过去检查，迅速从背包里取出急救品帮妮妮处理了伤口，还给她的额头和嘴唇做了冰敷。我问妮妮，是否需要我留在这里陪陪她，她流着泪点点头，靠在我怀里，委屈得像只小猫。她抱着我，不断指给我看她哪里受了伤，再委屈地努努嘴掉几滴眼泪。

我看出妮妮伤得并没有那么重，她的举动其实是一种撒娇。她在用眼泪告诉我，自己需要陪伴和安慰。于是我摸摸她的头，不断地告诉她“我爱你”，她的悲伤情绪也渐渐消退。

这就是悲伤的作用。悲伤令孩子学会向外界寻求温暖，向他人寻求帮助。这是一个修复自我、升级亲密关系、让感情升温的好机会。通过这一次的摔伤事故，妮妮更加喜欢我、信任我了，我们的师生关系也因此更紧密。

2. 气愤的反抗

两岁的克里卡不断反抗老师的要求。从告诉他去坐马桶到帮助他换鞋，老师的每一句话，换来的都是克里卡愤怒地呐喊：“不，不，不！”

在家时的情况也是一样。克里卡不愿意别人替他决定任何事，有时候听到命令，双眼就喷火，简直气得要咬人。

父母对于他激烈的情绪很是担忧。我告诉他们，首先观察克里卡发脾气的根源，再用合适的方式去化解。通过观察，我们发现克里卡每一次的拒绝，都是因为他想自己动手，以自己的方式去做那件事。于是，我们不再指挥他，而是放手让他自己干。当他需要帮助时，他会自己转向我们求助。

人们认为“愤怒”是一种暴怒的非理性情感，能使人丧失理智。然而，学会适度地表达愤怒，这对于儿童的成长绝不是一件坏事，这种强烈的情绪让孩子更懂得自己喜欢什么、讨厌什么，学会自我觉察，用激进的方式向他人展示自己的底线，划分势力范围。从此在大家和他交往的过程中，就会更尊重他的边界。

无论是哪一种情绪，过了头都容易出现问题。我们对克里卡进行了“愤怒情绪管理”方面的教育。现在，他对老师、家长的抵触情绪已经小多了。

关于愤怒管理，我们教克里卡在生气的时候，可以吹一只看不见的“气球”。我告诉他：“这只气球能带走你心中难过的和生气的事情。把气球吹圆，然后噗的一声把它远远地推出去，让烦恼飘到天上去！”

有一次，克里卡因为一件小事气得呼哧呼哧直喘气，对着另一个孩子举起了手就要拍下去。在最关键的一刻，他深吸了一口气，想了想，强迫自己停了下来，紧皱眉头喃喃自语：“打人是不对的。”

克里卡的妈妈惊讶地告诉我，克里卡在家的情绪管理也取得了了不起的进步。有一次，他摔破了膝盖，正要愤怒地槌地大哭的时候，他停了下来。然后开始一下一下地深呼吸，克里卡的妈妈惊讶极了，她对我说：“你知道，克里卡做的就是我去上瑜伽课时老师告诉的那种‘腹式呼吸法’……他看上去真的能够控制他自己了！”

这就是孩子自己学会自我控制、自主解决内心冲突的案例。

3. 嫉妒的风暴

我的班上有一个“分离焦虑”严重的小姑娘眉眉。眉眉刚来到一个纯英文的环境，怯生生的，每天都寸步不离地当我的小尾巴——她知道我是唯一一个会讲中文的老师。每次当眉眉看到我还会照顾别的小朋友，不能把注意力百分之百集中在她身上，她都会嫉妒得放声大哭。

有一次，眉眉紧紧抱住我的腿，不许我走向另一个孩子。还有一次，我和教室里的一个孩子说话，眉眉一脸不满地走过来，站在我们俩之间，完全遮挡住我看向那个孩子的视线。我向左移动，她也向左；我向右，她也向右，令我哭笑不得。

嫉妒是一种大家都羞于承认的情感。即便是如此，嫉妒对于孩子的心智发展仍然有它的意义。它令孩子意识到自己并非世界的中心，需要保持谦卑。我们必须让孩子知道，他们需要学会正确面对这种强烈的嫉妒心，否则受折磨的只有自己。同时我还希望他们明白，世界之大，强中自有强中手，总有人会做得比自己更好，因此千万不要膨胀，任由嫉妒的风暴在心中肆虐。

如果孩子能从小就学会把嫉妒心理转化成前进的动力，建立一种平和而谦卑的心态，这对于他们以后的发展是大有助益的。

4. 恐惧的力量

孩子的成长中，当然也会体验到恐惧：害怕黑暗、害怕尝试新的食物、害怕陌生人……人最大的恐惧，往往是恐惧未知，或者恐惧自己和别人不一样。恐惧令孩子保持清醒和警觉，能迅速学会生存所必需的法则。

例如，在人的远古记忆中，蛇会威胁人类的生存，从而令人产生恐惧。对蛇的恐惧从此写在了人的基因之中，导致一个从未见过蛇的孩子，第一次见到蛇也会感到害怕，从而躲得远远的。

如果我们过度保护孩子，从不让他们接触自己害怕的东西，那么孩子的生活圈会变得极其狭窄，生活在一个比自己大不了多少的“舒适区”。如果不愿直面自己的恐惧，不肯走出舒适区，会有许多事无法尝试。

我们应该鼓励孩子去冒险，去体验一些让他们害怕的情感，让他们不断扩大自己的“舒适区”，直至建立自己的世界。

儿童和成人一样，每一种情绪对于他们的心智发展都是有价值的。在我们关注儿童的身心健康的同时，儿童的“情绪价值”却常常被我们忽视。生活中最常见的一种“情感虐待”就是否认和贬低孩子的感受，这从本质上来说，是在打压孩子身为人类的尊严。

这些家长认定孩子展现负面情绪就是“不好的”，就是“坏孩子”。其实孩子之所以变“坏”，意味着家庭教育出了问题，证明了家长的失职。

总之，在孩子的负面情绪爆棚的情况下，还能保持冷静温和、不被情绪牵着鼻子走的家长，才是心智成熟、最有智慧的家长。

儿童世界的“丛林法则”，谁容易沦为受害者

在大多数人的认知里，“人之初性本善”，孩子的世界只有纯真无邪、善良美好。然而，事实上并不是这样，孩子的世界比我们想象中复杂得多，儿童世界里也充斥着压力、排挤，甚至暴力。

我在中国和加拿大从事与青少年和儿童教育相关的工作。通过我的观察，其实孩子从两三岁起就会开始无意识地在集体中划分“阶层”，接受自己认可的成员，排斥自己不认可的个体。到了青少年时期，这种“同辈压力”的情况则会愈演愈烈，形成残酷的“丛林法则”。

在我到加拿大的第二年，在不列颠哥伦比亚省首府城市的某知名早教中心实习，主要负责1岁半到3岁之间的儿童教育。在那里，有一个两岁的小姑娘名叫琳达（化名）。琳达的年龄在班上12个小朋友中间刚好到达平均值，她的行为方式也比较有该年龄段的代表性：她会有意识地选择和她年龄相仿（2岁左右）、长相相近（深色头发、浅色皮肤）的女孩子做朋友，主动接近她们，面对她们时举止十分友好；对于年纪比她大的孩子，无论性别，琳达都会表现出既崇拜又敬畏的心情，和他们相处时小心翼翼地不与他们发生冲突；对于年纪比自己小的小朋友，琳达则比较肆无忌惮，常常欺负他们。也许在老师一转头的工夫，琳达就一掌把某个小孩推倒在地，惹得对

方哇哇大哭。

老师们对此非常头痛，常常会轮番动之以情晓之以理地教育琳达。之后，琳达会有所收敛，但不久之后又会故态复萌。

那时候的我对于琳达的行为模式感到十分好奇，于是有意识地进行了为期一周的观察。我发现，琳达并非对每一个比她小的小孩都如此对待，她的“霸凌”行为总是会最高频率地集中在两个特定的小孩身上。

这两个小孩之间的共同点，一是和琳达一样都是女孩子，二是语言能力相对比较弱，三是外表上和琳达的差异较大（一个浅色头发，另一个深色皮肤）。

当然，我的观察仅仅限于当时工作的集体中，作为儿童行为实验观察来看，样本也不够大。不过，仅仅就事论事，我们还是能够看出一些琳达（儿童世界里的“霸凌者”）的行为规律：

1.“霸凌者”会有意识地挑选能力较弱的群体成员作为“受害人”

这里的“受害人”，指的或者是年纪小，或者是个头小／力气小，或者是语言能力不够强（不能及时求助和准确描述自己受到了怎样的不公正对待）的儿童。琳达正是因为知道欺负这样的人不会引发激烈反抗，也不会导致严重后果，才会一次次挑选她们下手。

解决方案：

让孩子按照法定年龄入学，和自己同年龄段的人相处。国内不少家长都喜欢“揠苗助长”，托关系让孩子早一年入学，殊不知是将孩子置于一个更脆弱而易受伤害的环境之中。

在成年人看来，相差一岁貌似没有什么分别，但对于年纪幼小的孩子而言，相差一岁是一条巨大的鸿沟，在体能、认知、语言能力和人际交往方面的发展程度可能会大不一样。年纪小或能力弱的孩子，最容易成为校园“霸凌”的受害者。

另外，家长还可以有意识地帮助训练以加强孩子的语言能力，让他／她有能力在受到不公正对待时强硬地反抗，大声拒绝，并学会向师长和父母求助。

2. “霸凌者”偏好选择同自己个体差异大的人作为“受害人”

孩子们在集体中生活，会在相处不久后迅速地形成相应的“阶层”，互相给对方贴上“标签”，并通过“标签”来衡量这个人应该受到怎样的对待。

儿童世界里的标签一般有如下几种：

（1）“明星人物”——长得极其好看、有特长（例如能歌善舞）又有魅力的孩子；

（2）“领袖人物”——综合素质优秀、成绩好、受老师喜爱并委以重任的孩子；

（3）“美女／帅哥”——长得漂亮可爱、人缘好的孩子；

（4）“追随者”——大多数孩子都属于这一类，他们表现不突出但是能够“随大流”，人缘尚可也不会受到歧视；

（5）“小流氓”——成绩差，但是校内校外资源多、大家都不敢随便得罪的孩子；

（6）“独行侠”——各方面都不差但喜欢独来独往的孩子，由于本身能力不俗，也不容易受到孤立和歧视；

（7）“边缘人”（Outsiders）——受到孤立和歧视的孩子的总称。

在以上七种分类里面，“边缘人”算是一个大类，代指所有因为自己不同而不受欢迎的孩子。他们可能会得到各种恶意的外号，例如“书呆子”“怪胎”“鼻涕虫”“丑八怪”，等等。

校园从来就不是一片乐土，尤其在孩子年纪尚小还不懂掩饰的时候，赤裸裸的恶意最伤人。

变成一个集体中的“边缘人”，说到底是概率问题。因为我们永远不会知道，这个集体中的无形标准和不成文条规是什么。只要一个孩子足够的不同，又还不够强大到能保护自己，他／她就有可能成为被“边缘化”的牺牲品。

对于此类校园欺凌，保护孩子的解决方案有哪些呢？

从家长的角度来说，让孩子在穿着打扮和行为习惯上和同伴类似，是有效地融入集体的手段。从学校的角度来说，有的学校会要求学生穿上统一的制服，每天统一吃学校发放的营养午餐。没有攀比，没有落差，就没有伤害。

问题是，家长和学校的这种保护机制，能保护孩子们多久？总有一天，他们会走出家门走出校园，然后需要自己应付一切恶意。

假如儿童世界是一片原始丛林，其中的生存法则应当是这样的：在无人监管的状况下，个体能够保护自身利益且不伤害他人，并做到主动进行有效的社交，保持良好的人际互动。

这就需要我们充分引导和激发出孩子的“正直感”，以及体察自身和他人情绪的“共情”能力。这种能力在孩子早年越早培养就越好，让孩子学会“保护自己，保持正直，不欺负别人”，身心健康比知识教育更重要。

做到这几点，你的孩子不会再被欺负

孩子的世界里，有他们自己的“丛林法则”。作为父母和长辈的我们，要如何引导和培养孩子不做被欺负的“受气包”，也不当霸凌别人的“小霸王”呢？

1. 家长要接纳和理解孩子的情绪

孩子一定要通过“被爱”来学会“爱人”，正如同他们一定要通过被亲人“彻底地接纳和理解”来学会如何接纳和理解他人，从而和陌生人建立信任感。

因此，在孩子出生以后，要让他们体验到充分的爱与信任感。根据教育界著名的“依恋理论”，如果在婴儿时期孩子和父母之间形成了安全的依恋关系，对他们之后的人格健康发展有显著积极的影响。在人生早期得到足够的爱、建立起“信任型”依恋模式的人，长大后在人际关系方面的表现更佳，也更不容易成为被同龄人霸凌的对象。

2. 孩子需要和同龄人接触及玩耍

家长最希望看到的是自己的孩子在集体中交到朋友。无论哪个国家的孩子，他们的性格形成与早年经验都呈正相关性。

不仅仅是孩子，其实小动物也是一样的。比如，如果一只小猫在出生后前3个月由母猫哺育，经常和兄弟姐妹们一同玩耍，那么这只猫拥有“好性格”的概率是最高的。它们懂得亲近他人，遵守群体规则。这是因为，在小猫和母猫充满爱意的相处中，它建立了一种类似“世界是安全的地方”的信念，而在它与其他猫咪玩耍的过程中，习得了“社会化”的生存守则。

猫的性格形成的规律在很多方面其实和孩子是一致的。想要自己的孩子受到欢迎，就一定要让孩子早早地和同龄人有接触，让他们一同成长，在玩耍的过程中探索人际交往的边界和“社会化”过程中不成文的规定，慢慢练习“共情”，调节和改善自己和同龄人相处的模式。

“共情”能力又称作“同理心”，也有人把它叫作“换位思考”，是指个体有能力站在对方的立场，转换角度来为对方设身处地地思考的状态。“共情”能力强的人往往对他人的情绪变化很敏感，在人际交往中能够深刻地体会他人的情绪和想法，理解他人的立场和感受，并站在他人的角度思考和处理问题。

“信任”和“共情”这两点，都能有效地帮助孩子融入集体生活，不仅不容易受到欺负，还很有可能会成为如鱼得水、游刃有余、伸张正义的“领袖人物”。

3. 孩子应该认识到“标签”并不能定义一个人

最让孩子不愉快的，莫过于在集体生活中被人起外号，贴标签。一个难听的外号，完全可以让孩子不愿意再去上学。

家长和老师的作用，一是尽量制止此类恶意的发生，二是要让孩子们意识到，一个讽刺性的外号，不足以定义一个人，更不可能诠释一个人的复杂性和完整性。

“标签”经不起推敲和考验，不能代表这个人，最多只是表述了他此时的某一种习惯，而习惯和人一样，都是会变的。孩子们应当明白，他们本身的意义绝不是那一个个充满恶意的小“标签”所能定义的。

群体中的“歧视”和“标签”行为，大概率上是不可能被消灭的。我们要教孩子学会与它共存，而不是向它投降和妥协，更不要根据身上的“标签”来自我设限。

4. 在原生家庭中建立积极的楷模

在培养孩子的“共情”能力之时，作为父母也需要时时注意自己的言行有没有给孩子树立一个好的榜样。

孩子通过在日常生活中观察、模仿和习得人际交往的界限，渐渐形成一套自己独特的世界观和生活哲学。在这个过程中，父母的作用和影响举足轻重。无论是在孩子完全“社会化”之前还是之后，他／她的一生几乎都摆脱不了原生家庭带来的影响。

那么，作为家长的你，有没有充分理解自己的孩子，站在他／她的角度换位思考？如果父母能够先从自身解决“自我中心、无法共情”的问题，相信孩子在日常生活中耳濡目染，一定会更加出色。

5. 创伤后孩子的自我成长

无论是心灵还是肉体的创伤，换一个角度看，对成长都有益处。

就像几乎每个人都有自己的童年阴影一样，几乎每个人的成长过程中都逃不开被伤害。然而，心理学家研究发现，有一部分人会在受伤后患上“创伤后心理障碍症”，而另一部分人则是可以实现“创伤后成长”的。

一旦经历过创伤，穿越过黑暗，人是能够经过积极的自我调适和寻求帮助而幸存下来的。这些创伤后的“幸存者”，无一例外地都认为自己获得了自我成长。

他们和他人的关系更紧密，更愿意袒露自我，并且更能体察理解他人的痛苦。他们的“共情”水平会变得更高，人际关系也由此变得更好。

有句话说得很形象：“杀不死你的，让你更强大。”我们应该坦然地面对自己和孩子人生中的挫折，更应该信任孩子有解决问题的能力。家长和老师鼓励孩子想办法应对挫折，尽可能地让孩子自己去体验这个世界，好与坏都是经验。

所以，防止校园霸凌最根本的解决办法不是建立一个固若金汤的保护机制，而是让孩子的身心都强大起来，建立高度的“自我肯定”和“共情”能力，不再那么容易受伤害，能保护自己，也能维护集体中的公平正义。

不想让孩子留下心理阴影？请学会“争吵”的正确方式

在北美，如果有小孩子的家庭出现离婚，或有重要家庭成员去世时，父母通常都会带孩子去接受专业的家庭心理咨询师的辅导，让他们能以一种理性而健康的角度去理解“失去”这件事。咨询师会告诉孩子们，人生原本就充满变数和未知，父母会不和，坏事会发生，并不是他们的错。一段关系中总会跌宕起伏，有顺遂的时候，也有低谷艰难的时候。

在孩子的幼年时期，他们的心理防御机制还不够强大，容易受到伤害。父母失和，他们对彼此的不满，这些攻击性都会直接地指向孩子本身。家庭成员中一旦出现任何问题，孩子会很自然地归因“都是我不好，如果我更乖巧可爱一点儿，爸爸妈妈一定不会分开”。所以，在父母长期不和、诋毁攻击另一半却又不肯离婚的家庭，孩子受到的伤害最大。

1. 父母之间的争执请自行解决，不要“嫁祸”于孩子

蜜蜜是个美丽的小姑娘，笑起来明媚灿烂，给人的感觉仿佛是全世界的花朵一齐开放。蜜蜜性格温柔可亲，广受大家的喜爱，家境也很好，看起来生活似乎全无烦恼。

纵然如此，可蜜蜜的长睫毛下还是藏不住她眼中深深的忧郁。原来，蜜

蜜的父母在离婚后，为了争夺蜜蜜的抚养权，战火燃烧，硝烟四起，毫无收敛的态势。他们在蜜蜜面前吵架，简直是家常便饭，两人的口头禅就是：

“宝贝儿，要不是为了你，我早和他分开了。他简直是混蛋。”

面对分裂的父母，蜜蜜不知怎么办才好，只有哭了又哭。父母一吵架，就成了蜜蜜的噩梦。她不敢在父母面前流泪，那会让他们吵得更凶。她默默地回到房间，用毯子紧紧地裹住自己，整个人缩成一团无声哭泣。

不称职的父母，才会逃避责任，把彼此之间的问题一股脑儿地扔到了孩子身上。指望通过对孩子诉苦而获得理解，甚至不惜利用孩子去伤害对方的感情，这是一种不成熟、无能的表现。

父母之间的争执是你们自己的事，请自行解决，不要“嫁祸”于孩子。夹在中间的孩子何其无辜，她本应该拥有更幸福的童年。

一旦父母彼此之间有重大争执，并且被孩子看到的话，请一定不要逃避问题。使用诚恳自然的态度和孩子坐下来谈一谈，是比吵架更好的方式。

2. 不要给孩子一种“拖油瓶”般的沉重精神负担

如果说蜜蜜的父母有哪点做得很好的地方，那就是他们仍然给蜜蜜以足够的爱，哪怕是在他们反目成仇之后。蜜蜜在学校的演出，两人永远准时参加，甚至为了让女儿开心而勉为其难地坐在一起合影。无论是家长会、远足还是圣诞晚会，父母从不缺席，永远第一个出现在观众席上，或者全程陪伴，没有一点儿不耐烦的样子。

正是因为这样充沛的爱，让蜜蜜在父母分居的状况下，仍然成长为一个善良聪慧、温柔美丽的小小少女。

3. 父母双方的教育模式，不能有根本上的分歧

一个叫萨丽的小姑娘，对我诉说她的苦恼。她靠在我怀里，困惑地悄悄地说：

“老师，我爸爸妈妈又吵架了。妈妈说爸爸不该老是把我留在家里，我该去上学，也许她是对的。我喜欢学校。可是，在学校见不到爸爸，我也很

想他。”

经过询问，我恍然大悟，原来萨丽的父母有着完全不同的价值观，对女儿的人生规划也毫无相似之处。爸爸说，让萨丽享受每一天，穿得漂漂亮亮，时常带她出去吃下午茶，逛游乐园，拍美美的照片，让她从小就习惯展现自己的美貌，接受所有人的夸奖。妈妈则说，萨丽应该好好念书，打好学术和礼仪基础，一路从名校幼儿园上起，将来能有体面的学历和体面的工作，成为一个对社会有价值的人，不要“靠脸吃饭”，用实力证明一切。

因为父母的分裂，让萨丽的精神世界也很困惑，左右为难。这是对一个聪慧敏感的孩子极大的内心消耗。她用本来可以发展自我的时间和精力，去试图解决内心的冲突，而这种内心冲突完全是不必要的。

孩子不一定会因为“父母分开”这件事而受伤，会让他们受伤的，是父母对于离婚后孩子的处理态度。孩子最怕的不是父母彼此不再相爱，而是父母由于不再爱对方，连带着自己也不再被爱，自己变成了处处讨人嫌的“拖油瓶”。

正确的方式是这样对孩子说：“虽然我们会争执，有时也会吵架，甚至我们不再爱对方，无法再生活在一起，但是我们仍然深深爱着你。爸爸妈妈永远是爱你的爸爸妈妈。”

把孩子当成一个和自己同等成熟的人，坦诚而客观地告诉他发生了什么事。

即使是双方真的合不来，走到分居或者离婚的那一步，如果处理得当，是可以把对孩子的伤害降低到最小的。

总之，我们相信，一个家庭中真正的爱，会让家庭成员中的每一个人，都变成更好的人。孩子拥有接受现实的勇气，哪怕是面对父母的分手，只要父母处理得当，孩子仍然能成长为阳光开朗、对人生充满信念感的人。

“不完美”的力量：孩子成长离不开“负能量”

从前有一个小姑娘，她的脑中住着5个小人儿，分别掌管着她快乐、悲伤、愤怒、恐惧和轻蔑。小人儿们各自施展本领，给小主人脑中的记忆水晶涂上不同的色彩。这5个小人儿里面，就属掌管快乐的小人儿“乐乐”最受欢迎，因为乐乐能让小主人发自内心地笑出声来。乐乐成了5人小组中的核心灵魂人物，平时掌管“大脑情绪操控台”的也主要是她。掌管悲伤情绪的小人儿“忧忧”则最不受重视，每当忧忧想帮忙搬运记忆水晶，乐乐便告诫忧忧不要乱碰，以免影响小主人开心的情绪。

小姑娘渐渐长大了，她的家人带着她搬到了另一个城市。这时候本该轮到忧忧出场，顺其自然地让小主人体验悲伤失落的情绪，然后再慢慢帮她适应新环境。可是，乐乐却拼命阻拦忧忧，不许她出场让小主人伤心。一个失误之下，乐乐和忧忧都迷了路，无法回到平时住惯了的大脑控制中枢，于是小主人彻底失去了“悲伤”，也没有了真正的“快乐”，仅剩下了愤怒、轻蔑和恐惧这三种情绪。缺乏必要的快乐和悲伤，小主人把自己的生活搞得一团糟。在内忧外患的双重夹击下，她的情绪濒临崩溃，终于下定决心离家出走。

忧忧和乐乐看到小主人的痛苦，只能干着急，于是拼命想办法回到了小主人的“大脑情绪操控台”中，共同帮助她重建曾经元气满满的自我。她们终于发现，不受人待见的忧忧代表的悲伤原来也是有价值的，价值就是“治愈”。正因为有了悲伤，才能将一个家庭的爱汇聚到一起，让人从低落的状态一点点复原。一个只有快乐、没有悲伤的人是不健全的，唯有维持正负情绪平衡，方为健康的持久之道。

她们还明白了，哪怕是最快乐的记忆里，也会有一丝悲伤，因为没了悲伤，快乐也不算是真的快乐。想要幸福，就要容许不同色彩的情绪彼此拥抱。有喜有悲，有笑有泪，才算是丰富的人生。

以上的故事出自奥斯卡获奖影片《头脑特工队》。这个故事告诉我们，孩子成长既需要“正能量”，也需要所谓的“负能量”。

村上春树曾说过，人生是不能以“明快”或“抑郁”来简单划分的，因为还有“阴影”这个中间地带。能够认识和理解这个阴影阶段，才算得上是健全的知性，而获得健全的知性需要付出相应的时间和努力。

能够教会孩子克服困难的，是逆境，不是顺遂。人生道路上不可能永远充满鲜花与掌声。孩子们需要通过体验负面情绪带来的“负能量”，去认识到真实的世界是什么样的，去学会与负面情绪共存。

可惜还有人不明白这个道理。我见过为数不少的家长还是受不了孩子的负面情绪，对孩子展现的“负能量”打骂训斥的都有，必欲除之而后快，或者是恨不得一周连打七天鸡血，恨不得顿顿给孩子灌饱“心灵鸡汤”。这些人从心底里厌恶“悲伤”这种情绪，认为那是软弱的象征。他们认为只有失败者才会悲伤，而他们不允许自己失败，更不允许孩子失败。只许成功、不许失败的人生，未免太可悲了一点儿。

其实，合理和适度的负面情绪表达，应该得到人们更多的认可。真正的勇士不在于永远不败，而在于失败后克服悲伤，坚强地生存下去，在碎石瓦砾中一点点重建自己的天地。

说了这么多，我想强调的一点是，无论是悲伤还是愤怒，都是种健康的情绪表达。对成年人如此，对孩子更是如此。遇到挫折和伤害时，孩子不像成年人一样懂得那么多的纾解情绪的方式，他们通常的做法就只有哭而已。如果连哭的权利都被剥夺了，那孩子除了抑郁之外，还能怎么办呢？

孩子的哭泣被亲近之人所接纳，这对于构建孩子的安全感很重要。不被允许哭泣的孩子，他们的攻击性有可能转向自己内部，不断压抑和贬损自我，出现各种各样的心理问题和行为问题。

聪明的父母一定很擅长处理孩子的负面情绪。他们不因孩子表露的攻击性而惩罚孩子，因为他们明白攻击性是自信心不足的表现。无条件的爱让孩子对世界有信心，相信世界是个安全的地方。孩子通过释放其攻击性，发现自己仍然被全然接纳，从而感受到被爱，并获得安全感，这会为健康稳定的依恋关系打好基础。

Chapter 5

北美精英家庭，真没你想象中神秘

中国家长奔波于早教班之时，北美家长在干什么

国内盛传两个对于北美教育的误解，第一个误解是“中国孩子的教育就是‘填鸭式’的死读书，北美孩子的教育就是玩玩玩”。第二个误解是“中国家长为了养孩子疲于奔命，北美家长则潇洒自如地采用‘纯放养’模式，效果还更好”。

这两种说法，其实并不完全正确。北美的许多父母和国内的父母一样，养育起孩子来都十分辛劳。不过，他们的育儿模式中有许多优秀的“软技能”，在孩子的教育问题上，仍有许多值得我们借鉴的地方。

首先来解释第一个普遍误解。中国孩子在学习的时候，北美孩子在干什么？

说他们在玩，也没错。加拿大精英家庭的孩子，日常生活的确像是在玩。他们跟父母去度假，冬天滑雪，夏天游泳，时不时去趟科技馆，学骑马，跳芭蕾……然而，看似是“玩耍”的活动，其实也是一种素质教育的学习。现在国内的家长也愈来愈重视这种素质教育，国内层出不穷的兴趣班和才艺班正说明了这一点。那是和“题海战术”截然不同的另一种学习方式。

北美孩子的素质教育，通常学些什么呢？

在温哥华，我曾经教过一个叫迈克的孩子，在他从幼儿园毕业后也时

有联系。迈克妈妈告诉我，她的两个孩子从小就在家附近的社区中心参加了不少兴趣班，例如儿童体育、音乐课、儿童现代舞、钢琴、滑雪、足球、陶艺、绘画班、艺术培训，当然，还少不了最近大热的中文班。

最有意思的是，妈妈还送迈克参加了一个面向儿童的读书俱乐部。在那里，有经验的儿童教师会选择一些好的儿童作品读给孩子们听。听完故事后，让孩子们七嘴八舌地参与对故事情节的讨论，之后再带领孩子们制作故事中与角色有关的手工作品。迈克和妹妹都非常喜爱这项活动。

这里有一些迈克在读书俱乐部完成的艺术作品，由迈克妈妈授权给大家分享：

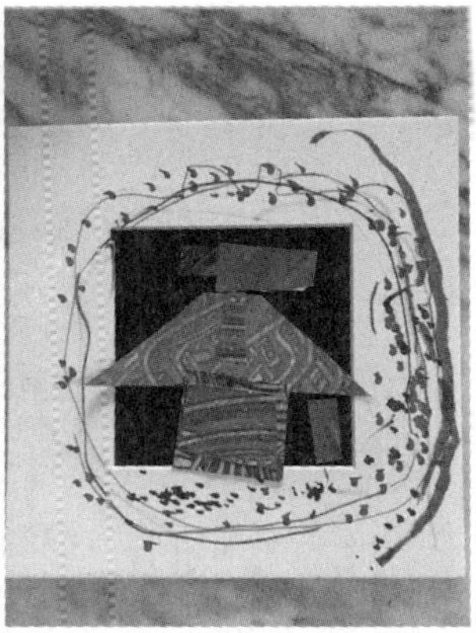

其实，不管在任何时代、任何地方，但凡对教育品质有要求的父母，若是希望将来孩子能获得最顶尖的教育资源，都生活得并不轻松。他们的目标定得很高，也是从小就在培养孩子严格要求自己，每天都要不断取得进步，在不断的挑战中成就最好的自己。

国外的月亮没有更圆，北美优质教育的资本投入比国内更大。不过，比国内孩子幸运的一点是，加拿大的孩子在考大学时，录取标准除了看重学术成绩，还要看平时的课外活动。这一点，就保证了孩子们从小就会有丰富的课余生活，学艺术、滑雪、音乐，参加社团活动、做志愿者，甚至去寻求一些有意义的工作经验。固然也很辛苦，但起码北美孩子们乐在其中。他们通过素质教育，取得了身心的健康发展，更加了解自己的兴趣和才能，从而进一步认识社会生活，更淡定地面对人生中不可避免的挫折。这也就是为什么，我们看到许多在北美长大的孩子都非常独立，性格思想成熟，看起来很像“小大人”——他们从小就是接受家长和老师这样的教育长大的。

反观我们国内的幼儿教育，根源上还是存在自相矛盾的困境。曾经有一位中国的幼教老师告诉我，中国的幼儿教育是“保育为主，教育为辅”。国内的幼儿园老师，面临着来自家长和校方的双重压力，既要当备课老师，又要当保育阿姨。精力有限的她们每天疲于奔命，为了让家长满意，首先得保障孩子安全以及照顾好孩子的基本需求，例如帮换衣服、擦鼻涕、铺床、准备午餐、换尿布、打扫卫生……

这样一天下来，真正留给老师和孩子的早教时间并没剩下多少。因此，国内大部分孩子的性格和情绪教育，还得依赖孩子的原生家庭。当老师遇上管不住的“小霸王”和不负责任的家长，往往异常头疼。

相比国内的幼儿教育，北美式育儿则认为“保育”和“教育”两者毫不冲突，应该相互协调，相辅相成，达到让孩子身心都健康发展的目的。

例如，我目前所在的温哥华某私立幼儿园，老师们会鼓励孩子在3岁以前就学会自己照顾好自己。他们需要学会靠自己迅速地穿上衣服，穿好鞋子，坐下乖乖用餐具喂自己吃饭，饭后收拾好餐盘，自行在马桶上上厕所。与此同时，我们还会鼓励孩子们帮老师做一些简单的工作，例如擦桌子、搬椅子等。这样一方面锻炼了孩子的独立精神，另一方面也提高了孩子的生活能力，增进了他们和老师之间的感情。更重要的是，幼儿教师在孩子们的帮助下，从烦琐的体力活中解放了出来，就能够发挥自己的专长来带领孩子们一起做些更有趣味的教育活动。

加拿大的幼儿教育理念，通常是“在玩耍中让孩子认识、理解和探索世界”。以玩为主，通过自由玩耍，我们可以训练孩子的感官，让他们充分体会这个世界的美好，发散思维和想象力。这一类别的教育理念以发源于意大利的瑞吉欧（Reggio Emilia）为代表。Reggio Emilia是意大利米兰旁边的一座小城，它的整个城市生态都为了儿童的早期教育而服务。在那里，意大利的孩子们通过自由玩耍，让自身的社交能力、情绪表达能力和身体素质都能得到很大的提升。

这种“以玩为主”的幼儿园，崇尚的是孩子的心灵自由，重视对于儿童生活技能的培养。他们不主张过早地给孩子灌输系统性的知识，同时反对对儿童的强制教学和幼儿园小学化。这类教育理念，鼓励家长和老师带领孩子在玩中学习，遵循儿童的身心发展规律，在“玩”与“学”中找到平衡。家长、教师和孩子轮流主导，共同设计出孩子喜爱的以学习为目的的游戏活动。

总而言之，教育应该因人而异。不管是在北美还是中国，家长需要对孩子有的放矢，首先应该通过观察和交流理解孩子，精准地找到适合孩子的领域，再和他们一起探索。孩子的天性潜能各有不同，适合的才是最好的。

做个“刚刚好”的父母

在我们中国人的主流价值观里，做父母是一项伟大而艰巨的任务。为人父母，不仅要承担身为父母的所有责任，还需要有月嫂的专业育儿知识、儿科医生的基础医术、心理学家的敏感度、亲子咨询师的高超沟通水平……平时，父母都要挣钱养家，下班后带孩子玩耍，辅导孩子学习，全年无休地给予孩子高质量的陪伴，偶尔还要时不时当当“小丑”，哄孩子开心。

为人父母，不仅辛劳，而且是日复一日的一份“工作”，并非一次完成就好。然而，除去那些真正天赋异禀的“一百分父母”，我们大部分人都是普通人。在我们达不到上述标准的时候，我们内心的负疚感会压垮我们。养育一个孩子，意味着出钱出力，牺牲个人生活，其艰难程度堪比修筑万里长城，难怪现在新生儿的出生率一年比一年低。

传统的中国父母总是为孩子做了很多的牺牲，心甘情愿地为孩子奉献一切，自己弄得灰头土脸不说，最后孩子还未必领情。我就认识这样的一个传统华人家庭。

20年前，一对年轻的夫妻认定了出国移民能带给女儿较好的未来。他们历经千辛万苦，带着年仅4岁的女儿从国内某小城市移民到了加拿大。他们刚到新的国度时一穷二白，一无所有。为了赚钱养家，两人什么脏活累活都愿意干。原本是大学讲师的父亲，白天不得不去码头鱼场做苦力，傍晚去清扫学校，每天都累得一身臭汗、满身鱼腥。母亲呢，为了有个更好的前途，雇不起保姆的她悄悄把年幼的女儿一人锁在家里，自己回学校读书，誓死要拿到加拿大的大学文凭。年复一年，两人这样努力着，终于有了房，有了车，女儿也长大了。可是，那个长期被他们忽略的女儿，是怀着一种怎样的心情在成长呢？

女儿长大了，名校毕业，内心却深深地怨恨着父母，一度陷入了轻度的抑郁。她说父母让她的童年黯淡无光，整日在恐惧和孤单中度过，她一辈子也不愿意再回到那样的生活。大学毕业后女儿便远走他乡，很少回家，几个月也不肯给父母打个电话。类似这种新移民奋斗的血泪史，从来不是孤例。像这样“为了孩子，孤注一掷，牺牲一切”的家庭教育，物质或许最终丰裕了，而精神始终空虚，实在算不得是“成功”，而且家庭关系中也往往充满苦涩。

那么，反观那些成功的父母，他们的教育能带给我们什么样的启示呢？

我所工作的幼儿园让我日常接触到了许多成功的父母。他们不仅仅是好爸爸、好妈妈，同时也有一份光鲜亮丽的职业。孩子不是他们的“宇宙中心”，他们也不打算为了孩子奉献全部的时间精力，因为他们还有自己为之骄傲的世界。

换言之，他们在“父母”和“自我”的双重身份中任意切换，已经自如地找到了平衡。他们会花时间陪伴孩子，但他们有时也会拒绝孩子不合理的要求，因为他们不怕说：“爸爸妈妈有自己的安排了，宝贝。”

他们的说辞听起来似乎有些自私。然而，有趣的是，这样的父母更能得到孩子的尊敬和崇拜。孩子并不会因此感到被忽视，反而更懂得尊重父母的规矩和边界。

孩子们对于自己父母的工作都十分感兴趣。我们班的孩子就曾经对隔壁班的小伙伴们吹嘘：

“我妈妈是个作家，她写很多书！”

“我爸爸是教授，他在实验室里研究恐龙的基因！”

“我妈妈会拍很好看的电影！”

在长期和家长们打交道的过程中，我意识到，比不称职的家长更糟糕的——是太称职的家长。事事都要求做到最好，必然会在其他方面有所牺牲。很多过度奉献的家长，一旦付出没能得到他们想要的回报，心态就容易失衡，开始转而过度控制孩子，这样当然会遭到孩子的抵抗。

我常常劝过度付出的父母“放松一点儿，留些时间给自己”。然而，他们的回答总是：“老师我也明白，可是让我不管孩子，看他什么事都干不好，我心里太难受了。”

追求完美，常常让父母和孩子都疲惫不堪。然而，我们真的需要达到完美父母的标准吗？并不是的。

一位英国教育专家提出了一个新颖的观点。他认为，“good enough mother”（“刚刚好”的母亲）是最好的。以孩子为中心的父母，在费尽心力照顾孩子时，不但婚姻和自我成就不翼而飞，孩子也变得要求更多、更不易满足。他不主张父母给予孩子完美的爱，是因为：

（1）100分的完美父母完全以孩子为生活的中心，能够给予孩子完美的体贴照顾。然而，这种“360度全方位”的包容体贴对于孩子的成长是不利的，类似于“过度保护”。父母的完美照顾，反而抑制了孩子发展自我能力的兴趣。孩子需要把精力从父母身上转移到“自我控制”和“自我满足”这两方面。

（2）父母以合适的方式，适度地表达自己的不满情绪，更能帮助孩子认识到人际交往的边界，从而遵循社会和人际交往的规则。

（3）“不完美”的父母会促使孩子把自我意识从父母身上剥离开来，建立自己自主的独立意识。这对于孩子作为个体的成长是很有好处的。

就像之前我们读书的时候会高呼的口号“60分万岁，多一分浪费，少一分受罪”一样，作为父母来说，“刚刚好的父母”已经是足够好的父母了。一个成熟的成年人，应该懂得每件事和每个人都有各自的界限。我们应该懂得分辨什么是“适度”，什么叫“过头”。人无完人，父母不需要是完美的，孩子也不需要。

那么，从现在开始，就让我们做一个快乐育儿的普通人吧！

母婴关系，甜蜜羁绊和“首次印记”

母亲和孩子的关系，永远是无可比拟的主体关系，从一个生命历程的起点开始，两者之间的血脉羁绊是没有任何因素可以代替的。

医生们常说孕妇需要保持营养均衡和心情愉快，是因为母婴关系的甜蜜羁绊，从胎儿成型就开始了。当胎儿还在母体中，它就能感受到母亲的心跳、思维和情绪，并适当地做出反应了。母亲的健康状况、情绪变化和激素水平的波动，也会反过来作用于胎儿的成长。孕期抽烟、酗酒、抑郁、狂躁，会对胎儿的发育造成不可逆转的伤害。专业人士甚至指出，就连母亲在怀孕时期的情绪，也有可能影响到孩子出生后的性格。

英国的一位儿科医师在他的书中写道：“一个平静而愉悦地度过了孕期的妈妈，生出来的孩子多半是平和的，喜爱安静地伏在母亲膝头，听母亲念故事书……孕期情绪激烈起伏的妈妈，生出的孩子也倾向于躁动不安，追求更多的外界刺激。比起宁静，他更愿意被大人抱起，在他们的膝头蹦跳。”

要充分地理解母婴之间的特殊关系，我们需要进一步理解两个儿童教育发展领域的理论。

1. 依恋理论

还有人以为教育孩子纯粹是学校老师的任务吗？其实真正的教育始自家

庭，从孩子一出生的时候，家庭教育就开始了。“依恋理论”指出，幼龄儿童由于其情感需求和社会需求，需要与至少一名主要照顾者（通常是母亲）形成稳固的依恋关系，否则会造成心理功能和社会功能的不健全。

换句话说，在最初的母婴关系中，母亲对婴儿的回应程度，直接决定了孩子一生安全感的初始值有多高。如果母亲对于孩子的回应度高，充满温情地对待孩子，孩子就能形成安全的依恋模式。这类安全依恋型的孩子，相信母亲是爱护自己的，不会抛弃自己。因此即便是母亲有事短暂离开，他们在短暂的分离焦虑后，也能耐下心自由探索环境，甚至和陌生人互动，平静地等待母亲归来。母亲归来后，他们能够“不计前嫌”，迅速投入母亲怀中，重新建立关系。

和安全依恋型相对的，是不安全依恋，其中包括了反抗型、逃避型和混乱型。如果孩子在幼年时期没能和母亲或他人形成稳固的安全依恋，他们很容易在母亲短暂离开时出现沮丧抑郁、歇斯底里和极度焦虑的表现。在他们心中一直有着被抛弃的恐惧感。因此，当母亲回来后，孩子会表现出愤怒、回避或者冷漠的情绪。

“依恋理论”之所以重要，是因为儿童时期形成的性格会是一生社会化的“首次印记”。安全依恋型的孩子，从他们和母亲的关系中学会了信任，也会将这种安全感延续到将来的人际关系之中，维系好自己的友情、亲情和爱情关系。

2. 婴儿生而寻求无条件的爱

寻求来自母亲无条件的爱，从婴儿出生起就本能地开始了。20世纪有心理学家对此做过实验。研究者发现，在婴儿需要被喂养和爱抚的时候，一旦母亲没有做出即时回应，饿着了婴儿，婴儿会在其后吃奶时通过用力啃咬母亲乳头、大哭和吐奶的方式表达不满，对母亲释放出自己的攻击性。

面对婴儿如此的攻击性，几乎所有的母亲都会对他们不由自主地产生恨意。然而，这恰恰是一种再正常不过的心理反应。父母与孩子最健康的亲子关系，既可以承载“爱”，也能够包容“恨”。无条件的爱与接纳，是婴儿最需要的东西。如果婴儿母亲对婴儿的“攻击性”和恨意进行了温柔的包容，无论孩子怎样哭闹和攻击她，她都持续地给予充满爱意的回应，那么婴儿的攻击行为会很快地平息下来，并渐渐恢复正常。

可惜，总会有一些母亲由于婴儿弄痛自己而产生强烈的恨意，并且无法克制地对婴儿施加惩罚。她们使用暴力打骂的方式，或者故意忽视婴儿身心和情感的需求。在一开始，被母亲惩罚的婴儿会不断哭闹，攻击性会变得更强。过了一段时间后，如果母亲持续那种对孩子的漠然态度，婴儿会渐渐不再哭闹，减少对外界的反应。

有些无知的父母甚至会因此沾沾自喜：看，我的训练让宝宝乖巧听话了。然而，事实并非如此。婴儿停止了哭闹，其实是因为他们已经对于外界彻底失望，知道无论怎样抗议，自己的需求都不会得到回应。为了避免这种失望的痛苦，他们开始选择性忽略外界的信号，转向将注意力集中在自己身上，开始自我封闭。

在这种冷漠的亲子关系中成长的婴儿，会形成不安全的依恋型。在这些婴儿长大以后，几乎百分之百会出现心理问题，例如出现自闭、冷漠，缺乏同理心，认知和语言能力低于平均值，人际关系恶劣等表现。

母婴关系是一种无可替代的甜蜜羁绊，更是孩子最初接触和认识世界的“首次印记”，对孩子一生的人格形成都有着极其重要的影响。因此，希望各位妈妈和准妈妈，都能用无条件的爱和孩子顺利建立情感纽带，成就孩子稳固而健康的人格底色。

爸爸，你去了哪儿：父亲角色意味着什么

“父亲”的角色究竟有多重要，他在孩子世界里意味着什么？

在回答这个问题之前，我们先来看两个现实生活中发生的案例。第一个案例出自国内的亲子节目《爸爸去哪儿》。摄像机忠实记录了几位明星父亲带孩子旅行时的境况和孩子们的反应。某位明星父亲是影视大咖，平时在工作中气定神闲，面对哭泣的孩子却手足无措，最后工作人员不得不介入帮忙安慰孩子。孩子平时见不到父亲几次，不习惯与他相处，所以在节目开始时就一直哭着要找妈妈。那位父亲十分气馁，深深自责，觉得自己平时忙于工作，为孩子和家庭付出的时间太少。

第二个案例来自我身边的一位朋友。他事业发展得不错，只是需要长期出差。他常年在国内国外来回飞行，但他的家人却觉得他并没有在家庭生活中缺席。原因是这样的，这位父亲每次一回家，对家庭生活的参与度都极高。他会让妻子好好歇着，自己开始打扫卫生，把家里收拾得一尘不染，连地板都擦得闪闪发亮。接着，他开车出门大采购，把家里所需要的物品统统补齐，大到替换新的电冰箱和洗衣机，小到卫生纸，一丝不苟地整理好家里的消耗品，购买的量足够支撑到下一次他回家了。然后，这位父亲会带着妻子和孩子去最好的餐厅吃饭。美餐以后，他们还带孩子去游乐场玩耍，也去商场给妻子买精致的礼物。

这位父亲深知自己和家人相处的时间不够，他的弥补措施是在家庭生活中尽可能响应每个人的情感需求，让家人从物质到感情都“吃得饱饱的”。他做的所有事，在他出差时也会持续发生影响，让妻子和孩子感觉到他满满的爱意。比如，孩子走在光洁的地板上，会想到：噢，这地板是爸爸擦干净的，他真的很爱我们。妻子看着家里采购好的日用品，心想：老公都买好了，我不用再辛苦地去超市把这些背回来，真好。虽然这位父亲和妻儿相聚的时间也很少，但家人仍然感觉非常幸福。

为什么父亲在孩子的世界中如此重要？那是因为，父亲是孩子世界中的一名积极的男性楷模，会影响男孩对自我的认识，以及女孩对于未来另一半的择偶标准。父亲和母亲的角色相辅相成，其重要性是彼此所不能代替的。

然而，许多人可能并没有意识到这一点，在21世纪还坚持认为“管孩子是女人的事儿”。有一种说法，说传统的中国式育儿叫作“丧偶式育儿”。这是一种辛酸的自嘲，意思是说国内的父亲在育儿过程中的参与度几乎是零；母亲疲于奔命，父亲则当上了“甩手掌柜”。

这是因为，中国传统的观念是“男主外，女主内”，很多男人认为自己只要负责挣钱养家，任务就算完成了。然而时代在不断发生变化。现在年轻父母的生活压力愈来愈大，一个人出外挣钱就可以养活全家的时代已经悄然过去。现在的年轻一代，通常夫妻双方都有全职工作，共同负担房贷车贷。在这种境况下，要求孩子母亲在工作之余独自承担抚养孩子的责任，未免也太不体恤。

加拿大和美国的“超级奶爸”是非常多的，其中不乏职场精英。可以说，受教育程度越高的父亲，对于自己在孩子生命中的角色就看得越重。他们真心地为亲自养育孩子而自豪。他们认为，呵护家庭，是一份终生的全职工作。爱老婆疼孩子，为伴侣分担家务，是新时代好男人的标准。

在加拿大，许多高大潇洒的父亲在工作中神采奕奕，一下班却忙不迭地赶回家，让疲惫的妻子休息一会儿，自己主动承担照顾孩子的任务。他们平日“威武不能屈”，在家却心甘情愿地低下头弯下腰给孩子当马骑。平时可能并不擅长烹饪，却仍然围着围裙为家人下厨做菜，帮小婴儿调制营养辅食，高高兴兴地给孩子换尿不湿。他们和孩子母亲一样悉心照顾孩子，谁说他们的男子气概因此受损了呢？

周末，再疲惫辛劳，北美的很多父母也会推着婴儿车带孩子外出走走：去公园，去超市，去海边走走，甚至来一次说走就走的短途旅行。

这一直是北美育儿文化中令我很佩服的一点：父母从孩子出生的时候开始，就把他当作了自己生活中的一部分。他们不怕麻烦，愿意带着幼龄的孩子去体验生活，看看世界。

哪怕孩子最后不会记得他去了哪些地方，他会记得父亲和母亲一直在自己身边，从没离开过，和自己共度了许多欢乐时光。孩子会因此感到自己是值得被爱的，感到自己周围的环境是安全的。

总之，育儿和天下所有事都一样，都是一分耕耘一分收获。家长们的付出，也许短时间内看不出来，但长期会有潜移默化的质的飞跃。父亲在养育孩子过程中的投入，是最好的一项人生投资。

父母相爱，是送给孩子的最好礼物

作为一名加拿大的儿童教师，我见过许多来自不同家庭背景的孩子们。他们有的来自精英家庭，父母是律师、医生、首席执行官、银行家、企业家。有的来自中产家庭，父母是金融分析师、教师、会计师、地产经纪、工程师、作家、技术员。还有的来自普通家庭，父母是木匠、水管工、维修工、司机、超市收银员。

这么多孩子当中，你觉得谁的童年会最快乐？

我问过的大多数人都理所当然地认为越是富裕的家庭，孩子就会越快乐。然而，我观察到的事实并非如此。

在我所在的学校，孩子们的衡量标准很简单：谁的父母肯为孩子投入最多的时间、精力，谁就感到最幸福。例如，谁每天都由父母亲自接送，得到了最多拥抱和亲吻？谁过生日时带到学校的蛋糕又大又漂亮，而且是孩子们最喜欢的卡通角色主题？谁常常第一个被父母接回家，而且还跟父母去公园里撒欢儿玩耍？还有，谁的父母看起来总是相亲相爱，每天拉着手一同出现在学校，笑容满面地接孩子回家，那个孩子就会成为所有同龄人羡慕的对象。

彼此相爱的父母，会创造出稳定温馨的家庭环境。由于父母彼此深爱着对方，在孩子面前起到一个好的楷模作用，让他清楚看到真爱的样子。孩子由此信任这个世界，相信生命是美好的奇迹。这种平静愉悦的家庭氛围，给孩子带来的安全感和幸福感是最高的，比昂贵玩具、奢华衣物都重要得多。

彼此相爱的父母，能身体力行地传达一种观念，即家庭的核心关系首先是夫妻关系，然后才是亲子关系。孩子会在父母的相处模式中无形中学会如何与别人相处，要怎样寻找适合自己的另一半，如何去自我尊重和爱护伴侣。所以我们才说，父母彼此相爱是给孩子最好的礼物，因为他们教会了孩子自爱。

孩子是天生的“情绪感知者”。如果父母之间的关系很差，哪怕他们精心掩饰，相敬如宾，也能被孩子发现，孩子嗅一嗅就能明白。最伤害孩子的，不是和平分手的离异父母，而是整日相吵相骂、将孩子夹在当中当枪使的一对怨偶。最令孩子痛苦的一句话莫过于：“要不是为了你，我早就和他离婚了！”

父母之间的不和很容易影响孩子，让他们觉得：“爸妈关系那么差，都是因为我不好。我是个无可救药的坏孩子。”得不到自我认可，孩子会日益变得自卑，对身心发展都是极其不利的。

那么，怎样和伴侣一起建立最适合孩子成长的家庭氛围呢？做到下面这几点很重要。

1.“公正”与“尊重”的家庭氛围

家庭成员是人人平等的，父母和孩子，谁也没有高人一等。孩子也是家庭成员，也有发表意见的权利。同时，父母不需要一味地为了配合孩子而牺牲自我，他们的私人生活也应该得到保障。

父母需要了解孩子眼中的世界，鼓励他们去追求自己真正想要的东西，而不是试图帮助孩子解决所有问题。过度保护，意味着父母正在将孩子培养得“无能”。

就像侍弄花草一般，适度监管的“放养式育儿”就比温室里的“包办式育儿”要好得多。要知道，所有按照园丁喜好被随意扭曲成古怪的形状的植物，最后都不过变成了一株株精致的盆栽，从来都长不成参天大树。

相反，如果给予孩子足够的爱和自由，支持他们以自己的方式发展，他们能够成长得更健壮、更坚韧。

2. 父母要说话算话

斯坦福的“棉花糖实验”告诉我们，生活在物质丰裕、感情稳固的家庭中的孩子，更能抵御短期的诱惑，争取长期的最大利益。

为了培养出这样一种“沉得住气”的孩子，父母需要说话算话，每一次都能遵守自己对他人的承诺。父母平日的“一诺千金”，往往能让孩子更有长远眼光，更具大局观念，也能得到更多来自世界的机会。反之，那些乱开“空头支票”的人，平时爱撒谎、耍小聪明，短期内看来似乎占了便宜，但从长远来看一定会吃亏，得不偿失。

3. 共同承担家务

一位父亲常年出差不在家，他的家庭关系却经营得非常好。他每次回家，不是瘫在沙发上看电视，而是会做三件事：一是打扫卫生和购物，二是修缮家里所有坏了的设备，三是花时间陪伴妻子和孩子，全家一起欢度一段颇具“仪式感”的时光。

这位父亲身体力行地教会了孩子，家务不是母亲一个人的职责，是全家人共同承担的义务，客观上减轻了妻子的负担。爸爸带孩子一起帮助妈妈做家务，这是最有利于家庭和睦的共同活动了。

4. 相互肯定的“赞美疗法”

父母要明确，彼此的夫妻关系是第一位的，然后才是亲子关系，平时就要帮助对方维护好在孩子眼中的形象。

在这一点上，演员刘烨的法国妻子安娜就做得很棒。平时刘烨常常在外拍戏不在家，孩子们很长时间才能见一次爸爸。每当刘烨回来时，也常常是在睡觉，很少有机会和孩子们相处。安娜为了告诉孩子爸爸对家庭的贡献，她常常会带孩子们去探访在拍戏的爸爸，并告诉孩子们：“爸爸很爱你们。

他工作得那么辛苦，赚钱给我们，我们才可以有现在的生活。”就像安娜一样，父母应该在孩子面前肯定彼此对家庭的贡献，为孩子做出一个好的榜样。

孩子们的世界很纯粹，他们最清楚自己需要的是什么。金钱能带给孩子们的幸福感有限，因为温情和陪伴是无价的。只要家庭中的亲人彼此相爱，愿意陪伴孩子一同温馨成长，那就是他们送给孩子最好的礼物。

孩子在童年时期，可以不懂得ABC，不懂数学和第二语言，但他们一定要懂得爱。学会爱，爱自己，爱父母，爱这个世界。总之，父母彼此相爱，并身体力行地教会孩子怎样去爱，就是在我眼中最好的家庭教育。

孩子与父母的“相互投射”

一位母亲对我说，实在不知该怎样处理自己和养女的关系才好。她的大女儿不是自己亲生的，因为她和丈夫早年查出不孕，遂去孤儿院领养了一个一岁多的女孩。当大女儿长到5岁的时候，她惊喜地发现自己竟怀上了孩子，于是就有了亲生的小女儿。

两个孩子后来都进了学校。这位母亲发现，亲生的小女儿和自己小时候一样，理解力很强，轻轻松松就成为学霸和老师的宠儿，平时待人接物也很懂礼貌。领养的大女儿呢，不仅成绩不好，在学校爱和老师同学吵嘴，在家还特别喜欢欺负妹妹，让她头痛不已。她花大价钱为养女请家教，希望养女能好好学习，而养女却气走了一个又一个的老师，整天胡混日子，把母亲气得不行。

随着两个孩子的差距越来越大，这位母亲和养女的关系也日益僵化。她问：“我一向对两个孩子一视同仁，也没有告诉过大女儿她是收养的，对她甚至还操了更多心，可她怎么偏偏就那么不争气？”

我在回答这位母亲的问题之前，先和她分享了一个我平时和孩子打交道时发现的现象：孩子和父母之间，也有磁场般的“动态投射”，相互影响、相互塑造、相互成全。

通常情况下，父母期盼孩子是什么样子，他就会渐渐成为什么样子。然而，并不是每一对父母子女都能节奏合拍。亲子关系良好的家庭，随着时间推移，成员间的关系会愈来愈好；亲子关系不太融洽的家庭，关系则会愈来愈糟糕。我们时不时会遇上满腹牢骚的父母，抱怨自己含辛茹苦地养大了个“冤家”，比如母亲和养女的故事。

事实上，在多子女家庭，孩子们之间确实存在着彼此竞争的关系。每个成长中的孩子都有“身份危机”，他们追求的，是比兄弟姐妹获得更多来自父母的关注和资源。这就意味着，他们各自都需要在自己选择的领域成为佼佼者，从而巩固自己在家庭中的地位。例如，当一个孩子已经成功占据了“乖巧”的标签，另一个孩子就不太愿意在此方向上继续努力了。他很有可能会去寻求一种反向的身份，例如刻意地把自己变成“淘气包”，以让父母头痛的方式获取关注，向兄弟姐妹们宣示自己也是家庭中不可取代的一部分。

以前面两个女儿的案例来说，是个很典型的多子女家庭中孩子和父母的相互投射现象。大女儿不擅长学习，她沮丧地发现，自己不管怎么努力，都没法在学习成绩上超过妹妹。她还发现，母亲明显更欣赏妹妹的头脑，和妹妹在日常生活中也更合拍，这一点让大女儿加倍警惕，她意识到自己在家里的地位岌岌可危。

遗传基因很奇妙，父母和亲生的孩子往往很相似，不仅仅是外表，还有脾气和气质。因此，在母亲和女儿基因的相似度上，被领养的大女儿怎样也不可能超过妹妹。尽管她对此并不知情，但那种“不被母亲欣赏”的失落感，无论如何都会为她带来心灵伤害。因此，大女儿唯一能想到的自我保护的方式，就是完全走向妹妹的反面……

“你成绩好，我就故意放弃学习，这样你就不能打败我。你越是乖巧，我就越要淘气，这样母亲会给我更多的关注，正面负面的都无所谓。哪怕放弃自己的前途，我也一定要让母亲看到我，这样我就赢了你。”

大女儿本身，未必意识到自己出现了这类心理活动，很多时候都只发生在潜意识中。但这种思维，并不是积极健康的。

在一个多子女家庭中，孩子们之间的关系是复杂的，既有亲情联结的同仇敌忾，又夹杂着竞争，还有对父母注意力的争夺。为了让孩子们都拥有积极健康的心态，父母一定要善于平衡，注意以下几点：

1. 一视同仁，不要厚此薄彼

家庭环境下的“公平”，不是说家长要事无巨细地对两个孩子一模一样，而是从态度上一视同仁，不要厚此薄彼。要让孩子明白，尽管他们各自有不同，可是在父母眼中都是无条件被爱的。相信自己无条件被爱的觉悟，是孩子最好的滋补品，能滋养孩子的心智，激发他们最好的潜能。

2. 个性化教育

家长一定要鼓励孩子们去干自己最喜欢和最擅长的事，帮助孩子们明确只属于自己的目标。因为自己喜欢的怎么都能坚持下去，而不喜欢的，怎样逼迫都难以坚持。如果孩子还没找出自己的兴趣点，那么就鼓励孩子在小的时候，就对不同的领域都试试看。

当那位母亲意识到大女儿有自卑又自傲的心结，就应该想办法帮助她克服这种心理障碍。如果大女儿确实不是适合走学术路线的孩子，母亲也可以启发她去尝试一条新的路线。

3. 正面教育

孩子在不断长大，变得强壮，他们不再随时需要来自父母的保护。孩子在成长中逐渐主动地与父母进行心理上的分离，开始建立自己世界的边界感。此时的父母可以积极配合孩子重新定义彼此之间的关系，减小控制，更多地给予孩子“掌控权”。这个时候，“正面教育”就变得尤为重要。

英国的儿童心理学家温尼科特说过：最好的育儿模式，是妈妈对养育自己孩子的天然自信。其实家长们不需要盲从育儿专家的意见，可以凭借母性和父性本能去养育孩子。通过对孩子深刻的爱和理解，每个人都有能力把自己变成养育孩子的专家。

最后，家长能够给孩子的最好的爱，就是“懂得”和“以身作则”，为孩子创建一个愉悦的家庭动态投射。

对于大女儿来说，她需要克服自己对于妹妹的嫉妒心。对于母亲来说，她需要克服自己对于大女儿的偏见，去欣赏一个和小女儿完全不同的个体。母亲应该明白并不是每一个人都需要当上科学家，从学业上证明自己。他们还可以成为艺术家、运动员、设计师、歌手、小说家、赛车手、演说家、美容师……

毕竟，人与人是不同的，每个人有自己该走的成长之路，没必要攀比。精彩的人生，始于一个人开始找到属于自己的世界。

父母楷模的力量：给孩子一个努力的理由

我还记得，小学五年级的时候，班主任安排我和一个瘦小沉默的小女孩菲菲（化名）同桌。那位班主任人很热心，私下找我谈话：

“菲菲成绩太差，家庭环境也不好，你尽量多帮帮她。”说罢，叹了口气。

我对那位沉默的同桌产生了兴趣，于是花了一个多月和菲菲分享小零食，终于和她混熟。有一天，菲菲对我讲起家里的情况：妈妈年纪轻轻就下了岗，只好东拼西凑地弄些本钱做点儿小生意，夏天卖冰糕，冬天卖茶叶蛋，勉强养家糊口。爸爸什么也不干，到处溜达找人打牌，偶尔还赌博（第一次从菲菲口中听说“赌博”这个词，着实把我吓了一跳）。两人都没空管她。每天放学回家，她都面对着冷锅冷灶，饿着肚子发呆，直到疲惫的妈妈回家。

菲菲的爸爸妈妈还时常打架，她看得已经麻木。她对我说：“有一次，爸爸揪着妈妈的头发往墙上撞，吼她怎么不去死。”

“那你怎么办啊？”我义愤填膺。

菲菲用一种淡漠的语气说：“我也没少挨打。真奇怪，他们不想要我，干嘛要把我生下来。”

我哑口无言，一句安慰菲菲的话都找不到。想了半天，我告诉她：

“来，我来告诉你这道题目怎么解。”菲菲笑了，可我心中一阵难受。小小的我不够有力量，不知道她生活的难题该怎么解。

我们这一代，从小就天天听来自长辈的“忆苦思甜教育”。长辈对孩子们说的话，家家户户都差不多，常听到的有：

“我小时候，可没有你这样的条件……你真是身在福中不知福啊！”

“我们这一代也就这样了，可你一定要有出息！”

小时候的我甚是困惑。什么叫有出息？为什么一定要有出息？甚至有些家长自己的工作生活都不算努力，却要求孩子拼命努力，那又是为什么？

长大以后，我在加拿大当上了儿童教师，越发意识到了那些说辞毫无意义。学校老师的作用固然很大，但孩子的原生家庭中父母是什么样的人，对于孩子的影响才是决定性的。孩子是从父母的行动而不是语言中学习的，他们更关注的，不是家长怎么说，而是家长怎么做。父母是怎么样的人，孩子也会在很大程度上受到影响。

孩子在幼年性格形成的关键时期，和父母相处的时间是最多的，也会不自觉地模仿父母说话的口吻、思考问题的方式、待人接物的态度，等等。

如果真心希望孩子成功，那么父母一定要发挥积极的“楷模作用”。乐观勤勉的父母，很轻松就培养出了积极向上的好孩子。至于那些自己不肯努力，却通过打骂逼迫孩子上进的父母，即便再怎么重视孩子的教育，也始终不得要领。

如果希望孩子做个有梦想的人，就不要放弃自己的梦想。

如果希望孩子做个正直诚实的人，就不要钩心斗角、黑白混淆。

如果希望孩子做个整洁爱干净的人，就要先从自己做起，把家居环境打理得宜居。

如果希望孩子讲礼貌有教养，就要先从自己做起，别一言不合就发火。

如果希望孩子做一个让我们骄傲的人，那么，请自己先做一个让孩子骄傲的父母。

我在教学工作中，观察到不少海内外的优秀父母，身体力行地成为孩子眼中的好榜样。总结一下，他们都做到了以下几点。

1. 自我认可

父母对自己具备坚定的信念，认可自己的价值，对人生有所追求。他们不会一味牺牲自己，而会在满足孩子的需求之前，也考虑个人生活的平衡。父母双方，都是正直、积极、快乐的人，他们能带领孩子一起，主动去创造家庭中轻松愉快的氛围。

这样的父母能够接纳自身的不完美，对情绪都有清晰的自我觉察。他们能理解作为父母的角色是复杂的，不仅有对于孩子的爱，也一定会有挫败、愤怒、厌恶等负面的情绪，对此他们理解并接纳。

2. 情绪稳定

人人都知道，育儿过程中的情绪稳定很重要，却很不容易做到。生活压力和戾气无处不在。当父母随时都能维持理性、冷静和客观，合理地应对生活中的危机，就已经成为孩子最好的榜样。

一旦父母充分展现出自己的价值观和其他美好品质，对生活充满信心时，孩子也会耳濡目染，出色地观察模仿这一切，学会控制情绪。

因此，家长以身作则，做最好的自己，就是对孩子最有力的教育。

3. 优势理论

有智慧的父母懂得适时赞美和鼓励孩子。

在北美的儿童教育理念中，我们常常提到的一个概念叫作“优势理论”（Strength-based Perspective），意思是我们应该注重鼓励儿童发挥个人优势，而非贬损他们的个人缺陷。我们应该把注意力集中在孩子的优点上，帮助挖掘出他自己都没发现的闪光点，为他的每一个进步鼓掌喝彩。

最后，儿童教育是个长期的过程，就像春风化雨、润物无声。成功的标准只有一个——让孩子按照自己的方式，去幸福地度过他们的人生。每个孩子的天赋和兴趣点都不同，但他们一定都有发自内心的热情。作为父母，能够让孩子身心健康发展，尽早地意识到自己想成为什么样的人，以什么样的技能谋生，并持续不断地为之奋斗，这就是家庭教育最大的成功。

最重要的人生使命：适时与孩子“划清界限”

我在加拿大从事儿童教师工作的第四年，发生了一件事让我深有感触。

当时我在温哥华的一所大学里的早教中心工作，负责照顾2～3岁的孩子，他们大部分是本地白人，大概有四分之一是华裔。新来的孩子们都是初次进入幼儿园，自然会哇哇大哭，我们整天忙着安抚他们。一个月过去了，大部分孩子已渐渐习惯了学校的生活，早晨和爸爸妈妈说再见时也不再哭了。可是，班上那三四个华裔孩子始终不接受老师的安慰，每天早晨被送到幼儿园时如同上刑场，哭得快晕过去了。孩子的家长焦虑不堪，老师们也觉得很挫败。

我的猜测是，也许幼儿园这个新环境和孩子们在家里的环境差异太大，拥有不一样的语言、饮食、亲子互动模式，导致孩子们更难以适应。于是，我花了不少时间去和那几个孩子的家长交流，观察汇报孩子在幼儿园的日常，想进一步了解他们的家庭生活。

我发现，华裔父母，尤其是新移民父母，对待孩子的方式确实和北美家长有着很大的不同。最大的差异，主要在“和孩子分离”这件事的态度上。让他们在适当的时候放手，让孩子独立自由地发展，最不容易。

与华人家长相比，加拿大本地的白人家长是比较“心大”的。他们的态度往往是：

“宝贝儿，你该上学了——去吧，再见。”

虽然他们的孩子也会哭闹，可是爸爸妈妈只是冷静温和地告诉他们：“我们要上班了，不然就要迟到了。下午会早点儿来接你，爱你哦宝贝！”

然后，父母不由分说地亲亲孩子的脸蛋，就头也不回地离开了，看起来一点儿都不担心孩子的样子。他们的孩子哭了一小会儿，试图让爸爸妈妈看见自己的委屈，却发现他们早已离开。孩子意识到“看来我必须得暂时待在这里了”，再加上老师们温柔的安慰，他们很快就止住了哭泣，专注地投入到幼儿园的新环境中。

如果父母能成为冷静温和的好榜样，他们的孩子要适应新环境也并不困难。因为家长的轻松心态，无形中给了孩子信心，他们相信自己能够接受新环境，在学校中找到快乐。

至于那几个哭得停不下来的华人孩子，无一例外都拥有高度焦虑的父母。其中一个小姑娘的妈妈每天送女儿上学时都要抹眼泪，和孩子抱头痛哭，长时间在走廊上流连不去，偷偷探头查看女儿的情况。小姑娘本来快好了，一扭头看见妈妈恋恋不舍的脸，顿时哭得更厉害。最终，在老师的善意劝阻下，妈妈终于一步三回头地抹着眼泪离开了。还有一位父亲，因无法忍受孩子大哭的样子，老是悄悄地玩消失。他把孩子带进幼儿园，每天都信誓旦旦地承诺孩子说爸爸不会走。但他老是趁着孩子一转头的工夫就溜走，不告而别。孩子选好玩具，过来找爸爸，发现他又一次消失了，又愤怒又难过，于是伤心地痛哭起来，老师怎么哄也没有用。

于是，孩子再也不相信爸爸的话，每天早晨都紧紧攥着他的衣角，不听任何人劝说，一旦父亲离开就尖叫着号啕大哭。

初次为人父母，有些人对于“和孩子分离”这件事的焦虑感是很严重的。他们自己内心的安全感都没能建立好，更别提用冷静的态度去安抚孩子了。归根结底，这类家长对孩子的依赖心，也许比孩子对父母的依赖心更重。

其实，无论是父母欺骗性地不告而别，还是过于缠绵地流泪和依依不舍，都不是理想的和孩子分离的方式。这些表现是在告诉孩子：“分离”是可怕的，是不可接受的。这个新环境不安全，孩子需要父母的保护，否则会造成严重后果。

怎样和孩子说再见的方式才是最有效的呢？

我们试验过的最好的告别方式，是在平时和年幼的孩子不断地演练怎样好好地说再见。

例如，爸爸妈妈偶尔出去看场电影，把孩子托付给一个可靠的朋友照料，事先告诉孩子“爸爸妈妈会离开一小会儿，但我们会回来的，因为我们爱你”。孩子也许会不开心，甚至大哭，但父母要温和坚定地和孩子说再见，然后按照约定好的时间回来，并给予孩子拥抱、亲吻或者小礼物作为奖励。类似这样的事情多演练几次，时间间隔可以慢慢拉长，让孩子渐渐习惯并理解，原来爸爸妈妈也有自己的生活。孩子相信父母爱自己，一定会回来的，这种信念可以帮助他们克服最初入学时的分离焦虑。

如果要用一句话概括北美父母的育儿观，那就是“帮助孩子成为他们自己，活出他们真正的幸福”。对于一个孩子而言，教育最大的成功，不是让他绝对听话、孝顺和绝对服从，而是要让他有能力过上自己想过的生活，担得起“成为自己”的责任，而不是软弱无力地全然依靠在父母身上，指望父母为自己的人生负责。因此，家长最重要的人生使命之一，就是要适时和孩子“划清界限”。愈是让孩子早独立，对他们的发展愈有好处。

有远见的父母，会克服自己内心的不舍，在恰当的时间和孩子适时“划清界限”，退后一步，鼓励孩子去拥有自己的小世界。他们鼓励孩子自己走向他们该去的方向，因为他们明白，“分离”是成长的必经阶段，每一个独立个体的人生之路终需自己走完。

北美家庭为什么盛行“道歉文化”

北美的幼儿教育理念从建立以来，一直不断更新。北美家长在育儿方面也走过不少弯路。

例如，19世纪时北美家长信奉“打是亲骂是爱”，相信严厉教育才能使孩子成才，在冤枉孩子以后也坚持维持家长的权威，哪怕内心充满内疚，也绝不道歉。

20世纪的北美家长，很多人追捧“哭声免疫法”，在孩子大哭时不理睬，让孩子哭累了自己停止。他们坚信孩子的性格像陶土一样，可以任由养育者搓圆捏扁，只要硬下心来，按图索骥地“教养”，就能得到一个乖巧的好孩子。然而，随着儿童教育领域的不断发展，“严厉教育”和“哭声免疫”的理论早已被全然推翻，证实了它们对孩子的身心发展极度有害。提出“不要拥抱你的孩子”的那位教育家，自己的好几个孩子都无一例外地变得自闭和抑郁。追随者们幡然醒悟，痛悔过去自己在孩子身上犯下了多少无法弥补的错误。

目前在北美的儿童教育领域，对待孩子要比以前温和理智得多。家长们常常会提起的两句话，我认为颇有道理。

第一句话是“勇于向孩子道歉是家长最伟大的举动”。

一位美国父亲在和3岁女儿开玩笑时，不小心惹恼了女儿，小姑娘又是撇嘴又是跺脚，“哇”的一声大哭了起来。有的家长可能会生气地训斥孩子“怎么这样小气，开不得玩笑”，然而这位父亲没有这么做。

他马上就对女儿表达了他的歉意。首先，父亲蹲了下来，平视孩子的眼睛，温柔地低声说：“宝贝，我看得出来你现在感到非常生气。我知道可能你是因为我的某些行为而不高兴了。你能告诉我是错在哪里吗？”

小姑娘抽抽搭搭地哭着说：“我不喜欢你叫我小傻妞。”

这位父亲笑了起来，说：“原来是这样。对不起，宝贝，我向你道歉，如果你不喜欢，以后我不会再这样叫你了。不过，你也要明白，这只是一个玩笑，我并不觉得你傻。你知道，有时候一家人会互相开开玩笑的，这无伤大雅，对不对？你记不记得上次你也叫我‘傻脸’来着？”

小姑娘冷静了下来，点点头，抹干眼泪不再哭了。于是，父亲温柔地把她拥在怀里，说：“这就好了，在你非常生气的时候，想发脾气或者哭都是可以的。我仍然爱你，永远都会爱你的。不过，在你发脾气的时候，我还是希望你可以像今天一样，冷静下来告诉我发生了什么事，这样我就能够帮助你了。现在亲我一下，好吗？”

小姑娘破涕为笑，亲了父亲的脸，两人又嘻嘻哈哈地玩去了。

其实，孩子在感情受到伤害的时候，真正想感受到的是来自家长的认错态度。聪明的家长懂得及时道歉，和孩子修复关系，不摆谱。真诚的道歉，并不是一句“对不起”就可以敷衍了事，道歉的诀窍是要看着孩子的眼睛，态度一定要诚恳。首先回顾发生的事情，然后对孩子解释自己行为的原因，接着对孩子表示歉意，最后提出弥补的办法。

第二句话是，“孩子需要的是无条件的爱”。

不要相信所谓“严厉的爱”和“有条件的爱”。“有条件的爱”最大的特征就是家长心目中有个理想化的孩子模板，导致他们看不见现实中的孩子，只希望孩子能够改变自己去适应他们。唯有套进他们理想主义的模板之中的孩子，才能得到他们的宠爱。

成长在这类环境中的孩子，小小年纪就学会了察言观色去讨好大人，真的很可怜。

“无条件的爱”则不同，它认可每个孩子的个性都是独一无二的。秉持这种教育理念的家长，会认识并接纳孩子真实的一面。他们的孩子能体会到：哪怕自己不完美也会深深地被喜爱，所以他们会感觉幸福，有安全感。

“无条件的爱”能够接纳孩子们在不同文化背景和先天条件下表现出来的差异。

例如，中国孩子的情感更加内敛，更重视规则，对他人的警惕性比较高，比较怕生和害羞；北美孩子则比较活跃、对于活动的参与度更高，对他人戒心比较低，对着陌生人也能侃侃而谈。一个好的老师和家长，不会认为哪一种孩子更优秀，而会最大化地激发孩子们的优势。只有我们愿意给予“无条件的爱”，客观地承认孩子们之间是有差异的，才能更清晰精准地根据他们的性格来设置教学活动，辅助他们更好地成长。

身为家长和教师，我们也需要不断学习。我们必须尊重孩子也是一个有感情、有思想的人，他们需要理解，需要被倾听，需要我们的宽容和我们犯错之后的道歉。聪明的家长承认自己也会犯错，及时主动道歉会让亲子关系更加和谐融洽，孩子们也因此学会了怎样面对争端，积极地解决问题。

接纳自己和孩子的“内在小孩”

我在国内的家长朋友们常常讨论的一个话题：钱越赚越多，房子越换越大，可我为什么还是空虚和抑郁？那些国外的普通人什么都没有，为什么一个个看起来还那么开心？

心理学家早有研究证明，物质水平的丰裕程度，并不直接和幸福感挂钩。相反，一个人能否照顾好自己内心的需求，直接决定了他的幸福感有多强。

其实，每个人的内心之中都住着一个“内在小孩”。有些人的“内在小孩”一直被妥善地照顾着，得到了充分的滋养，长得高大强壮，笑声响亮，健康又快乐。另一些人，他们的“内在小孩”营养不良，长期处于被忽略的边缘。可这些人并没有余力去聆听“内在小孩”的哭声，因为他们要挣扎着活下去就已经竭尽全力了。

毋庸置疑，幸福的家庭更容易成就一个人。当一个孩子从来没有充分地做过“孩子”，他的某一部分也无法完全地成长为幸福而独立的大人。这样的人身上通常会出现各种大大小小的问题，例如焦虑症、脆弱的自尊心、拖延症，或者完美主义。

以前我曾在一份工作中认识了一位小朋友。他长得瘦瘦小小，总是流露出一种哀怨般的神情。他情绪敏感，稍有不如意就会拒绝和人交流，一个人埋首低低地啜泣。大到和小朋友抢玩具，小到午餐不合胃口，都能让他郁郁寡欢一个多小时。

即便老师们轮流照顾他，无比耐心地问他为什么难过，他也只是哭着摇头，什么也说不上来。

我和同事讨论过这个问题，同事很困惑地说："我真的不明白。他的家庭毫无疑问是个幸福家庭，父母有学识并且彼此相爱，每天亲自接送，物质条件优越，每周末全家开车去旅行……而且他哥哥从不这样。"

这句话让我很在意，让我觉得似乎在哪里听过。仔细想想，原来这孩子的父母也曾多次当着我们的面对他说过这句话：

"别闹了，你哥哥从不这样。"

对于敏感的孩子而言，这句话的杀伤力很强，等同于在说："你够了啊。你哪里都比不上你哥哥。遇到事情就知道哭，一点儿用处也没有。"

当他大哭的时候，父母会晾着他在一边，让他哭个够，然后冷淡地告诉他"说了不行就是不行"。他们信奉的教育哲学，是面对孩子的脾气时应该坚守父母的立场，这一点上他们做得很好。

可是他们忘记了，在父母坚定立场的同时，对待孩子的态度还应该温和，温柔聆听和共情，给孩子的"内在小孩"一个自我展露和被接纳的机会。然而，这对父母对于孩子哭泣的反应，不是"理解"和"共情"，而是把他的情绪整个屏蔽，扔到一边，寄希望于用"科学化管理"将孩子的负面情绪压下去。冷静有余，但温情不足，养育孩子如同解一道方程式：我们给予了你充分条件A，外加你正面临着环境B，得出的结论有且应该只有一个C。这是唯一正确的答案。你怎么能给我们D作为回答呢？我们只接受得了答案C，不接受答案D。你看，你哥哥从不这样，他总能给我们想要的答案。

其实，孩子那个优秀的哥哥也未必"从不这样"，也许他只是更早地发现了与父母相处的原则，并完美地扮演了父母希望看到的样子。为了求证，我去找他哥哥从前班上的老师聊了聊，果然哥哥小时候也非常敏感，表现得和现在的弟弟如出一辙。

孩子未必是在父母觉得“值得哭”的事情上才想哭，他们只是纯粹地因为受到了心灵伤害而伤心难过。个体感受被无视的孩子，在成长过程中会不断地讨好父母，按照父母的喜好去打造一副精致的“面具”。更糟的是，他会持续地否认自己的感受。作为一个敏感的孩子，他感受到自己并不符合父母心目中的高标准，父母内心的失望会很轻易地投射到孩子的身上，让他自卑，甚至憎恨自己。孩子内心独一无二的感受没有被认可，会让他觉得自己不值得父母无条件的爱，他的“内在小孩”会一直都处于被压抑的状态。

当然，我们不能永远以最高标准来要求父母，因为我们心中多少也有不完整的地方，也积存着许多过往的伤害：也许在童年没能被妥善地对待过；也许从小就被“完美主义”的父母挑剔和嫌弃；也许从未得到足够的来自父母的温情。种种原因，导致我们对自己持怀疑的态度，逐渐把自己曾忍受过的挑剔和不信任传递到了孩子身上。

即使是最优秀、最尽责的父母，也会有犯错的时候。在他们所犯的错误中，占比重最大的就是“我这都是为了你好”。当我们把自己摆在了一个“父母和老师永远正确”的位置时，我们其实是在回避孩子所面对的现实，一再隔离孩子与他的“内在小孩”之间的联系。

想让我们的“内在小孩”健康成长，为我们自己和孩子的人生带来快乐，“无条件接纳”必不可少。我们不仅要接纳自己，也要接纳我们的孩子是会犯错误、有时候小心眼儿、偶尔会闯祸的不完美个体。孩子们需要的其实并不多，承认孩子的感受，无条件接纳他们，他们会感受到内在的滋养，一定可以做得更好。

Chapter 6

北美中产精英，如何应对育儿挑战

北美父母都不溺爱孩子？你可千万别上当

通过和国内家长的交流，我发现大家对于北美的父母有一些普遍误解。例如，大家认为北美家长养孩子很轻松，孩子到了18岁就被“扫地出门”，让孩子打工自行储备学费，自力更生。还有，北美家长不溺爱孩子，也不强迫孩子一定要成才，只要孩子活得高兴就好……

国内父母根据这些传言而得出了结论，一派说养孩子就应该像北美父母一样搞“素质教育”，让孩子从小懂事、独立和能干，以后在社会上才有竞争力。另一派认为，还是咱们传统的中国父母更负责，北美父母啥都不管，实在太狠心了，家长没能尽到照顾孩子的义务，孩子个个都是苦哈哈的小可怜，难怪亲子关系冷漠，家庭关系中缺乏人情味儿。

其实，这两种结论都是我们对于北美教育理念的误读。真正北美中产阶级的育儿模式，介于“甩手不管”和“事事操劳”中间，没有我们想象中那么极端。

北美家长也和中国家长一样，饱受育儿焦虑的折磨。广大的中产阶级在孩子教育上的投入，也并不比中国家长来得少，越是高收入的家庭越是重视教育。北美家长也很爱孩子，只是他们爱的表现方式和传统的中国父母不同。北美父母对孩子的控制欲没那么强，很少有人要求孩子一定要怎样。但是，他们也会竭尽全力为孩子创造条件，帮助孩子健康成长，顺利地走上社会，取得更好的竞争力。

下面就以我的现实见闻，来为大家做个简单的北美育儿理念分享吧。

1. 教育，仍是孩子成才的“康庄大道”

北美家长也会为孩子铺设好一条“成才之路”，只是方式和我们不同。我们国内的家长拼命赚钱买学区房，想办法帮孩子办理“高考移民”或者名校特招生，而北美有条件的家长，则选择让孩子一路都上有“贵族学校”之称的私立学校，那笔教育费用自然也非同小可。

我目前供职的早教学校地处温哥华，也是一所挺有名的私立早教学校。学校教育的目的就是让尽量多的孩子在5岁以后能考上加拿大顶尖学校的学前班，然后一路直升私立小学、私立初中、私立高中，最后大学再考取本国名校，或者美国常青藤盟校。这些名校的毕业生大概率上会找到不错的工作，从此走上一条“康庄大道”。

正因为有志于此的家长太多太多，“望子成龙”的北美家长们也压力巨大。本地私立幼儿园的竞争是异常激烈的。通常录取比例低于10：1，意味着每一年每一所名校都有200多个孩子竞争不到20个学位。

我曾经问过我们班的一名家长：“您的孩子这么聪明，我相信她即使去了普通的公立学校，也会同样出色的。为什么非要送去私校不可？”

那位家长告诉我，能否进入私校，本身就是对家庭阶层和资源的一次筛选。他希望子女将来成为精英，就要让孩子从小有目标、有规划，多和精英家庭的孩子共处，向他们学习，从小就习惯这种竞争激烈的氛围。

2. 北美家长溺爱孩子的方式

可怜天下父母心，在物质方面溺爱孩子的行为，在新手爸妈那里十分常见。这一点上，北美家长和华人差不多，认为除了教育问题，孩子的物质享受也绝不能马虎。为人父母，都是很痴心的，是为了孩子付出最好的一切，有时甚至忽略了自己。

在我以前的工作中，我认识了一位加拿大本地的白人妈妈安娜（化名），身材高挑，衣着时髦，不仅颜值高，职位好，而且在对于孩子的照顾方面也几乎每一点都做得无可挑剔。她对孩子的饮食十分精细，从水果、蔬菜到牛奶全部选择最昂贵的有机食品。

有一天，安娜因为太忙了，忘记带孩子的午餐。她到了学校才发现这一点。安娜的女儿丽娅（化名）马上生气了，开始抱怨起来："我的鸡胸肉和酸奶，我的三文鱼……"

安娜内疚极了，自责道："对不起宝贝，我是个坏妈妈。"

我心想：可你真的是个很称职的妈妈啊！只不过一时疏忽了而已，有什么要紧的？于是安慰道："没关系，安娜，我们这里有吃的。我可以给她准备学校午餐，我们有吐司、奶酪、鱼柳和黄瓜，没问题的。"

可是安娜很不放心。她不担心丽娅在学校吃饭的营养问题，她担心的是女儿吃不到喜欢的食物，会让她一整天都不开心。结果，安娜在饭点专门向公司请假，把自己的午餐送了过来。

小姑娘丽娅心安理得地享用着妈妈的午餐，一点儿也不在意妈妈还饿着肚子。安娜终于松了口气，说她会在回公司的路上随便买点儿什么吃。就这样，她午休的一小时完全"报销"了，可是她甘之如饴。

现在，你还以为北美父母和中国父母有着那么大的差别吗？

当然，由于北美的社会体系和对儿童早期教育的研究比我国早了许多年，他们仍然有很多地方值得我们借鉴与学习，我在后面的文章会详细讲到。

闹哪样？精英父母也能打孩子吗

北美家长一向以“民主教育”闻名于天下。出乎大家意料的是，其实他们也为了是否可以体罚孩子而彼此争论不休。

有一则北美家长圈里都在传的笑话：一位美国妈妈带孩子到中国旅行。孩子因小事在机场吵闹不休，妈妈怎么哄也哄不好。最终妈妈恼火了，对着孩子嚷嚷起来：

“你给我听好，马上给我停止！现在我们可是在中国，我可以揍你了！”孩子瞬间噤若寒蝉，后面的旅程一直都乖乖的。

类似的故事还有许多。

前段时间在美国佛罗里达还发生了一件事情。一个12岁的孩子在家屡屡惹是生非，不服管教，对父母大声叫嚣：“你不能打我，你敢打我，我就报警！电话号码我都背下来了！”她的父亲大为恼火，于是打电话报警，要求警方来家中协助“教育孩子”。警察迅速赶到现场。父亲要求警察监督自己打孩子，以确保自己打得适度，不会触犯法律。于是孩子哭喊着，在警察的监督下，被父亲按在膝上打了一顿屁股。最后，目睹全过程的警察裁决该父亲没有触犯法律，开着警车扬长而去。

在北美的不同地区，对于“管教”孩子的标准也不尽相同。我所在的大温哥华地区，法律规定父母有权通过适度体罚的方式进行管教，但管教手法有许多不可逾越的规定：

（1）两岁以下和青春期的孩子不能打；

（2）不许打除了孩子的屁股之外的任何地方；

（3）不允许使用任何工具，只可以五指分开用手掌心揍孩子；

（4）不允许脱裤子打（这是侮辱孩子的尊严）；

（5）不能让孩子留下任何伤痕，否则就以“虐待儿童”的重罪论处。

在北美那些严禁打骂孩子的省份地区，也有不少家长反对政府管得太宽。他们认为，玉不琢不成器，有时候严厉的管教是必要的。即便是最慈爱的父母，在孩子淘气的时候都动过想狠狠揍他一顿的念头。

然而，从我个人角度，一直对于体罚和精神惩罚（包括辱骂）持否定态度。儿童教育领域已有研究证实了体罚的危害性。体罚并不能帮助孩子衷心认识到错误，从而修正行为。孩子只是因为畏惧家长的强权，才不情不愿地表现出顺服。一旦无人监管，他们照样会犯同样的错误。

任何形式的暴力都不可能给孩子带来任何好的影响。相反，它会让孩子承认强权和暴虐是有用的。从小被家暴的孩子，长大有更大的概率也会对他人使用暴力，用拳头而不是大脑去解决问题，陷入一个恶性循环中。

那么，管不住孩子的行为怎么办？难道甩手不管教吗？

当然不是。若是父母想对孩子进行非暴力又有效的管教，首先需要和孩子建立友善的亲子关系，平时说话才更管用。

在孩子犯错后，和打骂相比，使用“因果关联”进行正面管教更有效。

譬如，我小时候并不算是一个乖孩子，无忧无虑地制造恶作剧，天马行空地闯了各种祸。但我父母和爷爷奶奶一次都不曾打骂过我。他们有自己的一套教育方式。

我大约两三岁的时候，看到奶奶从米缸里舀米出来，觉得很好玩。于是趁着她淘米煮饭的时候，我也用勺子把米舀出来，一把一把地撒在地上。

在干这件事的时候，我很清楚地记得我是这么想的：这样似乎有点儿不对，奶奶也许会生气的，但地上白花花的一片真有趣啊！

当奶奶回来时，她看到我正笑嘻嘻地趴在地上，大米撒得满地都是，我还在喃喃自语："我害人，我害人！"

我的奶奶也是一名幼儿教育领域的专家，退休前她一直是一所省级示范幼儿园的园长。她静静地看着我淘气，一点儿都没惊慌或生气。等我玩得差不多了，奶奶告诉我："米是用来煮饭吃的，现在全弄撒了，那我们今天的晚饭可吃不成啦。"

"那可不行啊！"我一听就着急了，"我肚子都饿了！"

"那我的小孙女，帮我把米全都捡起来吧！"奶奶笑着递给我一只碗。听到有补救的办法了，我高兴地回答："好的！"于是一整个下午我都趴在地上，撅着屁股捡米。后来总算把地面清理得干干净净了，累得腰酸背痛。

那天晚上我一点儿也没被家人批评，也如常地吃上了香喷喷的晚饭，但是我从此之后再也没有把米舀出来玩过。不是因为我受到了负面惩罚，而是我终于理解了任何恶作剧还是得靠自己收场，而打扫"战场"实在是太累人了。

我爸爸的教育方式和奶奶一脉相承，不过在某些原则问题上要严厉得多。

我上小学的时候，有一次考试粗心大意，数学只得了73分。老师要求家长签字，我有点儿害怕，磨磨蹭蹭了一整晚也没敢向父母开口。第二天早晨要上学去了，只好横下心，拿红笔把73分改成了93分，拿给我爸签字，企图蒙混过关。然而，这伎俩被我当老师的爸爸一眼识破了。他倒是没有对我发脾气，但是很严肃地说：

"考了多少分都是不要紧的，可是撒谎不对。撒谎的孩子是不可能得到家长签名的。你要对自己的行为负责，自己去和老师解释为什么我不给签名。"

于是我拿着没签名的卷子一路哭着走到了学校。后面我是怎么和老师解释的我已经不记得了，但是那以后就再也没有改过成绩单了，因为整个过程实在太丢脸了。

从此我深刻地意识到，还是好好学习拿到好分数更靠谱。说真的，撒谎和作弊要承担的心理压力要比努力学习大得多了。

最后，让我们来看看不打不骂，仅仅使用“因果关联”管教后的效果。从小到大，我和父母的关系一直很好，身心健康，我的世界里有很多爱，也敢无所畏惧地追求自己的目标。我在国内取得硕士学位以后，决心放下一切去异国他乡生活，也得到了父母极大的理解和支持。

现在我在加拿大温哥华一所昂贵的私立幼儿园工作，里面的学生家长全是以北美知识分子和专业人士为代表的中上阶层。据我了解，我们学校没有哪个家长是通过“打骂”这种方式来逼迫孩子就范的，大多都采取的是正面教育。他们的孩子，也没有哪一个因为缺乏管教而变得骄纵不上进。孩子们都很聪慧，也很懂礼貌，毕业后都考进了当地不错的私立小学学前班。

所以，如果打骂有用的话，还要父母和老师干吗呢？

即便是在法律允许体罚的状况下，若我们聪明地选择不打不骂，而使用“因果关联”式正面管教，都会在孩子的教育上取得更好的效果。

暴躁的“狼爸”“虎妈”，叛逆的“熊孩子”

一位读者和我分享了她童年的经历。

她外婆是个既冷酷又暴躁的人，崇尚“棍棒教育”。她的母亲从小被打到大，早已习惯，生下她以后，母亲全盘继承了外婆的育儿方针。她说她甚至记不清从小被母亲毒打了多少次。无论是什么场合，只要她说了一句不合母亲心意的话，火辣辣的耳光马上就抡了过来。她记得自己曾在饭桌边被母亲一巴掌扇到桌子底下，也记得在澡盆里被母亲狠狠揪住，拧得全身青一块紫一块的。有时候，家里有客人在场，母亲会打得稍轻一点儿，但只要她敢当着客人的面哭或诉苦，客人走后母亲就打她打得更狠。

这位读者说，母亲对待她太冷酷了，导致她从小就确信自己肯定不是母亲亲生的。她甚至悄悄看过出生证明，发现自己和母亲确实具有血缘关系，这让她无比绝望。学校里比她调皮几十倍的男同学也有，可是没有一户人家的母亲会打孩子打得那样狠。于是她决心离家出走，打了个小包袱，带上仅有的积蓄，逃难似的逃到了一个亲戚家。亲戚收留了她两天，最后当然还是被父母寻了回来。她妈那一次打她，足足打断了两把新扫帚。

她长大以后，一直坚持单身，下定决心这辈子绝不结婚，更不生小孩。她害怕自己的血液里也流淌着这种“疯狂而冷酷的基因”。她妈为了她不肯结婚的事，对她又哭又骂，指责她“不孝顺”和“丢人现眼”。结果她索性搬到离原生家庭最远的一座城市，对父母避而不见，只是每月按时寄生活费给他们。

冰冻三尺，非一日之寒。这位读者说，她特别理解张爱玲在母亲逝世前为何避而不见，只寄去一张冷冰冰的美金支票——

“若是你不要钱，想要别的什么，也是没有了。”

这是个很悲伤的故事。从小被虐待的孩子，心灵受到严重的创伤，也许终其一生都无法复原。在这种情况下，他们宁愿担着“不孝”的骂名也要远离伤害自己的原生家庭，实在情有可原。对于这类孩子而言，变“熊”才是自我拯救。

幸运的是，现在我们大多数的“狼爸”“虎妈”们已不再以毒打孩子的“棍棒教育”作为教育的标尺，这是好现象，说明我们这个时代在进步。然而，许多孩子们虽然身体上不用再遭受虐待，但精神上却仍然饱受折磨。

对孩子的精神折磨，在国外称为“情感虐待”，指的是在一段关系中，力量明显失衡，占据优势的那一方（父母）用各种方式羞辱处于劣势的那一方（孩子），摧毁他们的自尊心，降低他们的人格，让他们感觉自己是一无是处的废物，没有人会真正爱自己，可能会伴随出现失眠、抑郁、焦虑症和PTSD（创伤后应激障碍）等症状。

常见的对孩子的“情感虐待”，包括且不限于以下几种：

1. 创伤型家庭的“悲剧性重复”

前面案例中的母亲就是这样，她自己从小生活在家庭暴力的噩梦之中，长大后不仅没能逃出生天，还陷入了“悲剧性重复”的怪圈。她不仅没有能力保护自己，无法终止那一段创伤型家庭关系，反而认可和继承了充满暴力的教育，为亲生女儿制造了另一个“人间地狱”。她没能鼓起勇气反抗命运，没能做到自我救赎，不仅是值得同情的受害者，同时也变成了面目可憎的加害者。

至于女儿，她比母亲要勇敢，虽然无力去救赎别人，但起码做到了自我拯救。她宁愿变成母亲口中的“不孝女”，也要奋起反抗，宣称“我的人生从此再不会受你摆布”。

有些“情感虐待者”永远是醒着装睡，不管是报复还是说服对他们都毫无意义，因为在他们的世界里他们永远正确，无论如何都不会承认自己的错误。对于这样的人，我们虽然无力改变，但起码可以选择离他们远远的，不会再给他们机会伤害到我们。

2. 公开羞辱

“你啊，就是笨，平时好吃好喝地供着你，还给我考出这点儿分！”（点着孩子脑门）

“快快，别磨磨蹭蹭的，快给大家表演一个！平时在家挺嘚瑟，现在怎么蔫了？”（拍孩子一巴掌）

“她呀，就是胆小，扭扭捏捏地上不得台面！”（一边拧着孩子，一边对七大姑八大姨解释）

这些言论很耳熟，说出这些话的家长未必存心想伤害孩子，但却毫无疑问地做到了这一点。他们成功地降低了孩子的自尊心。

“耻辱感”对年幼的孩子如同毒药。孩子长期被父母公开羞辱，自尊心一再折堕，他们渐渐不再认可自己的价值。

根据教育学上的“皮格马利翁效应”，孩子越是受到家长评价式的暗示，他们就越会向父母心目中的标签靠拢。若父母一直嫌弃孩子“蠢笨”“胆小”“蔫巴巴”“闯祸精”，恭喜，他们如愿以偿地得到了和他们口中抱怨的一模一样的“笨孩子”和“熊孩子”。

3. 剥夺成长机会，强迫孩子依赖成瘾

“除了读书，什么都不需要你管！”

很多父母，处心积虑养出的是“高分低能”的孩子。他们过于重视孩子的成绩，忽略了培养孩子的独立生活能力，包办一切，让孩子变得软弱无能，离开爸爸妈妈的帮助就寸步难行。

难以置信，许多离开家到外地读大学的孩子，别说做饭，连洗一双袜子

都不会，因为他们在家被要求只要学习好，考出好成绩就好，其他的事家人都包办了。有的高中生为了节省时间，连早晨刷牙时的牙膏都由父母提前挤好。

不要以为这种“精心照顾”是种爱，这更像是一种控制。潜意识里，家长希望让孩子依赖父母成瘾，这样就可以永远不和他们分离。

来自家长过度的保护，不会为孩子带来任何好处。孩子需要不断经受挑战，靠自己战胜挫折，承担该有的责任，才能一步步建立“我能行”的自信。被父母“一手包办”的孩子，等于被圈养的小野兽，被剪掉翅羽的鸟儿，他们根本无法施展人的成长本能。得不到必要成长的孩子，内心也是痛苦的，极度缺乏安全感和自信心。

其实，孩子每一种言行举止，映射出的都是原生家庭带来的影响。经历过“虎妈”“狼爸”的粗暴教育和情感虐待，孩子自然而然会变成家长眼中叛逆的“熊孩子”。这是父母的失败。他们只会羡慕别人家孩子的活泼爽朗，却一点儿也没意识到，自己才是把孩子变得暴躁、叛逆和无能的罪魁祸首。

家庭教育和打理花园一个样，都是一分耕耘一分收获，种瓜得瓜，种豆得豆。播下好的种子，悉心照料，便会开出芬芳的花朵，结出甜美的果实；撒下不好的种子，也就只能长出荆棘，结出酸涩的苦果。

想要培养出善良正直、温文尔雅的好孩子，一个温馨和谐的家庭才是必备的土壤。父母远离“棍棒教育”和“情感虐待”，孩子势必“熊”不起来。

家长不愿“放手”，孩子自我退化

移居海外的华人常开玩笑说，中国人走到哪里都是中国人。事实也确实如此。世界各地的华人有许多的共通点，比如永远都有个中国胃；英语再溜儿私下还是愿意说中文；爱存钱、爱买房；最害怕“坐吃山空”。最重要的是，华人家庭将孩子的教育问题看得重于一切。为了让孩子得到优质教育资源，家长们不惜血本，或斥重金买学区房，或送进昂贵私校，又或者随孩子上小学、初中、高中而不断搬家，“孟母三迁”只为让孩子上更好的学校。

然而，是不是在家长费尽心力将孩子塞进一个好学校后，教育就万事大吉了呢？事情可能并没有那么简单。

我有一位同事的女儿13岁，正值青春期，棘手的年龄。这位同事有一天眼红红地过来上班，我忙问她发生了什么事，她瞬间就哭了，说女儿真是气死她了。

原来，她为女儿从小到大操碎了心，一路搬家，送女儿进最好的公校学区，下课后还送她去练芭蕾、小提琴和花样滑冰，总之物质上该有的一样都不缺。她像培养一位淑女名媛一般地悉心培养女儿，希望将来女儿能进北美顶尖的医学院，当一名知性优雅的医生。女儿从小也很懂事，对妈妈的培养计划言听计从，成绩也不错。

谁知，昨天同事接到女儿中学老师打来的电话，称女儿已经连续缺课两天，老师询问家长对此是否知情。同事看着假装放学归来的女儿，气得浑身发抖，厉声盘问她去了哪里。女孩子最后不情愿地承认是逃课出去玩了。同事气得发昏，训斥女儿："太不像话了！怎么有你这种女儿！我一直以来那么精心地安排，不是为了让你逃学当个街头小混混的！"

谁知女儿毫不示弱地顶嘴道："安排，安排，安排，整天都是你在安排！我对你说过我痛恨小提琴和芭蕾，我想学游泳，我不想当医生，你从来都假装听不见！我喘口气还不行吗？真是受够你了！"女儿说完，愤怒地冲回房间，"砰"的一下甩上门。同事惊怒，担忧，难过，一整晚都没合眼。

可怜天下父母心，谁都想为孩子做出好的安排，最好他们一出生就走在一条阳光大道上，永远不要经历挫折。可惜，那是不可能的。年幼的孩子尚且能听话地接受家长安排，但孩子愈长大，自我意识愈增强，愈是不能忍受家长的控制。

比如我的同事，她为孩子精心安排的潜台词是在告诉孩子："我比你强，没有我为你规划安排，你的人生就完了。除了听话，你没有别的选择。"

她女儿敏锐地捕捉到了母亲的潜台词，很自然地感到愤怒和挫败。既然母亲不信任自己的能力，不愿意给自己该有的支配权，那么就用自我退化、自毁前途的方式来打败她。最后，女儿看到了母亲如此沮丧的样子，恰恰证明了这种"自毁前程"的手段有用。在这场"权力的游戏"中，女儿胜利了，虽然她也付出了代价。

在孩子成长的过程中，亲子冲突在所难免。每一次冲突，我们都可以将其看作是一次孩子的"独立宣言"：他们不断长大，需要一次次的"开疆拓土"，重新界定和父母权力的边界。

有些父母体察到了孩子对于独立自主的需求，于是平和地退后一步，"放权"给孩子，让他们得到更大的决策权。孩子会因此而兴奋，对父母充满感激。他们在父母恰当的引导下能学会对自己的人生负责，自主规划一些属于自己小世界里的安排。还有些父母，不愿对孩子放松一点点，因为"放权"的行为令他们感到紧张，从本质上他们不信任孩子有自我决策的能力。

事实上，在一段健康的亲子关系之中，家长无须事事都为孩子费心安排和过度操劳，而是应该让孩子懂得为自己的人生负责。家长最好能一开始就赢得孩子的信任，逐步放权给孩子，建立起孩子的“合作精神”，一家人共同努力建立积极而和谐的家庭氛围。

例如，在女儿的前途问题上，同事也应该征询女儿的意见，让她选择自己真正感兴趣的发展方向，并不是只有成为医生才是唯一的成功。在课外活动的选择上，让女儿选择自己感兴趣的科目，她会更有动力去努力，而不是消极地选择逃学。

父母之爱子，必为之计深远。每一对父母都应该修习一门学问，叫作“放手的艺术”。家长不肯放手，不肯退后，孩子就无法把注意力从父母身上移走，如何去将精力集中在自己身上，去构建自己的世界呢？

因此，愈是深爱孩子，愈要学会从大局着手，适当保持距离。无论是家长还是老师，都不应该摆出一副高高在上的优越姿态，而是要平等地聆听孩子的心声。每个孩子都有自我发展的需求，他们的天性都是“上进”的。对孩子充沛的爱与尊重，才是一切教育的根基。

“富养”VS“穷养”：阶级鸿沟比你想象的更可怕

如今的资本主义社会，“巨富”和“赤贫”的阶级鸿沟正不断地拉大，比我们想象中的更可怕。

先讲讲我亲眼所见的在加拿大“富养孩子”的物质成本。我工作的学校有一位学生家长，从孩子刚上幼儿园开始就瞄准了一所昂贵的私立小学。为了让孩子顺利入学，父母眼都不眨就买下了私立小学附近的一幢学区房，价值四百多万加币（两千多万元人民币）。他们的孩子在私校从小学法语，在家说中文，和同学讲英语，小小年纪已经流利掌握三门语言。学校重视户外活动，为学生创造条件增长见闻，孩子学航海，玩野营，划独木舟等，还参加学校每年组织的暑期夏令营，跟着同学们满世界跑，很小就已经把世界著名景点都去遍了。

然而，即便是这样的富裕家庭，也还担心孩子在学校会被排挤。因为那所私立小学里学生的背景全不简单，全是有头有脸的家庭出身，从明星子女到政界名流，家里有私人飞机和岛屿的都不在少数。那位家长担心自家的资产远达不到平均水准，会让女儿在富豪子女的圈子里抬不起头来。

至于加拿大真正的“赤贫阶层”，对孩子的“穷养”也让人难以想象。

我刚毕业时在一所社区学院工作，见到一个由社工介绍来的家庭，母亲在怀孕期间吸烟酗酒，孩子出生后有智力缺陷。父母双方都没有工作，靠吃政府低保为生，两人还正吵闹着要离婚，认为对方降低了全家的生活水准。孩子上不起幼儿园，完全靠政府补贴和社工的帮助才得以入学。每天，那孩子带到学校的午餐都是一样的，两片皱巴巴的切片吐司，偶尔在中间涂上一层薄薄的果酱。没有牛奶，没有肉类，没有蔬菜水果，孩子有时饿得哇哇大叫。和父母沟通无果，老师们看不过眼了，宁愿拿自家的午餐悄悄贴补给那孩子。

然而，上面提到的家庭还不是加拿大真正最贫穷的阶层。最贫穷的家庭，也许连社会保险都没有，小孩子像小动物一般生活在社会的阴暗角落，不知学校为何物，也根本没有见到老师的机会。北美社会贫富的鸿沟，早已将人们的天空撕裂成好几个断层：大家生活在同一个星球的同一个国度，但体验到的根本不是同一个世界。有人在天上，有人在地下，还有人早已沉沦到深渊。

“富养”和“穷养”给孩子们带来的，究竟是多大的差异？

民间一直有种说法叫作“穷养儿子富养女”，说穷养出的儿子坚强有出息，富养出的女儿有见识更自爱。可我一直认为，无论性别和年龄，长期“穷养”都是对孩子身心的双重摧残。“穷养”带来的匮乏感，很容易就毁掉一个人。

有些信奉“穷养”法则的家长，自身明明一点儿都不穷，却硬是要苛待孩子。他们不肯给孩子一毛钱的零用，永远给孩子穿亲戚赠送的旧衣裳，让孩子在同龄人面前抬不起头来。家长美其名曰这是“让孩子拥有艰苦朴素的好习惯”，殊不知，人在年少时期经受过的贫穷和匮乏，会留下最深重的痛苦烙印。有的人挣扎着长大了之后，好不容易逃出令人窒息的原生家庭，却仍然摆脱不了童年时长期的物质匮乏感所带来的噩梦。

对儿童的追踪研究表明，刻意被物质“穷养”的孩子，容易受到如下的困扰：

1. 自卑

孩子想得到的玩具、漂亮衣裳、零用钱一样都没有，让孩子产生了“人生没什么乐趣”的厌世感。孩子认定是自己做错了什么，才会在吃穿用度上处处不如人。

2. 愤怒

孩子对父母的过度控制感到愤怒，产生叛逆的情绪，亲子关系容易出问题。

3. 社交能力低下

被“匮乏感”折磨过的孩子，秉承着自卑的心态进入集体，八成会遭到同龄人的排挤、霸凌和冷暴力。

孩子的世界也有残酷的“丛林法则”，只要和大家不同，就容易被鄙视。自卑的孩子没有朋友，近乎完全失去了社交技能，无法像别人一样自如地融入集体，不能自信地表达自我。

此外，还有的家庭在物质上给孩子补偿性的“富养”，在精神上却“穷养”，这样也很成问题。

我的一个远亲就是这样。他们奋斗多年，有了房子、车子、不菲的收入，女儿从小学小提琴达到了专业水准，也已经从名牌大学毕业。但是他们数十年如一日地过着孤岛般的生活，连一个往来的朋友都没有。父母和女儿的关系僵滞，女儿从小就控诉父母只知道工作，没给过她任何爱和温情，导致自己从他们那里除了得到钱之外什么都没有。在大学毕业后，女儿宁愿去最偏远的城市工作也绝不留下，年节都不愿回家，还明说了将来绝不会给父母养老。

这个案例中的家长，就是过度注重物质“富养”，却忽略了孩子更需要精神上的滋养。年幼的孩子需要爱、陪伴、温情。精神匮乏的孩子，在心底永远弱小无助、孤苦伶仃，也许终身都无法与父母和解。

希望各位家长不要仅仅注重物质，更要注重对孩子精神上的滋养，尽可能让孩子感到内心的富足。愿每一位孩子都能摆脱“匮乏感”和自卑感，在他们发自内心的笑容中快乐成长。

“隔代育儿”的焦虑：最易引发的几宗罪

在如今这个时代，想当好父母愈来愈难了。选择留在家照看孩子的全职父母，常被大家视作“不思进取”“放弃个人理想”“没给孩子做个好榜样”。对那些忙于工作、聘请保姆照顾孩子的父母，大家又纷纷提醒“当心保姆虐待孩子”。若是早早送孩子去托儿所呢，大家又会啧啧作声，评价说“这么小的孩子就送托儿所，父母没空儿管，真可怜”。若是把孩子送到祖父母那儿帮忙照管，也会有人说“隔代育儿问题最多”“父母对孩子不负责任”。总之，舆论把每个人弄得人心惶惶，疲惫不堪的父母六神无主，似乎每一种育儿决策都是错的。

目前国内最常见的育儿模式，还是由祖父母辈参与的“隔代育儿”。不少育儿专家对于“隔代育儿”总持批判态度，好像有了祖辈参与，孩子就会被毁掉。然而，事实真的如此吗？

下面是国内的“隔代育儿”常常被批判的“几宗罪”，我们来逐条分析它们是否合理。

1. 无原则地溺爱

“无原则地溺爱”的教育方式一旦过了头，很容易出问题，好好的孩子被宠坏是常事。我在加拿大当幼师以后，见到不少由祖父母带大的孩子都有这个问题。

从小被溺爱的孩子，习惯于自己是宇宙中心，于是老是长不大，心智方面不如同龄人成熟。我见过最极端的例子，一个孩子明明已经3岁半，可讲话还是用奶声奶气的婴儿嗓，稍不如意就哼哼唧唧地要哭。他平时被家人伺候惯了，从不肯把自己当成一个大孩子，希望永远都做家人心目中的“宝贝婴儿”。这种心理，导致他出现身心发展的“退行”现象，在语言、社交和心智成熟度上还比不上和他同班的两岁小姑娘。

不过，我们也需要澄清一点，那就是适度的宠爱不会带来灾难。偶尔被长辈无原则地溺爱一下，也许正是孩子们所需要的温情体验。

我本人是由爷爷奶奶带大的。爷爷奶奶很疼爱我，甚少对我说“不”。我小时候吵着要养小动物，爷爷就忙着去花鸟市场给我买回小白兔、小鸡和小鸭子。我养的小白兔很漂亮，但嘴很刁，只肯吃蒲公英的叶子。于是，奶奶常常一手挎着篮子，一手牵着我，和我一起满世界拔草。我们俩把家附近方圆几里的蒲公英叶子都扒秃了，奶奶每天都开心地看着我欢天喜地地喂兔子。爸爸妈妈不许我喝太多的橘子汽水，奶奶也会悄悄买回来塞给我。

那段充满温情的童年回忆，对我而言是一段非常重要的经验，让我相信我是值得被无条件地爱的。我长大以后，愉快的童年回忆也持续不断地为我输入精神力量。

2. 两代人的教育理念引发家庭矛盾

祖父母育儿，最让父母感到头痛的部分，无非是传统型和现代型教育理念的碰撞。来自上一辈不同的育儿模式，很容易挑战新手父母的育儿权威。

不过，我们应当意识到，父母所持的教育观念也未必就天然正确。生活中我们看到的反例，祖父母比父母辈更开明的情况也不在少数。

例如，我认识的一个孩子，每天都由六十多岁的奶奶开车接送。奶奶每天清晨6时就要起床，匆匆吃完早餐，就开车把孙子送到幼儿园。然后，奶奶再赶去市中心开始一天的工作。没错，六十多岁的她还有份全职工作，她是一家儿童礼品店的老板。我很喜欢这位奶奶，因为她既开明又时髦，对孙子的教育也颇上心。她常常和我们交流孙子在学校的表现，和老师们一起商讨育儿策略，也不会宠孩子宠得过头。相反，孩子的父母反而有些太过宠溺孩子了。那孩子不肯吃米饭，只愿意吃细面条，他妈妈就由着他的性子来，任由他把蔬菜米饭故意漏在地上。老师们和母亲沟通了几次，希望她可以配合学校，在家给孩子多尝试几种新的食物以维持营养均衡。可是，孩子母亲皱皱眉，不以为然地说“弄那些干吗，他不会吃的。”还是在奶奶的斡旋下，孩子才得以在家尝试不同的食谱。

以上事例只是说明，育儿过程中没有哪一方会永远正确，我们不应该戴有色眼镜看待“隔代育儿”，随意评判他人的是非。有时候，长辈的年纪和阅历让他们更加睿智，对孩子的成长是有好处的。

3.“隔代亲”影响夫妻关系和家庭和谐

常有新手父母悲观地认为，一旦任由长辈参与育儿生活，他们就会夺走孩子的全部感情，形成“隔代亲”，并且对孩子父母的决策指手画脚，原本夫妻关系良好的家庭就再也没有和谐可言了。

其实，拿一个中国典型的三人“核心家庭”来看，最容易出问题的不是孩子，也不是“隔代育儿”的祖父母，而在于夫妻关系本身。

有的夫妻双方关系紧张，唯一的连接点就是孩子。他们毫不在意彼此的死活，却将所有的注意力都集中在孩子身上，孩子被压得喘不过气来，父母之间的关系很冷漠，彼此疏离，孩子从小感受不到父母之间存在爱，自己也很缺爱，容易对于感情丧失自信。这样的亲子关系就不可取。还有一种比较少见的情况，夫妻关系太亲密，亲密到将孩子排斥在外。孩子觉得自己是家庭中多余的一部分，缺乏自我价值感。在这种情况下，祖父母的爱可能是孩子唯一能抓得住的东西，保障了孩子的健康成长，因为爱是万万不可缺失的。

总之，一个家庭会出问题的原因是多方面的，不应该简单地归咎于“隔代育儿”。许多国家都和中国一样，有祖父母辈参与育儿的文化习俗。有经验的长辈帮助新手父母照顾孩子本身并没有太大的问题。至于孩子是否会被“隔代育儿”毁掉，只在于整套家庭育儿体系是否适度、正常和均衡。

按照国内现在的行情，若是年轻的小夫妻在事业起步期养育孩子，往往离不开家中长辈的帮助。孩子拥有一对甘愿奉献的祖父母或是外祖父母，是一种巨大的幸运，其他家庭成员应该感恩他们的付出，而不是横竖挑毛病。

面对祖父母辈“吃力不讨好”的委屈，请家长们不要再“选择性耳聋目盲”。我们不可能，也不应该将长辈当作我们自己育儿时的免费保姆。想要对方出钱出力，还不许他们参与对孩子的教育，这是不现实的。每个人都需要“被听见”和“被看见”，祖父母或是外祖父母也是家庭成员，有权对育儿这件事采纳他们觉得舒服的方式。一个和谐愉快又民主的家庭氛围，更加有利于孩子的身心发展。

单亲和离异家庭，绝不是什么“原罪”

现代社会，单亲和离异家庭在大城市中已经很普遍了。然而，三姑六婆在闲谈时仍会在这些家庭背后指指点点，戳别人的脊梁骨说：“她离过婚，和前夫有个孩子”“他是单亲家庭长大的，一定性格古怪”“他们俩是重组家庭，都各自有孩子，想长期好下去，难哪。”

但凡是做出和主流人群不同的选择，就意味着承担舆论的某种压力。然而，这并不代表单亲和离异家庭就是某种“原罪”。事实上，离异的原因可以有千万种，大部分离婚的人摆脱了不愉快的婚姻关系，各自奔向了更适合的未来。其实，健康的单亲家庭远比不健康的普通家庭更能为孩子提供保护，更适合孩子的成长。

譬如，单亲和离异家庭最常见的产生原因，是出于对受害者（通常为妇女和儿童）的保护。我在加拿大生活的第三年，认识了一名遭受家庭暴力的中年女性。她和丈夫都是韩国人。自结婚起，她就辞职在家当贤惠的家庭主妇，后来随丈夫女儿一起移民加拿大。移民后，丈夫的事业发展平平，脾气也愈来愈大，只要他不顺心时喝了酒，回家就劈头盖脸地打她。她一天天忍耐着来自丈夫的暴力，已经长达12年。他们的女儿，见证了父亲对母亲的每一次毒打和虐待，从一开始怕得发抖到后来的熟视无睹。这位女士以为她的忍耐是在保护女儿，其实她的懦弱，反而将女儿置身于更大的危险之中。女儿从小看见妈妈被打，以为这样是正常的，以为在家庭中男人的权力至高无上，连三观都被带偏。有一天，这位女士终于鼓起勇气报了警，加拿大警方火速介入，带走了她的丈夫。你猜猜，她女儿对此怎么说？女儿竟生气地质问母亲："为什么要这样对待爸爸？"

这样的婚姻，早就该结束了。这位女士在勇敢离婚后，终于振作了起来，一切都在往好的方向发展。她告诉女儿："妈妈没有亏欠任何人。女人要坚强自立，以前妈妈做得不好，现在开始我会好好保护你，也好好保护自己。"女儿也理解了她，告诉她这样做是对的。

若是真正无法相处下去的夫妻，还是一别两宽、彼此成全的好。如果一对怨偶成日互相控诉却不肯离婚，孩子不得不长期在充满怨憎的家庭气氛中生活，才是对孩子最深的伤害。

目睹父母的离异绝不是件愉快的事，算是孩子早年经历中的一桩大挫折，但孩子从打击中恢复的速度比父母想象中要快得多。如果父母能理智平和地处理离婚事宜，而不是相吵相骂、互相攻击，孩子就不会因为父母离异本身受到巨大的伤害。其实孩子什么都能理解，他们没有成年人想象的那么脆弱。每个人都是经由某种伤害而成长的，粉饰太平和过度保护都不是好事，我们应该对孩子抵抗挫折的能力有信心。

在父母的积极引导下，一件负面的事情也能教会孩子许多，让他们得到宝贵的人生经验。我认识的一位单亲妈妈就做得很好。她在向年幼的孩子解释她们家是单亲家庭时，微笑着以轻松的口吻这么说：

"宝贝，上次妈妈给你读过一个家庭绘本对不对？里面讲到，这个世界上的家庭是各种各样的。有的家庭很大，有爸爸、妈妈、爷爷、奶奶、外公、外婆，还有好多兄弟姐妹。有的家庭很小，有妈妈和宝宝，就像我们家一样。有的家庭成员会住在一起，热热闹闹的，就像我们邻居家。有的家庭成员各自有各自的住所，就像我们住在这里，爸爸住在另一个城市。不管家人住在什么地方，都是互相关心的。你看，爸爸虽然不住这里，他还是会在周末开车过来看你，带你去游乐场，给你买冰激凌和玩具。平时你和妈妈住在一起，妈妈照顾你的饮食起居。我们都很爱你。"

这位妈妈对孩子毫无保留地解释了现实状况，是出于一种尊重。分手后不口出恶言，不心怀怨怼，这位妈妈尊重了孩子，尊重了前夫，更重要的是，她充分尊重了自己。从她身上，孩子更能学会自尊和自爱。

总有一天，孩子们会明白，有勇气对重大人生选择说“不”的人是自由而美丽的，他们不活在别人的眼光里。即便是为人父母，每个人也有权利追寻自己想要的幸福。

“一人多娃”轻松育儿法：为你的人生做减法

关于国内和北美育儿方式的不同，有人总结出一个规律：国内是6个成年人围着一个孩子转，北美是妈妈一人围着好几个孩子转。

这种差异，一方面是由于北美各地的基础设施更完善，生活更便利，纸尿裤、洗碗机、扫地机器人和育婴房的监控摄像节省了妈妈们大量的时间精力，另一方面也来源于北美的独特育儿理念：他们不为育儿做加法，而是为人生做减法。

1. 不做孩子的“保护者”和“法官”

北美家长之所以育儿更轻松，是因为他们早早地把孩子训练得很独立，自己的事自己做，甚至为父母帮忙分担家务，无形中大大降低了父母的工作量。此外，北美家长认为孩子不可能永远处于父母的保护之下，家长和老师达成共识，在孩子学说话时就教会他们勇于说“不”，让孩子们学会主动用言行捍卫自己。

北美孩子们入托早，小小年纪就适应了集体生活。孩子们心里很清楚，集体生活不是一帆风顺的，有时候难免会和其他小伙伴起冲突。面对冲突，害怕和哭泣是没有用的，唯有振作起来自我捍卫。

比如，我们班年龄最小的孩子是个白人小姑娘，刚满2岁，比班里最大的孩子小了整整一岁。可是，当她面对人高马大的小伙伴时，一点儿也不退缩，因此也赢得了大家的尊重。有一次，她手中的玩具被高她半头的大男孩抢走，她的第一反应不是哭，而是走过去，用力抓住玩具，试图自己再把它抢回来。她板着脸，一字一顿地严肃地对他说："这是我的玩具，请你还给我，现在！"

男孩当然不肯还，小姑娘不哭也不闹，只是紧紧攥住玩具不撒手。两人僵持了十多分钟，谁也玩不了。过了一会儿，男孩感觉无趣，松开手讪讪地走了。小姑娘捧着自己的玩具珍惜地坐下来玩了起来。这场冲突就此终结，谁也没有记恨谁。其他孩子对此都看在眼里，从此再也没有人抢过她的玩具。

北美的育儿理念认为，孩子们在玩耍中，并不需要成年人在一旁充当公正无私的"法官"。孩子们实际是有办法自行解决冲突的。不要过早介入同龄孩子们的争斗，不要轻易接受孩子的"告状"，给他们一些时间，他们需要自己摸索出人际交往的界限。过早介入孩子冲突的成年人，实际上是把自己放置在了一种尴尬的处境中。一方面，他的行为是在告诉孩子，"你们自己解决不了困难，需要我来帮忙"；另一方面，他也破坏了孩子们之间的友谊，导致孩子们互相敌视。更糟糕的是，从此所有孩子之间的矛盾解决都会变成"法官"的责任，孩子们之间无伤大雅的玩闹变成了严肃的"仲裁"，孩子们一窝蜂地跑过来要求成年人为自己"主持公道"，会占据我们过多的时间，也会导致孩子们不愿自己动脑解决问题。

2. 不当孩子的"保姆"，鼓励他们自行克服困难

在我工作的加拿大早教学校，本地的白人家长在孩子10～12个月大时就会送他们去幼儿园。那些1岁不到就早早入园的孩子，展现出了极强的适应能力，很快便适应了集体生活。他们知道，幼儿园和家里不同，在幼儿园里没人纵容自己的霸道，需要和大家分享玩具，要遵守幼儿园的规矩，自己的事要自己干。

马克今年3岁，是个华裔男孩。在家里，有4位长辈成天围着他转，什么都替他做好了，所以他早已习惯“衣来伸手，饭来张口”的生活。他老是呼来唤去地对待他的父母长辈，哼哼唧唧地要这要那，父母长辈都迅速地满足了他的愿望。

刚来幼儿园的时候，马克很自然把老师都当作他的“保姆”。大家要出门散步的时候，马克哼哼唧唧地走向我，命令：“帮我穿鞋子。”

我告诉他：“马克，这是你自己的事。你看，其他的孩子们都是自己穿鞋的。”

马克开始哭丧着脸：“可我不会呀！”

“你不会穿鞋子我很抱歉，马克。看来你只能光着脚出门了。”我平静地回答。

马克开始号啕大哭，一边哭一边躺在地上蹬腿发脾气。此时别的小朋友已经穿好鞋子，纷纷走过来围观，问：“他怎么了？”

我和大家解释说马克在穿鞋子方面遇到了点儿麻烦。有个叫妮妮的小姑娘自告奋勇地站出来说，她可以教他穿鞋子。于是我让其他孩子排好队，跟着另外两位老师先出门散步去了。我则远远地站在走廊那一头，等着马克和妮妮。马克看到小伙伴们都走了，很着急，急急忙忙地抹了把眼泪就把鞋子往脚上套。在妮妮的帮助下，他成功地穿上了鞋子，虽然左右脚穿反了。我没有纠正他，而是很高兴地和他击掌庆祝，然后提醒他应该感谢妮妮的帮助。从此之后，马克爱上了自己穿鞋，再也不要长辈们代劳了。

总而言之，轻松育儿法的秘诀就是做减法。在北美教育理念中，家长认为孩子需要在适龄阶段和同龄人互动，也需要体验生活中适度的挫折，并学会自主应对。孩子需要明白，世界不是以他的意志为中心运转的。

然而，我见过很多父母的做法恰恰相反。他们本身比孩子更害怕挫折，因此为孩子做了过多的事情，这叫“过度保护”。事实上，孩子一旦永远被保护在父母的羽翼下，就永远也学不会飞。如果父母不断延迟孩子的受挫体验，孩子本身会遇到更大的危险，将来的某一天，生活会以更残酷的方式逼他成长。

所以，从现在开始，就为我们的育儿生活做个轻松愉快的减法吧！我们会发现，生活因此而美好了不少，孩子和成年人都能更享受自己的世界。

Chapter 7

家校互动，默契十足的『黄金搭档』

家庭与学校，是队友还是对手

国内的医患关系紧张，国内家长和学校的关系也不轻松。家长和校方，时而是同仇敌忾的队友，时而是“教育拉锯战”的对手，关系变得愈来愈难以把握。

很多家长抱怨说他们是弱势群体，“要和老师搞好关系”已经成了有孩子的家庭的“魔咒”。不少小学甚至幼儿园都成立了家委会，家长们不但要诚惶诚恐地“竞争上岗”，点头哈腰、出钱出力在所不惜，还时不时要帮老师一点儿私人的“小忙”，奉老师的话为“圣旨”。

有父母晒出小学老师在群里布置作业后家长们的回应。老师讲完要求后，家长们秒速回复，清一色全是感激涕零的奉承话。有的说“老师您辛苦了”，有的夸“孩子有您这样的老师真是我们三生有幸”，还有的更大力渲染“孩子一睁眼就期待着投入学校老师温暖的怀抱”，还有家长号召大家一起发红包为老师的付出点赞……恨不得高呼“老师万岁万岁万万岁”。

然而，事实上老师的日子并没有家长想象中那么好过。有些特权家长，从心底对老师缺乏根本的尊重，孩子在学校受了点儿小委屈，家长骤然变脸，冲到学校辱骂，甚至殴打老师的案例也层出不穷。尤其在儿童早期教育领域，幼儿教师们领着微薄的薪水，干着繁重的工作，承受着大大小小的委屈，在“风霜刀剑严相逼”的境况下纷纷离职，导致国内早教专业的高素质人才严重流失。

有个热点新闻就是这样的。某省会城市里，某领导的孩子上了个学费10万的贵族幼儿园。孩子比较霸道，老在幼儿园推打别的小朋友，老师在群里抱怨了几句，说要惩罚她和别的孩子分开坐。这句话惹恼了孩子妈妈，这位领导夫人马上怒斥“让你们领导亲自和我解释，你为何这样对待领导女儿，我要让你被炒鱿鱼”。老师和校方致歉后，领导夫人仍然不依不饶。几小时后，领导夫人得意扬扬地在家长群里宣布，在她的运作下该老师已被幼儿园解雇。后来此事遭到网络曝光，该老师才免遭丢工作的厄运。

国内的老师和家长都各有各的辛苦，小心翼翼、如履薄冰。家庭和学校，两方面都各自有苦难言。为什么国内的老师和家长都这么累？

根本原因在于，家庭和学校的立场被对立了起来。大家寻求的不是合作，而是斗争，谁都想占上风。

从家长的角度来说，大家普遍有种“功利至上论”，认定只有有权有势的家庭才在老师那儿说得上话，找学校沟通才有用。因此，普通家庭的孩子若是遇到了困难，家长们很少去和校方沟通，总觉得“忍一忍就过去了，算了”，但心中还是对学校充满怨怼，觉得自己的孩子受了气，责怪学校校风不正。其实事实未见得如此。

从我这个北美幼师的亲身经历出发，能尊重老师、关心孩子、积极与学校配合、不曲意逢迎的家长，就能得到老师们的认可。

从学校的角度来说，他们往往只能照顾到某些擅长沟通的家庭的诉求。校方工作千头万绪，在处理家长投诉时，往往被某些投诉成瘾、精神过度敏感的家庭缠得头痛，花费了过多的时间精力。对于另一些心怀不满、却没有选择沟通的家庭，学校往往心有余而力不足，不知怎样才能照顾得到。过去有条件的时候老师尚且能进行家访，现在这种情况愈来愈少见。

其实，这种割裂状况的根本原因在于，双方缺乏了解沟通。

家庭与学校之间最好的关系不是充满敌意的对手，而是联盟性质的队友。学校和家庭的目标和根本利益是一致的，就是你帮助我，我也照顾你，大家齐心协力，构建一个积极愉快的社区联盟，让孩子拥有更好的成长环境。

北美有一句谚语是这样的——“养育一个孩子，需要整个村庄的力量”。

这就是一种社群精神，视社会为一个整体，目标是关怀到不同阶层的所有孩子，为他们提供一个安全而滋养的成长环境。

家长和学校之间彼此有关怀、有信赖，也有承诺。他们可以有不同的价值观和教育理念，但彼此尊重，实时交流，有维系关系的情感纽带。孩子们能在和平友好的环境中长大，建立社群精神，有归属感。长大以后，他们能够回馈社区和社会，建立一个更包容，更多元的社群环境。

这种关系，就是家庭与学校最宝贵的无形资产，能够引领孩子走向幸福的人生。

幼儿园真正的隐藏技能是什么，你知道吗

北美的幼教领域流行着一句话："如果孩子来自于一个健康幸福的家庭，那会使我们的工作变得轻松愉快；如果孩子来自于一个不幸的家庭，那会使我们的工作变得至关重要。"

在加拿大当幼师的这些年，从长期的观察和家长反馈中，我发现了幼儿园真正的隐藏技能。一所合格的幼儿园，既可以"锦上添花"，又能够"雪中送炭"。它能激励孩子发挥出优秀的潜能，成长为更好的自己。

1. "小哭宝"变身自信大方的"小欢喜"

两岁多的辛蒂和珍妮都刚来我的班上没多久。在此之前，她们俩从未上过幼儿园。两人的共同特征是胆怯、害羞，家人一离开就哭个不停，父母称她们为"哭宝宝"。

一个月以后，整天号啕大哭的"小哭宝"转变成笑靥如花的"小欢喜"，她们俩天天告诉父母和外公外婆自己有多喜欢上学。这转变太惊人了，家人简直不敢相信。

辛蒂和珍妮之所以变得喜欢上学，是因为她们和老师、同龄小朋友及幼儿园都建立起相互信赖的关系。幼儿园对她们而言，成了个令人愉快的游乐场。

我和她们建立关系的过程比较顺利，主要是因为以下几个原因：

（1）真心

真心关爱孩子，是成功建立关系的无可取代的先决条件。“假装关心”也许能暂时糊弄家长，但却骗不过孩子敏锐的直觉。孩子一眼就能看穿成年人心里的算盘，并在第一时间决定是否信任我们。

（2）情绪敏感性

一个对孩子情绪有天生敏感性的老师，更能及时引导孩子健康成长。一个情绪稳定、温和、无攻击性的老师，能帮助小朋友建立起对陌生环境的安全感，也能够给孩子们做个好榜样。

（3）倾听内心

除了做个好榜样之外，老师还应该轻声细语，和颜悦色。我相信孩子不存在无理取闹的行为，一定是有背后的需求推动的。因此，当我们遇到孩子发脾气，第一反应不要去指责孩子“无理取闹”，而要尝试着去倾听和理解。

2. “小依赖”变身独立自主的“小大人”

两岁半的小朋友艾拉在家里是个“小依赖”，干什么都需要父母陪着，否则就哭闹着撒娇。上幼儿园以后，艾拉学会了自己穿衣服换鞋子，自己用餐具安静地吃午餐，和别的孩子一样在小床上乖乖午睡。

有时艾拉会在午睡中途醒来，感到害怕。这时她常常会主动爬到我腿边，哼哼唧唧地求安慰。我用食指比了个“嘘”的手势，悄声告诉她别的小朋友还在睡觉。艾拉想了想，自觉地保持安静，像个“小大人”似的靠着我坐好，安安静静地读着图画书，一声不吭。

为了帮艾拉认识到独立自主的好处，我使用的教学技巧在于持续实践“优势理论”，即不去重视和惩罚孩子的不当行为，相反地，我会更加关注和褒奖孩子们的良好行为，对他们的良好行为给予积极关注。

例如，我们可以远远注视孩子们，微笑、点头或者挥手，给予及时的积极反馈。不一定要走过去打扰孩子们的活动，但要让孩子感受到他们的独立自主行为是受到老师的重视和关爱的。

艾拉之所以能在幼儿园学会独立自主，是因为她发现这样能给她带来更大的好处。艾拉发现，哭闹在老师那里是无效的。老师不仅不会像家长一样让她事事依赖，反而会大力褒奖别的孩子的独立性。

艾拉希望得到老师的关注，因此很快适应了幼儿园新的法则，并将其运用在家庭生活中。在老师和家长沟通之后，父母也开始使用“优势理论”，更加强化了艾拉的独立性和良好行为。她开始觉得，自己的事自己干也不坏，让她更有成就感和力量感。

3. “小沉默”变身能言善辩的“双语宝宝”

我工作的幼儿园地处加拿大温哥华地区，华人移民比较多，有些家长甚至完全不谙英文。这类家庭的家长，常常担忧自己孩子的语言能力发展落后于同龄人。

毛毛就来自这样的华裔移民家庭。他是班级里年纪最大的一个，在上幼儿园之前，被家中长辈照顾得太过于无微不至，导致他一句话都不用说，一抬手一撇嘴，想要的就全送到面前了。

毛毛上幼儿园以后，我要求毛毛像别的孩子一样，把自己的要求（例如“请再给我一块饼干”）用英语清晰礼貌地说出来，然后再满足他。毛毛一开始哼哼唧唧地反对，但我非常坚持，不允许他敷衍了事。毛毛哭闹过两次，可他很快发现老师并不吃这一套。最后，为了达成目的，他不得不学着别的孩子那样开口，并使用礼貌用语。他的语言和行为进展非常快。3个月后，家长惊喜地发现，毛毛可以在中英双语之间流利自如地切换了。

综上所述，和家长顺利沟通是“家园共育”的基础，能形成一个良性循环。我本人具备中英双语的优势，也能理解中国老一辈的教育理念。我会用中文与华人家长交谈，将有关孩子的重要信息记录下来给他们参考，例如孩子所喜爱的食物、有否过敏反应、睡午觉的规律、排便的频率等，可以迅速地和家长拉近关系，也了解了许多他们的家庭教育的重要信息。

现如今，幼儿教育早已经不是简单地照顾孩子们的吃喝拉撒，而更加重视孩子们身体和心智发展均衡。真正出色的学校，一定是“个性化”的，老师们能敏锐地发觉孩子的家庭教育中缺失的部分，并对孩子的需求“量体裁衣”，对孩子的心灵创伤加以弥合和修复。孩子们的成长中缺不了一位又一位用心的老师，这些老师会用她们的光和热呵护孩子心中那簇珍贵的小火种，让他们成就更好的自己。

精英的孩子从小学什么

在加拿大，一位中产精英的后代，标准的人生轨迹是这样的：

1～5岁时，父母花重金送孩子进私立早教学校，早早进行运动、学术、音乐、艺术方面的发展训练，以此帮助孩子考上当地最好的私立贵族学前机构。孩子从贵族幼儿园毕业后，理所当然地升入同一品牌的私立小学、中学和高中，一路读下去。读书的同时，掌握一门运动和才艺特长，最好能拿个省级或国家奖项。接着，高中毕业的孩子凭借优秀的GPA、沉甸甸的奖章和私立名校的校长推荐信申请美国常春藤盟校，再不济也能考进加拿大排名前3的名牌大学，学一门专业性强的又高级又热门的专业。本科毕业后，孩子或者进华尔街干金融，或者考进一流的医学院、法学院或商学院继续深造。

这些孩子一出生，一条光辉璀璨的金光大道早已为他们铺设好，自然可以条条大路通罗马。像他们父母年轻时一样，未来社会的精英阶层就是他们了。我工作的私立早教学校里，挤满了这样的精英后代。

国内的父母一定好奇，在孩子的起步阶段，这些未来的精英都在学什么？我把学校为孩子们安排的教育重点给大家介绍一下做个参考。

1. 良好的行为习惯

与学知识相比，更重要的是养成良好的习惯：吃饭睡觉有规律，情绪问题不小觑，待人接物勤有礼，课余技能争第一。

北美私立早教学校的幼儿教师，绝不等同于简单照顾孩子起居的保姆，也不仅仅是陪着孩子欢歌笑语的玩伴。我们真正的工作，是扶持孩子一步步克服成长中遇到的困难，帮助他们认识自我，身心达到健康和平衡地发展。我们会正确认识不同孩子的不同特点，鼓励他们发挥优势，找到自己的天赋所在，也不断推动他们有所追求，为了“自我实现”而不懈努力。

2. 情商和表达能力

北美式幼儿教育，很重视孩子对自身和他人的情绪认知，看重个体的表达能力，老师和家长都鼓励孩子能从小就勇敢表达出自己的思想，大胆追求自己想要的。我们常常会觉得北美的孩子看起来都很像成熟的小大人，那是因为他们确实从小就是在个性化的素质教育中长大的，他们很清楚自己喜欢什么，想要的是什么，因此会专注于走自己的路，而不太会随大流地去羡慕别人。

3. 体质好才是真的好

北美式幼儿教育，还很重视对孩子身体素质的培养。我们学校的孩子们，每天的户外活动时间绝不能低于一个小时。许多北美幼儿园都会承诺家长，无论刮风、下雨，大雪还是骄阳，每天都会保障孩子们的户外玩耍时间。

更有甚者，加拿大有些地区还有专门的全户外森林幼儿园，让孩子们每天都在大自然的环境中接受教育，用自己的双手去体验世界。

北美式幼儿教育理念认为，没有恶劣的天气，只有不恰当的着装。有了合适的防水服的保护，孩子能够在任何天气的户外环境中找到乐趣。例如，我所在的温哥华，冬季严寒大雪，孩子们穿着厚厚的防水棉衣，戴着暖和的帽子手套，在雪地里追逐打闹，和老师一起堆雪人。春季多雨，孩子们穿着胶鞋踩水，观察雨滴汇成的小小溪流，以及小溪中水量的涨落。夏天日照时间长，气候也温暖，我们会带孩子们去公园远足，去当地的农场近距离观察、亲近刚出生的小羊羔等小动物，或者去森林灌木里摘黑色的野生树莓。秋天，我们和孩子们去南瓜田里摘南瓜，大家捧着奇形怪状的南瓜回到学校，由家长和老师带领着孩子们雕刻南瓜灯，煮香喷喷的南瓜粥。

可以说，北美幼师和儿童的生活日常，有很大一部分都和大自然有关。在与大自然的接触当中，孩子和老师都能收获许多。

4. 老师也要向孩子学习

北美式幼儿教育的作用力是相互输出和交互的，而不是单向输出型。作为一名幼师，我从来不觉得自己只是单向对孩子们输出我的知识，是占据绝对制高点的教育者。相反地，我也是在和孩子们一起不断成长的个体，从他们身上，我学会了许多关于生命的道理，比如要永远像孩子们一样，保护好自己内心的“小孩”。

北美的孩子们虽然貌似整天都在玩，其实他们学起来也都是很忙的。他们的日常作息表，既充实又有节奏感，并且每一个环节的设计都能充分符合他们的身体发育和心理成长需求。

总之，培养一名未来精英，并不是简单的事，家长和孩子都要有所付出。环境是除了父母之外的第三位老师，对孩子真正重要的东西都是在看不见的地方传达的。比硬件设施更重要的是无形的教育资产——例如友好的社会氛围、健康的饮食习惯、百折不挠的进取心、强壮充满活力的身心平衡，等等。拥有了人生的无形资产，就等于为孩子未来的成功打下了一个良好基础。

家长要注意老师的“弦外之音”

我在加拿大维多利亚的留学生涯，经历了不少有趣的事，也度过了一段让我受益良多的岁月。

我曾经修过一门儿童教育的专业课，叫作“语言的艺术”，以及另一门心理系的专业必修课“心理咨询和危机干预”。当时的我很费解，为什么儿童早期教育专业要开设这两门看似毫不相干的课程？后来事实证明，开设这两门课真是明智之举。

其实，儿童教师这个职位，归根结底是为万千家庭提供一种教育服务。想做好教育服务这个行业，需要有强大的积极沟通能力。如果有家长亲身体验过北美的教育理念，就会意识到老师们确实都很懂“谈话的艺术”，哪怕是在讨论孩子的不当行为时，用词也很和善和谨慎，不会让家长和孩子感到尴尬。

这种沟通技巧，就是来自心理学课上的知识，以“三明治谈话术”为例。

“三明治谈话术”主张给予听众三个不同层次的语言反馈。首先，起始的积极信息，是对现实状况以积极情感为导向的解读。随后，轻巧地抛出中间的消极信息，关于这次谈话的重点问题和需要改善的现实状况。最后，给予一个结尾和积极反馈，体现双方对于好的前景的预期展望。

“三明治谈话术”不仅仅是老师的专利。许多有心理学基础的家长，也很注重在社交谈话中使用这个小技巧。平时，“三明治谈话术”可以提升孩子和家人的感情，甚至可以化解一场尖锐的信任危机，因此使用得当的话，是一项很有力的沟通方法。

有一个我们在课堂上热烈讨论过的案例，可以用来帮助大家理解“三明治谈话术”和“弦外之音”的用法。案例如下：

你经营着一家小型的家庭幼儿园。下午的点心时间，一名家长在未经许可的情况下冲到教室里，对着老师和孩子们大声嚷嚷：

“我的孩子昨天在学校里吃坏了肚子，食物中毒！你们太不负责任了，我无法再信任你们了！我要将此事告到食品安全部，你们就等着关门吧！”

这位家长激烈的言行吓坏了别的孩子，孩子们立刻哭了起来。

此时，如果你正好在场，你会怎么做？

作为一名幼儿园的工作人员，对这类事件的标准处理方式是先冷静下来，倾听对方的投诉，理解对方的立场。弄明白发生了什么之后，我们就可以采用一定的“三明治谈话术”来平复对方的愤怒，并在最后提出解决问题的策略。

1.“三明治”的第一层：积极信息（以情感为导向的解读）

“您好，您刚才说的我们都听到了。可以理解您现在为什么会这么生气，毕竟孩子食物中毒确实是件很严重的事。他现在情况怎么样，找医生看过了吗？”

2.“三明治”的第二层：消极信息（重点问题和现实状况）

“根据您刚才说的，想必您是认为食物中毒的原因出自我们这里。不过，别的孩子昨天也吃了同样的食物，而他们身上并没有出现任何的食物中毒情况。所以，我想这中间是不是有什么误会？据我所知，许多儿童常见的过敏症，也会出现和食物中毒类似的症状。”

3. “三明治”的第三层：积极反馈（好的前景展望）

“我能理解您焦虑的心情。这样吧，不如您先带孩子去医院做个详细的检查，弄清楚孩子呕吐的原因是什么。如果是在我们幼儿园造成的，我们一定不会逃避责任。您也看到了，现在这么多孩子还在学校，这场冲突让他们很害怕。不如，咱们移步到办公室慢慢商议，如何？”

“三明治谈话术”是一种实实在在的语言的艺术，我们时时刻刻都清楚地知道自己谈话的目的，善用合理的社交策略，以求实现双赢，尽量达到积极的沟通效果。面对非暴力的危机时，我们更要采取冷静的方式缓和矛盾，而不是将其激化。同样的一件事，使用不同的交流方式，得到的结果也许千差万别。

即使在面对危机的情况下，我们也不要委屈自己盲目道歉，也不要轻易向对方投降。每个人对同一件事都会有不同的处理方式，并没有孰对孰错，关键是要审时度势，缓和处于对立面的双方之间的矛盾。

“前后两个好消息，包裹中间的一个坏消息”的这种语言模式，就像一份三明治。“三明治谈话术”给出的“弦外之音”就是种不错的方针，能帮双方冷静下来，做出最有利的双赢决策。

因此，在家长和老师的谈话中，抛开老师和蔼可亲的态度，家长们需要注意老师的“弦外之音”。如果老师特意把你留下来，说想“聊聊孩子最近的表现”，那么不管他多么平易近人，这种表现都等同于敲响了警钟。家长要特别关注，老师前面和后面的都是委婉的客套话，在客套话说完之后，轻描淡写的“最近遇到的一点儿小麻烦”，那才是老师约谈的重点。通过对“三明治中心内容”地把握，家长就能和老师达成更有效的沟通。

研究早教30年的老教授的独门秘诀

我在加拿大留学时，认识了一位专攻儿童心理学的大学教授，她研究儿童早期教育已超过了30年。她现在年纪大了，已经退休，去儿童医院做志愿者，并且还常去朋友的咖啡馆帮忙，支持那里的青年员工。那儿的员工都是误入歧途后回归正轨的青少年，通常都有创伤性的童年经验。她认为应该给予这样的孩子更多希望和机会，让他们顺利地融入社会。

她与我们分享了这些年来和孩子打交道时的有趣现象，以及她和孩子和谐相处的秘诀。她说，和孩子相处，就像每天心上开出一朵花。她帮助数以千计的孩子们获得成功的秘诀很简单，就是她对每个孩子都充满信心。

1. 孩子比我们想象中更聪明

这位教授认为，孩子天生的智商和情商惊人，他们很会审时度势，能靠操纵成年人的情感反应来达到自己的目的。这一点，教授让我们在实习中自行观察，写成作业报告。

我亲眼看过一个1岁左右的宝宝，在妈妈送她到幼儿园的时候哭得涕泪交流，那撕心裂肺的声音，让她妈妈一步三回头地哭着离开。然而，在妈妈走了以后，老师温和地对宝宝说："现在妈妈已经走了，你再哭她也听不到喽。等你哭好了，再来找我们玩吧！"说着，老师就忙着照顾别的小朋友去了。宝宝愣了几秒钟，停止了哭泣，一副若有所思的样子。过了一会儿，她爬向了老师，抱住老师的腿，抬头仰望，露出了甜甜的笑容。

很显然，宝宝对于妈妈送自己到学校这件事不满，她很明白自己的哭泣能让妈妈感到伤心。一旦妈妈产生内疚的情绪，就有可能把孩子留在家里，或者尽早来接她回家。宝宝也明白，在幼儿园哭泣的作用没有那么好，老师懂得她这些小诡计，乖巧的孩子反而更能赢得老师的怜爱和关注。既然两副不同的面孔，可以让孩子分别在家中和学校的利益最大化，为什么不呢？

对我的这份报告，教授写下评论：

“如果妈妈意识到这是孩子的小诡计，她就会明白，害怕分离的‘焦虑症患者’其实是自己。如果她把送宝宝上学当作是一件轻松自然的事，不对此产生内疚情绪，宝宝很快就会意识到这不是妈妈的弱点，会觉得：‘哭也没什么价值，因为没什么好利用的。’”

2. 哭泣可能是在寻求“掌控感”

教授对我说，如果我们能忍耐孩子的大发脾气，不被他们的眼泪打败，孩子们就能意识到原则的重要性，从而学会尊重我们，规范自身的行为。关注孩子们的“小伎俩”，有助于我们进一步理解孩子的想法，因此能够以更有建设性的态度去面对。无论是父亲还是母亲，都不要“呕心沥血”地去栽培孩子，不要轻易地陷入孩子的“情感陷阱”，也不要毫无原则地向孩子的泪水投降。

一次，班里新来了一个叫咪咪的小姑娘，长得软萌又可爱，老师们都争着要抱抱她。谁知，这么可爱的一个小姑娘，闹起脾气来也十分了得。只要咪咪的眼泪在眼眶里转两下，父母就从来没有拒绝过她的要求。她把这一套也带到了学校，比如一不高兴就故意将盘子和刀叉碰翻在地上。

我板起脸告诉她，请她把盘子收拾好。但她只顾掉起了眼泪。然而老师们下定决心要让咪咪明白事件的后果，“只有遵守规则的孩子才能享受应有的待遇”。咪咪的“眼泪攻势”第一次遭遇了滑铁卢。然而这种挫败感，从长远来看，对咪咪有好处。她需要明白，人生不能为所欲为，用“眼泪攻势”来“绑架”、操控他人感情的行为是不可接受的。

3. 孩子爱惹麻烦，说明他缺乏正面关注

每个孩子都会用自己的方式来吸引父母和老师的关注。有的孩子打出的是“乖乖牌”，他们意识到当个模范生，无论在家还是在学校都能得到赞扬。还有一些孩子，发现“乖巧”这个标签已经被其他的小伙伴占领了，他们选择了与此截然相反的方式，为自己贴上“捣蛋鬼”和“小麻烦”的标签。哪怕他们因此受到惩罚和斥责，他们也是开心的，因为毕竟他们从同伴那儿争夺到了成年人的注意力，无论好或坏，他们都是胜利者。

教授告诉我，这样的场景，放在小学和中学里也一样。为什么有的孩子总出现问题行为，并且屡教不改，就是因为这些行为引发的关注，正是他们所追求的。在这种情况下，如果老师们能保持冷静，不去理会这种公然的挑衅，反而表示出对于积极正面的良好行为的兴趣，“捣蛋鬼”们很快就会觉得索然无味了。他们会思考，然后重新定位自己的策略。

还有一个女孩子，潜意识里把自身作为武器，希望能让关系恶化的父母修复关系，因此故意表现出问题行为。她的成绩大幅度下滑，成功地吸引了父母的注意力。父母为了孩子的前途，将全部的注意力都转向孩子，导致短暂“休战”的父母结为同盟，共同讨伐不上进的女儿，达到了前所未有的团结。于是孩子的目的终于达到了。下一次，当父母开始争执不休时，那个孩子又再一次出现成绩大滑坡。

如果夫妻双方能够意识到孩子的苦衷，就会有更有效的解决方式。父母应当和平地自行解决双方冲突，不该让孩子牵涉其中。父母有责任为孩子提供一个平和的生活环境，孩子有责任对自己的学业生活倾注最大的努力，而且她应该意识到，父母的争端和她没关系，她没必要为此牺牲自己的大好前途。

4. 正面管教，积极教养

在管教和批评孩子时，遵循的大原则应该是“正面管教”，对事不对

人。我们的目的是解决孩子成长中面临的情绪和行为问题，而不是批判孩子的缺点。总而言之，在任何时候，家长和老师都要承认孩子的优点，不要只关注孩子的缺点。遇到大事不含糊，遇到小事不纠结，就是最好的教育。

5. 轻松快乐的家长最成功

养育孩子最成功的父母，不是完美的父母，而是快乐的父母。快乐的人会带来无比美妙的家庭环境，能充分滋养孩子的生命力。快乐的父母，在养育孩子的同时也绝不会委屈自己，会先满足自己的需求，让家庭中的成员都能有比较舒适和愉快的生活环境。

教授曾说过，任何关系都需要花时间精力去维系。有些过于尽责的父母在亲子关系上花了太多精力，却忘记了自己不仅仅是父亲和母亲，还是丈夫和妻子。如果他们能留些时间给自己，怀着愉悦的心情，和伴侣相互扶持，通常在育儿方面能够事半功倍。

另外，孩子作为家庭的一部分，也需要用他们的方式有所付出。孩子可以独立承担一些能力范围内的家务，这不仅让父母更轻松，而且已有的教育学研究也发现，会做家务的孩子更自信、更有“掌控感”，他们和父母及同龄人的关系也会更好。

最后，教授总结说：孩子不是一个家庭的核心，父母的夫妻关系才是核心和一切的基石。良好的夫妻关系，能为家庭创造一种温馨的氛围，为孩子施加潜移默化的好的影响，让孩子正直而善良，有求知欲，具备合作与分享精神，形成不错的社交能力。最重要的，是父母为孩子做出好榜样，成为一名有眼界、有胸襟的“世界公民”。

孩子初入幼儿园，过度焦虑怎么办

孩子初入幼儿园，过度焦虑怎么办？

对于许多国内家长而言，孩子初入园都是段很痛苦的经历，是对孩子更是对家长意志力的极大考验。

在加拿大，应对孩子初入园时的“分离焦虑”，我们有一套完整的应对系统。这里我忠实记录了一名两岁半的孩子眉眉（化名）是怎样克服“分离焦虑”的，希望她的表现能给诸位家长一个参考。

由于我们学校采取的是“渐进式入学”政策，我们通常为孩子提供为期一星期的入学适应期。孩子在第一天的时候，只需要在幼儿园待两个小时，而且会有家人陪伴。第二天，孩子的父母可以陪伴孩子在幼儿园玩4个小时。第三天，家长必须离开，让孩子单独在幼儿园待满4个小时，吃完午饭后再接回家。第四天，时间会延长到6个小时，孩子会留在幼儿园午睡，午睡醒来后被家长接回家。第五天，孩子会在幼儿园待满全天才回家。

加拿大早教中“渐进式入学”政策能给孩子一个对新环境的心理适应期。同时，老师也会充分考虑孩子“分离焦虑”发展的几个阶段，并做好充足的应对准备。

1. “分离焦虑”的第一阶段：震惊和抵赖

小朋友来到陌生的环境，受到过度的外部刺激，一直处于一种“应激反应”的状态，表现形式通常是：面无表情、一言不发、对老师的呼唤无应答、远离集体活动等。

眉眉也在第一天和第二天里度过了有妈妈陪伴的几小时。虽然有妈妈在场撑腰，眉眉还是显得十分紧张和退缩。她缠在妈妈身边，缩成小小的一团，从指缝中悄悄地观察别的小朋友。她在教室里的活动范围，仅限于一个以妈妈为圆心画出的直径两米的圆圈。即便是妈妈大力鼓动她去参与玩耍，她也只是撇着嘴摇摇头，把妈妈抱得更紧一些。有些好奇的小朋友凑过来观察眉眉，她非常紧张地背转身去。

中途妈妈不得不去了一趟洗手间。尽管得到了妈妈“一定马上回来”的保证，眉眉还是陷入了一种焦虑的状态。她站在门边不动也不哭，眼巴巴地望着妈妈离开的方向，翘首以待她的归来。老师和眉眉说话，她呆呆地毫无反应。

2. “分离焦虑”的第二阶段：愤怒的情绪发泄

第一阶段不是最糟糕的，“情绪失控”的第二阶段，才是大家公认最可怕的阶段。这个阶段充满了眼泪、鼻涕、号哭、尖叫，甚至推搡和踢打。

这种场景出现在眉眉“渐进式入学”的第三天。在妈妈第一次离开后，眉眉撕心裂肺地大哭起来。她不顾老师的劝阻，一次次哭喊着奔向妈妈离开的教室门口，趴在围栏上哭得浑身发抖。无论老师拿出多好玩的玩具，多么温言软语地安慰她，眉眉的号哭都无法停止。眉眉的哭喊声，连走廊尽头教室里的老师都听得清清楚楚。她们都走过来，想看看是哪个小朋友那么能哭。其他的小朋友也围过来，有的皱眉捂耳朵说“太吵啦”，有的好心地摸摸眉眉的脸蛋，却被眉眉厌恶地躲开了。

那一天眉眉在4小时之后被接走，她饿着肚子什么也没吃，哭得喉咙沙哑。妈妈心疼地看着眉眉，但我们都明白，这是孩子入学必经的阶段。

3. 讨价还价

眉眉进入“分离焦虑”的第三阶段，是在她来到学校的第四天以后。在这个阶段她已经基本接受了现实，明白自己不得不来学校待满8个小时。然而她还是很不喜欢这样，常常想和我们讨价还价。

由于我们都生活在英语国家，两位同班搭档都是韩国老师，而眉眉在家和爸妈只讲中文。她很快就发现，只有我一个人能听懂她说话，于是立刻把我视作了她的“信使”。

在眉眉开始哭闹着要妈妈的时候，我告诉她：“妈妈在你下午睡好午觉，吃好点心后就会来接你了。”

眉眉马上止住哭，开始对我下命令：“我想要妈妈现在就来！”

“我知道你想，但是妈妈要上班，下午才能来。”

眉眉想了想，做出了一些让步：“那我想要妈妈来陪我睡午觉！”

“不行哦。”

接着，眉眉不放弃地继续讨价还价：“我想要你给我妈妈打个电话，你给她打电话吧！”于是我假装给眉眉妈妈拨了个电话，并告诉眉眉，妈妈说下午睡好午觉就来接你。

眉眉总算安静下来了。到了午睡时分，眉眉又挣扎了起来。她对照顾她的一位韩国老师摆出了一副嫌弃脸，指着我，用中文大声对老师说：“我不要你，我要这个老师！”

我告诉眉眉，我现在需要帮助别的小朋友，请她跟那位老师乖乖去休息。眉眉又号啕起来：“我不想睡觉！我要出去！”

老师抱着眉眉，轻声安慰她，拍拍背让她入睡。眉眉呜咽着翻来覆去好久，发现自己似乎不得不睡觉了，于是做出了最后的挣扎。她一本正经地告诉老师：“眉眉不哭了，你走吧！你不用在这里了。”

我在旁边努力忍住不笑出声来。虽然眉眉的行为还是充满挑战，但和老师有了沟通，事情正在好转，我有把握能够赢得眉眉的合作。

4. 情绪低落

“分离焦虑”的第四个阶段，是孩子在不得不接受现实后的妥协。当孩子发现哭闹撒泼不管用，讨价还价也不管用时，会进入一个新的情绪低落期。这个阶段往往和第三阶段交替出现。

我将这个阶段称作“非暴力不合作”时期，即小朋友的消极抵抗期。孩子在这个时期并不会过多地释放攻击性，也不会大吵大跳地影响到学校的日程，但是，他们也不肯积极地配合老师，而是默默坐在角落不说话，不参与活动，有时甚至默默流泪。

眉眉的表现也是如此。在她来到学校的第五天、第六天和第七天，她常常是自己一个人默默坐在图书角，周身弥漫着无可压抑的悲伤情绪。有时候她会终于忍不住，“哇”的一声哭出来。

我问她：“眉眉，你心里明明知道妈妈下午会准时过来接你。现在再不开心，妈妈也不会早来一分钟，对不对？为什么不让自己开心一点儿，干吗非要把自己搞得那么痛苦不可？”

眉眉抬头委屈地看了我一眼，抽着鼻子说：“我也不知道呀。”她想表达的意思是，虽然知道和妈妈分离的事实无法改变，也知道伤心于事无补，但还是感到很难过。这个时候，如果老师能够安静包容地让孩子静静哭一场，再给予温柔的拥抱，孩子就会感觉被接纳，更加认可老师和这个集体。

5. 接受现实

“分离焦虑”的第五个阶段，是接受现实，能与现实发生互动，相互妥协。到了这个阶段，我认为孩子才算是度过了“黎明前的黑暗”，孩子已经基本能够适应学校的生活了。

目前眉眉已经取得了一些靠近第五阶段的小进步。例如，在户外活动课上，眉眉自己主动找老师讨纸巾擦干了眼泪，然后蹲在我身边的沙坑里玩了一小会儿，大概5分钟。我即刻对她的行为表示了赞扬，她也第一次露出了笑脸。

在眉眉来到学校的第三个星期，她终于完全克服“分离焦虑”，积极地投入了新的学校生活。

其实，一旦对孩子必经的“分离焦虑”五阶段达成了了解，善用每个阶段的应对法则，家长们就会明白这份演练终将过去。比强迫和训斥更有效的方式，是对孩子有信心，用豁达的心态去面对孩子的哭闹。一旦孩子感受到家长和老师对他的爱和积极信号，他也就能在新环境中展现最大的勇气，给我们带来新的惊喜。

遇上蛮不讲理的同伴，孩子被孤立排挤怎么办

以前在加拿大读书的时候，听儿童发展教育专业的老教授讲过一个案例。她谈到了儿童时期的内心冲突和行为问题，也谈到了一个集体中的孩子为什么会出现欺凌、孤立和排挤同伴的“霸凌行为”。

遇上蛮不讲理的同伴，孩子被孤立排挤怎么办?

首先，我们应该弄清楚“霸凌行为”发生的原因。最容易出现咬人、打人等暴力行为的孩子，一般是那些语言或者身心发展较迟缓的孩子。由于他们无法像同龄人一样自如地使用语言进行沟通，或者他们的生活中充满挫折，这些孩子一直在内心危机中挣扎。

一个气馁的孩子，最容易出现不良行为，因为他们对自己不抱希望，不相信有人会喜欢自己。一旦他们的需求被同伴忽略，就更加证实了他们“没人在意我”的预设。这时，愤怒的孩子容易出现暴力行为，例如一掌把小朋友推开，抢别人的玩具和食物，抓住别人胳膊狠狠地咬一口，故意挑衅同伴……他们的行为，益发加剧了同伴对自己的疏远和厌恶，于是演变成一个恶性循环。

一个小男孩正在发脾气，他先左右看看确认老师在较远的地方，然后越过了他身边的一个大孩子，走向远处一个较瘦小的孩子，泄愤般地咬了他一

口。老师追问那孩子为什么要这么做，他自己也说不上来。“霸凌者”常常本能地选中群体里最脆弱的几个孩子作为他们的“猎物”，以实践他们的报复行为。

儿童行为专家发现，在一个集体中，具备以下几个特征的孩子更容易被孤立和欺凌。例如，那些长相与众不同的孩子；体形过于肥胖或矮小的孩子；名字特殊少见的孩子；沉默寡言或讲话结巴的孩子；与多数人有不同的宗教信仰的孩子；穿着邋遢，或因疾病而导致行为模式异于常人的孩子……他们最容易成为被同伴排斥、受“霸凌者”欺负的“边缘人”。

如果孩子恰好被蛮不讲理的同伴选中了，被孤立排挤成了集体中的“边缘人”，家长和老师应该怎么办？

预防，总比事后补救有效。在我们的孩子年纪尚小的时候，我们就要教会他们怎样有效地保护自己。孩子们应该知道，当他们遭受不公正的恶意霸凌时，一定要奋起反抗，要保护的不仅仅是身体，还有心灵和尊严。

1. 自我肯定和自我强大

每个孩子都需要在逆境中学会自我肯定和自我强大，学会在伤害中成长，接纳自己独一无二的地方，为自己感到自豪。

如果孩子聪明成绩好，就用智力碾压欺凌他的人，寻求老师和校方的支持。如果孩子人缘好，可以通过社交手段进行舆论造势，联合同盟反击霸凌者。如果孩子体能好，可以通过强健体魄来提升自己，让别人不敢再欺凌他。

总之，父母需要坦然地告诉孩子，与众不同不是一种罪过。唯有真实地做自己能让我们快乐。一个强大的人，能在否定声中勇敢地忠于自我，也能给周围的人带来温柔的力量。

2. 来自父母的支持

霸凌除了造成身体上的伤痕，更多的是为孩子带来一种心灵上的伤害。这个时候，家长们需要陪伴在孩子身边，用行动坚定地告诉他们：“就算全世界与你为敌，爸爸妈妈也站在你这一边。”

一些家长平时工作忙，或者根本就认为“教育是学校的事，我不用操心”。他们本着怕麻烦的心理，暗自期望孩子被欺负这件事会随着时间淡化。很可惜，那是不可能的。如果不及时处理，霸凌事件会像滚雪球一般愈滚愈大，对孩子的负面影响也会愈来愈深。

通常家长越怕事，孩子就越自卑。越是自卑的孩子，在集体生活中越容易被嘲笑和欺凌，形成恶性循环。

北美家长在孩子被孤立排挤的霸凌事件后，第一件事并不是讨回公道，而是将注意力集中在孩子身上，以确保他们的身心健康不受影响。他们会将孩子搂在怀里，不由分说地对孩子说一句话：“宝贝儿，这件事不是你的错。”

此时，大多数孩子正处于心灵最脆弱的阶段，父母的这一句话，正是稳定军心的“定心丸”，让孩子意识到自己仍然是值得被爱的。这对于重建他们的自尊自信很有帮助。一方面，家长们会告诉孩子，“霸凌”行为是可耻的，错不在孩子这里，他们不能因为自己被霸凌而看轻自己；另一方面，家长们还是会和孩子一起，回顾整件事发生的过程。他们会鼓励孩子，针对此事想好对策，以防同样的事再次发生。

3. 积极的学校氛围

在家长的能力范围内，尽量让孩子上好一点儿的学校。所谓的“好学校”不一定是贵族名校，而是指相对来说有更丰富的教学资源、更浓厚的学习氛围和更平和的校园风气的学校，也就是我们所说的“校风正”的学校。霸凌行为，在一所好学校是为人所不齿、见不得光的，霸凌者得不到大家的响应，久而久之会放弃挑衅。

加拿大有一个专门的“反欺凌日”，又名“粉红衬衫日”。这个节日的起因，是一个九年级的男生在开学第一天遭到了校园恶霸的欺凌，原因是他穿了一件粉红色的衬衫，被霸凌者恶意嘲讽“娘娘腔”。高年级的男生David Shepherd和Travis Price听说了此事，不忿于校园里恶意的滋长，决心好好整治一下霸凌者。他们买了50件粉红衬衫，在高年级男生中散发，大家商量好第二天一起穿粉红色衬衫出现以支持被欺凌的小男生。后来校园里其他人也得知了此事，自发要求加入反霸凌的“粉红衬衫行动”，校园第二天成了粉红色的海洋。

聪明的孩子都明白，真正的勇敢是不动声色的力量。“霸凌者”是懦夫，他们只敢欺负比自己弱小的人。只要大家都勇敢地发声反抗，就能保护那些需要被保护的人。

总而言之，成长中遇上挫折是无法避免的事。为了预防可能出现的“霸凌行为”，家长们平时就要积极行动起来，一方面让孩子学会自我强大，一方面为他们打好“预防针”。一旦真的遇上了欺凌和排挤，也不要害怕，我们可以积极和孩子沟通，团结一切可能的力量，去发声和反击。只要得到家长和老师的全力支持，孩子就会更勇敢。

幼儿园老师偏心，家长该怎么做

我们常常在电视剧或小说中看到，多子女家庭会出现父母偏心的问题。那么，在学校环境中，是不是也会有这种情况呢？

首先，我们必须明确的一点是，好老师对孩子们应该一视同仁。但“偏心”作为一种正常的人性，在多子女的父母身上会出现，在老师心里自然也会出现。然而，这不代表在教学环境中的“偏心”是正确的反应。一个受过专业训练的老师，即便内心有倾向性，也绝不应该表现出来。偏爱某个孩子而忽略其他的孩子，不仅说明了老师的“不专业”，更是对公平正义的教学秩序的一种破坏。

我在小学时也遇到过很偏心眼的班主任，让我感到非常难过。那位年轻的女老师当时师范专业毕业即来学校任教，她非常喜爱我们班一个家境殷实的小姑娘（据说是富商之女），一年级时便任命她做班长，给予她许多的特权。每当她在课上举手，老师就眉开眼笑地点她起来，不管回答问题正确与否都大大地夸赞她一番。而我和大多数同学一样，把手举到酸了老师也不看我们一眼。班长在女老师的宠爱下，愈发肆无忌惮，开始欺压同学们。有一次，班长收作业本时，有个女同学交作业的动作慢了点儿，班长“刷”的一声就抽了女生一记耳光，女生趴在桌上呜呜地哭了。令我心寒的是，女老师在了解情况后只说要大家积极配合班长的工作，对班长的做法什么批评教育也没有，不了了之。直到后来被打的女生家长到学校告状，女老师才略有收敛。我至今都很不喜欢那位女老师，毕业后一次都没回去看过她，内心觉得她配不上学生的尊重。

好在，后来在我的求学过程中遇到了很多好老师，他们带给我的感动和鼓励早已冲淡了她带给我的心灵伤害。尽职尽责的好老师，才是大多数的，我们还是应该对此有信心。

从一个幼儿园老师的角度，我能理解当孩子遇到老师“偏心”的不公正对待，家长一定感到甚是挫败。有的家长会发怒，马上闹到学校，弄得大家两败俱伤，不欢而散。这种应对方式纯粹发泄了情绪，并没能解决实际问题。其实，比较好的做法是先直接找老师沟通，弄清楚老师行为的客观原因到底是不是出自偏心，再决定后面的做法。

在当面质问老师行为的时候，建议家长不要一开始就气势汹汹地兴师问罪，那样只会引发老师的反感和防备，不利于澄清事情的真相。这时候，“三明治沟通法”可以派上用场，例如我们可以这样说：

“某某老师，你好，我今天来是想了解一下孩子在学校的情况。平时我们很配合学校的工作，也理解老师的辛苦，这次来一方面是想感谢老师的付出，一方面也是想更有效地和您沟通，消除误解。最近在学校发生了这样一件事……孩子觉得他受了伤害，我们也感到很难过。我想知道，您怎样看待这件事？”

通常情况下，老师会从他的角度，对家长做出一番解释。家长可以通过老师的说法来体会他的内在逻辑，是否有道理，是否和他所说的一致。

有一个最重要的评判标准，我们可以以此来辨别孩子是否在偏心眼的老师那里受挫。那就是：孩子能否接受老师的解释？孩子对老师是否还保留尊重和信任感？

一个偏心眼的老师，是无法得到学生的尊敬的。相反，一个关心学生、坚持原则的老师，哪怕是偶尔训斥惩罚了孩子（体罚无论如何都不可取），孩子也是不会记恨的。

很多时候，偏心眼的老师并没有那么多，他们的行为背后都有原因，比如为了维护公平的教学秩序而不得不拒绝孩子的要求，或者试图通过惩罚不当行为来“杀鸡儆猴”。

比如我自己，就亲身经历过一次和孩子家长的直接冲突。我所在的儿童早教学校，每年都有举办圣诞晚会的传统，孩子们会登台表演，家长也会呼朋唤友地过来捧场。有一年，我们班的孩子们决定他们想要演出圣诞老人和小精灵的故事。大家一致同意，平时不参加排练的孩子最后不能在演出中扮演重要角色，只能当驯鹿或圣诞树之类的布景板。我和孩子们都认为这个规则是公平的。妮妮平时在学校活动中很活跃，可她这一次没有参加彩排，而是和父母一起飞去佛罗里达度假了。回来后，妮妮要求参加表演，她想当小精灵，我拒绝了她。妮妮伤心地哭了。她母亲特意来学校找我，说女儿期待了好久，连小精灵的服饰都买好了。她还说，女儿擅长唱歌跳舞，没有比她更适合演小精灵的了。我告诉她，看到妮妮哭我心里也不好受，但规则是规则，如果我让妮妮参演了重要角色，对于其他认真排练的孩子不公平。在这种情况下，妮妮可以选择参与布景板表演来协助其他孩子，或者不参加演出，我尊重她的决定。最终，妮妮还是决定参加演出，她和同伴们还是玩得很开心，但她母亲很不开心，看到我就板起脸走开。

有少数的家长，他们认定孩子在学校受了委屈，并指责老师偏心，他们的潜台词其实是说“老师凭什么不给我的孩子特殊待遇”。这种时候，老师能够顶住压力坚持原则是很重要的，不给予特殊待遇，是在为大多数孩子的利益负责。

毕竟，因材施教，遵守规则的老师，才能最大限度地维持一个教学集体中的公平。

男孩玩手枪，女孩爱芭比？别让性别刻板印象限制了孩子

几个月前在我工作的学校，有位家长来我的班上参观。那时我班上的孩子们正趴在地毯上，各式各样的玩具车散落了一地，大家正嘻嘻哈哈地玩扮演消防员的游戏，玩得不亦乐乎。

这位父亲惊讶地脱口而出："哇，你们让女孩玩赛车和消防车，这可是男孩的游戏啊！"

我愣了一下。在此之前，我没意识到孩子们的性别身份可能会和玩具发生联系。我笑了笑，解释道：

"我们学校的这些玩具是不分性别的，男孩女孩们都喜欢。这一届班上的女孩更多，她们对车类游戏的热情并不弱于男孩。至于男孩，我们也鼓励他们参加各种不同类型的游戏，包括和同伴一起在厨房里过家家。"

谁知那位家长听得直摇头，说男孩子就该玩男孩子的游戏："要是我儿子在你班上就好了。你们班的男生玩具比隔壁班多得多。"

随后他又抱怨了一番，理由是他觉得他儿子所在班级的装潢和玩具都太女性化，连厨房都是粉红色的。

后来我认真思索过儿童玩具与性别的关系。难不成女孩真的更偏好洋娃娃和过家家？于是我向女孩们求证，她们是否真的喜欢车和消防员玩具。她

们大力点头：

“那是我们最喜欢的！”

在我们的社会中，手枪是男孩的玩具，而芭比娃娃则是女孩的专宠。大多数人认为，女孩玩枪或者男生玩芭比娃娃，会让他们产生轻微的扭曲感。这种不适感是因为该画面打破了我们传统的性别认知。硬朗的冲锋枪，代表着男性气质的极致，而凹凸分明的金发芭比则属于女性气质的极致。两者的错位，导致认知产生强烈的冲突。然而，男性特质和女性特质，真的如同枪与芭比般毫不相容吗？

我们为孩子选择的玩具，是否也代表着我们潜意识里的性别刻板印象呢？性别刻板印象，会限制孩子未来发展的可能性吗？

如果是和我一样在中国长大的孩子们，都或多或少曾有过这样的感觉，自己由于性别的缘故而被区别对待了。针对性别产生区别对待是普遍的，通常在乡村甚于城市。统计数据说明，愈是高度文明的地区，性别歧视和刻板印象的程度就会愈低。可是即使是在经济最发达的一线城市，性别带来的区别对待也并没有消失，拥有保守性别观念的人们还是很多的。

我们常听见这样的评价：“女孩子安安静静地玩洋娃娃多好，追着那群男孩子疯跑像什么话？女孩子别去干辛苦、危险的工作，以后还是要以家庭为重的。”

“男人要养家糊口，你这么没出息，谁愿意嫁给你？男人要以事业前程为重，儿女情长的事先放一放吧。”

从童年时期开始，男孩就被着力培养“男子汉气质”，他们被要求不准掉眼泪，不准斤斤计较，不准体弱多病，只准玩所谓“具备男子气概”的玩具，例如士兵、赛车、恐龙、手枪等。一旦有男孩对这样的“人设”不感兴趣，想涉足一些不那么典型的男性游戏，例如和女孩一起玩娃娃屋、芭比、跳皮筋等，就会受到来自外界的冷眼和阻拦。同样地，女孩被教导要温柔，要美丽娇弱，要被保护，否则就是个“女汉子”和“野丫头”。

外部施加的性别刻板观念并不是最可怕的事。最可怕的是，我们会在这样的压力和影响下，渐渐被洗脑，将自身的性别差异内化为自我的一部分加以接受，甚至为此沾沾自喜。为数不少的女性会主动运用自己的性别身份示弱，以此换得生活上的好处，小到要求学校大扫除时被分配轻一点儿的活，大到理直气壮地开口要求未来的伴侣买房买车给彩礼。

所有基于性别差异而引发的区别对待，归根结底都是一种隐性的性别歧视。这种歧视将人们按性别分化为男女对立的两大阵营。这样的社会现象是值得警惕的，因为它割裂了每个人本应该有的自由世界，将世界简单粗暴地划分为两元化的性别阵营，也把男女双方摆在了竞争和敌对的位置。

在简单粗暴地以性别划分人格的世界里，无论男性还是女性，都是受害者。女权主义者常常批判在父权制度下女性的价值被削弱，男性是既得利益者，事实上却未必。“性别歧视”针对的不仅仅是女性，男性也同样是受害者。除了男女之外的第三性、性别认同困惑的人、偏“男性化”的女性，或者是偏“女性化”的男性，经受的屈辱和歧视是最深的。

其实，孩子本身对于性别是不存在歧视的。他们本可以不被性别刻板印象所束缚。他们都是在之后的人生中不断被外界的教化洗脑，终于从“反对者”变成了“拥护者”，由“受害者”变成了“加害者”。

其实玩具不过就是玩具，专业不过就是专业，工作不过就是工作。我们该考虑的是自己喜欢做什么，擅长做什么，而不是“我的性别告诉我应该做什么”。优秀的孩子，首先要是一个善良勇敢、健康快乐的“人”，其次才分性别、国籍、文化、种族。

不要再自我催眠说什么“性别差异和刻板印象就是现阶段的现实”。如果现实果真如此，那么我们都有责任为孩子们创造一个更包容、更光明的未来。

培养孩子的“专注力”：享受“一时一事”的心流

常有父母提问：孩子不够专注，该怎么训练他？

其实，在与孩子们的接触中，我深切地感受到，当孩子们对一件事感兴趣的时候，他们的专注力是很惊人的。只要我们不去干扰孩子，他们就能通过探索自己感兴趣的内容，一点点让专注力继续加强。完全不需要父母和老师给予任何的特殊训练，只要我们平时少指挥、少打扰孩子，让他有机会拥有“心流”体验就很好。

“心流”从心理学上来说，是一种巅峰体验。它指的是一种注意力高度集中的沉浸式“入迷”状态。我们在“心流”状态下，能高效地完成任务并乐在其中，成果斐然，浑然不觉时间的流逝。我们会更深层次地体验精神世界，对自己所做的事情充满使命感和喜悦。常有“心流”体验的人，工作成绩更显著，对生活的满意度也更高。

我现在在温哥华教小朋友们阅读、艺术和瑜伽等课程。我们小小班的孩子们年龄都在3岁以下。每天早晨，大家都会围坐成一个圆圈，等我给他们讲故事、做游戏、读绘本。当我和孩子们都沉浸在精彩的故事中的时候，一个多小时很快就过去了。

隔壁班的老师们路过，看到此情景总是很惊讶。他们说：“天哪，你的孩子们太棒了！你是怎么做到让他们在你的‘晨圈’待上一个小时的？我班上的孩子们连20分钟都坐不住。”

我笑而不语。事实上，对于小朋友们而言，他们对一件事感兴趣与否，很大程度上都取决于家长和老师对此事的态度。孩子们能精确地捕捉大人的情绪，以此分辨我们是否在分享内心真正的热情。遇上对自己准备的教学材料不感兴趣的老师，即使做了再精良的准备，孩子们还是能敏锐地发觉：老师教我的，连他自己都不感兴趣。这样一来，要说服他们“阅读绘本是件有意思的事情”就很难了。

家长和老师的“心流”状态能够触发孩子们的“心流”状态，彼此引发共鸣。作为儿童教师，我们的使命就是让孩子们在有趣、丰富、积极的环境中成长，因此，我们所选的教学材料首先要足够吸引我们自己，这样才更能滋养孩子们的心灵。每个孩子都热爱听故事，前提是它是个好故事。如果家长希望能锻炼孩子的专注力和未来的学术能力，可以选择通过读绘本、讲故事和唱歌等方式来加强孩子们的语言表达能力、阅读能力和理解能力。在我给孩子们讲故事时，小朋友们听得尤其认真，眼珠都不转一下，完全将自身放置进了故事的情节之中。

有一天，我给小朋友们讲到了《魔龙帕夫》的故事。这个故事大意是，有一条魔龙叫帕夫，它住在孩子们的幻想世界。它曾有个最好的小伙伴名叫杰克，他们一起拜访过海盗和国王，经历过无数的精彩冒险。魔龙帕夫很爱它的小伙伴杰克，希望能和他永远在一起。可惜，魔龙能够永生不死，而孩子们却总有一天会长大。终于有一天，杰克不再来找它。魔龙帕夫日复一日地等，最后它的鳞片如同伤心的雨点一般纷纷掉落，它默默地沉入洞穴，不再出来。魔龙帕夫的故事来自于一首悲伤的民谣，由于受到人们广泛的传唱和喜爱，后来也被编绘成一部儿童绘本。

当我一页页地翻开绘本，把这首歌唱给大家听的时候，一个小姑娘眨巴眨巴眼睛，潸然泪下。当我唱道：

“在某一个灰色的夜晚，杰克离开它不再回来。帕夫这条勇敢的小龙，伤心地潜入了自己的洞穴……”

小姑娘突然“哇”的一声哭了出来，一边哭一边摇手：“不要……小龙好可怜……”

吓得我赶紧把绘本的最后一页翻出来给她看，告诉她故事有个温暖的结局。长大后的杰克回来了，还把自己的小女儿带来，让她和魔龙帕夫做了好朋友。

本来梨花带雨的小姑娘，瞬间破涕为笑，双手珍惜地抚摸着最后一页的图片。其他的小朋友也都如释重负地笑了，在讲完故事后还缠着我想听更多关于龙的故事。

受《魔龙帕夫》故事的启发，我带领大家一起画画，鼓励孩子们画出他们心目中帕夫的模样。我们还一起查阅资料，用硬纸板做了一条有模有样的龙出来。

后来，我观察到孩子们之间自发地创造了一个想象力的游戏：他们相信，有一条看不见的透明的龙就住在我们的教室里。有的孩子拿来信纸，说要写信给教室里的龙；还有的孩子一本正经地对着空气说：“你是小龙，我是某某，我们来做好朋友吧。”

总而言之，孩子们专心致志的“心流”状态是很可贵的。当孩子沉浸在自己喜爱的活动中时，正是他们锻炼专注力的时候。此时我们应该怎么做？

我们可以在一旁安静陪伴，当孩子需要帮助时给予适当鼓励，尽量不打扰孩子们的活动，可以适当延长他们的活动时间。如果孩子接下来的日程表上实在有重要的事，我们可以轻缓地告诉他后面还有需要完成的任务，并给他一些缓冲收尾的时间：“你还可以玩5分钟哦。5分钟后，我们大家要一起出发到公园去，请你做好准备。”

如果孩子坚持不肯中止活动，我们可以告诉孩子：“我理解你的心情，不过现在我们没有选择，必须要出门。不过，我会把你没做完的作品保存下来，这样等我们回来后你可以继续完成它。你想自己把它收起来，还是让我帮助你？”

然后，我们就可以温柔坚定地带领孩子们进行下一个活动了。

每个孩子都是天生的米开朗基罗，而他们雕琢的，正是自己的人生。专心致志的“心流”体验，就好比是小小艺术家手中最称手的雕刻刀，它会帮助孩子在时间的流逝中找到真正的自己，发掘出内心的激情。

祝愿父母都能像孩子一样，享受“一时一事”的心流，体验沉浸在最喜爱的活动中的喜悦感。

Chapter 8

北美名校的优质早教资源，统统给你搬回家

效仿北美幼儿园，保证孩子安全

大多数中国父母都愿意在孩子身上花费最多的金钱和心血，给孩子最好的一切。从孩子小时候，就砸重金送他们去跳芭蕾、学钢琴、跟外教学口语……等孩子到了入学年龄，家长又动用一切资源，拼命把孩子送进力所能及的最好的学校，甚至小小年纪就送去国外留学。

然而，儿童安全问题，仍然是国内教育领域的“重灾区”。即便是把孩子捧在手心、视若珍宝的父母，拥有全方位儿童安全意识的也并不算多。家长们所有呕心沥血的付出，都只是“1”后面的“0”。如果对孩子的安全不够重视，舍本逐末地失去了最根本的“1”，后面这些“0”也就毫无意义了。

让我们来看看，在哪些方面，我们对孩子的保护程度还有提升空间？

第一，中小城市和农村的孩子们，在公共场所受二手烟的毒害程度仍很严重。

我曾经在某省会城市的街头看见过一位父亲，一手牵着孩子，另一手拿着香烟有滋有味地“吞云吐雾”的场景，周围的人对此也熟视无睹。

第二，许多有私家车的家庭不愿安装儿童安全座椅。

一次调研结果显示，国内安全意识薄弱的驾驶员家长竟高达统计数据的83%。他们带孩子出行时，最常见的三种选择中占首位的是“让家人将孩子抱在怀中”，其次是“让孩子坐在后座乘客腿上”，最后是“让孩子坐在副驾驶座”。他们寄希望于“我车技好”“我开得慢”“从没出过事”，根本未曾考虑过一旦发生了个“万一”，孩子将被置于怎样的危险之中。

第三，在我们看得到的安全隐患中，还有国内孩子们骑自行车时不配备自行车头盔的问题，以及家长带孩子出游时不随身携带急救包的问题。

所幸，现在我们国内的家长对儿童安全的认知已经有了很大的提升，越来越理性和国际化。

在北美幼儿园，他们是怎么对孩子的安全“严防死守”的？在本节中，我愿跟大家分享一些在加拿大的教育领域的经验，关于加拿大对于儿童安全的保护措施，以及哪些地方值得我们借鉴。

1. 国外幼儿园的选址是个技术活

在加拿大开幼儿园是一门稳赚不赔的生意，因为幼儿园数量和新生儿数量相比是严重不足的。可是，为什么真正去实践开幼儿园的人很少呢？那是因为，想要找到一个合适的地址极不容易，很多人找了3～5年才找到一个合适的场地。这就排除掉了那些只想赚钱、敷衍了事的“生意人”，因此干这一行的，几乎都是真心关爱孩子的。

加拿大政府对于开设幼儿园的安全设施管制得非常严格。一个合乎规范的幼儿园，在室内每个孩子至少需要3．7平方米的活动空间，而在室外每个孩子则需要7平方米的活动空间。每招收10个孩子，就必须配备1个以上的小型马桶和洗手洗脸台之类的设备。

加拿大幼儿园还必须有合格的消防设施和逃生通道。一旦检测不过关，政府部门会勒令学校关闭整改，直至整改到所有设施都合乎标准为止，否则不许开门营业。加拿大的幼教监管机构还会时不时地抽查，给不同的幼儿园打分，以保障每个孩子得到的教育质量。

2. 从小练习的“逃生演习”帮孩子保持冷静

加拿大的某些地区是处于地震带上的。就像日本的学校常给孩子们进行地震演习一样，加拿大的幼儿园每个月也都有消防演习和地震演习，所有的老师和小朋友都被强制参加。

万一哪一天，真的遇上了地震、飓风，甚至山林火灾等自然灾害，孩子们就不至于惊慌失措，他们能在听到警铃后放下玩具和书本，马上跑到教室门口排好队集合，在老师的带领下安全迅速地逃生。

就连2岁以下的婴幼儿，也要参加这样的逃生训练。他们挨挨挤挤地手拉着手，挪动着胖胖的小腿，紧跟着老师，一个也不掉队。至于那些还不会走路的孩子，则会被老师用安全绑带抱在胸口，确保他们和大家一起快速撤离。

3. 加拿大幼儿园严密的安保系统

加拿大幼儿园，对于儿童的隐私和安全问题看得极重。每一位家长，都是“刷脸入园”的。在校长办公室里，有个专门的“家长接送名单”，不在名单上的人，根本不可能进入幼儿园，更别说把孩子接走了。

4. 幼儿园的家具摆设有讲究

加拿大幼儿园的内部设施很注重安全性，全部都经过了政府机构的安全审查。

譬如，所有家具都不能有尖锐的角，桌角大多是半圆形的，以防孩子摔倒时撞伤。

学校内只能使用电磁炉，不可使用明火，以防孩子玩火被烧伤，或者引发火灾。学校教室里的桌椅，大型玩具，包括小厨房和卫生间里所有尖锐的尖角都被防意外处理过，包上了柔软的橡胶。墙壁上用电的插头，平时都被防触电卡片牢牢地裹住，以防孩子因好奇而把手指伸进去触摸。

此外，家具要和孩子的身高相匹配，以便他们使用。学校的教室里和操场上各有1个急救包，若孩子在玩耍时意外受伤，可以第一时间得到护理。

5. 保护儿童是全社会的义务

从国家角度来说，加拿大也不遗余力地推广对于儿童的保护。他们将儿童安全的保护条例写进法律，全国范围内高度普及儿童安全座椅，每个骑车的孩子必备安全头盔和护膝，幼儿园和家庭中也普遍会配备儿童急救包。

从北美幼儿园的角度来说，每一位受雇于儿童教育机构的老师，都必须通过正规的学校培训和实习，持有幼儿教育专业学位、加拿大幼儿教师执照和儿童急救证书。

从教师个体角度来说，为了保证良好的教学质量，老师们需要不断吸收新的知识。为了保证专业知识和急救技巧不落伍，我们的幼师执照需要每五年更新一次，急救证书和无犯罪证明也需要每三年更新一次。

综上所述，我们可以说，北美儿童教育的安全意识之所以滴水不漏，重点不在硬件设施，而在于“全民重视和保护儿童”的软实力。我相信，假以时日，国内在这些方面一定能做得更好。

潜伏在孩子身边的几大“杀手”

孩子的童年是美好的。然而，在我们不注意的时候，他们的身边也潜伏着各种各样危险的“杀手”。这些不怀好意的“杀手”中，有的危险很醒目，已引起了家长们的高度警惕。例如，让人恨得咬牙切齿的儿童拐卖和儿童性侵害。

然而，还有更多看不见的“杀手”，正在一点点剥夺孩子们的幸福童年，甚至严重影响他们的身心健康。下面我会讲几个对孩子影响极大却常遭忽略的隐形“杀手”。

1. 过敏，也会要人命

过敏是世界范围内的儿童高发疾病。几乎每个人小时候都有不同程度的特定的过敏症状，影响可大可小。有的家长会重视此事并让孩子积极接受治疗。可是，更多家长基于知识和精力所限，根本不当一回事，让孩子自己在过敏症状中挣扎，严重影响了童年的幸福指数。

我小时候有严重的尘螨过敏，整天流鼻涕抹眼泪，鼻子常年堵塞，黑眼圈严重，伴随咳嗽。我一直都不知道怎么回事，只以为自己感冒了，整天纸巾不离手，而纸巾上的灰尘又加重了我的过敏。事实上，我长期有呼吸道过敏反应，又一直被医生误诊为鼻炎和扁桃体炎。国内医生一直建议我做手术割除扁桃体和鼻息肉。

到加拿大以后，医生倾向于保守治疗，他们建议我在核实病源前不要急着动手术。做完过敏源测试之后，我终于发现流鼻涕抹眼泪的症状来源于我对花粉、霉菌和尘螨过敏，是这些东西刺激了我的呼吸道，至于鼻炎和黑眼圈只是过敏带来的副产品。从此，我开始定期使用鼻喷剂，总算从过敏反应中解脱了出来。

在加拿大工作后，我在工作中发现北美的孩子们过敏症真是多。细数我亲眼见过的过敏案例，最普遍的是对花生等坚果过敏，还有花粉过敏，对鸡蛋及鸡蛋制品过敏，对牛奶过敏，对海鲜过敏……这些都算挺正常的。最惨的是，还有的孩子对所有麦麸制品都过敏，意味着他们与普通的蛋糕、面包、饼干、面条统统无缘，只能去超市选购少数不含麦麸的食物。

我曾经好奇地问过加拿大医生："北美居民的过敏种类好多，可亚洲人为什么很少见到类似的过敏情况？是因为人种不同吗？"

我的家庭医生是在加拿大出生的华人，他笑笑说："说亚洲人没有过敏，那是不可能的。谁都有某种程度的过敏。也许只是有的人对此不够重视。"

加拿大的幼儿园通常有两条铁律，一是幼儿园内严禁坚果及坚果制品，二是严禁小朋友们自作主张分享食物。分享食物是危险的，因为没人知道他们可能对什么过敏。自己的美食，对他人而言可能是危险致命的。

事实上，如果孩子们极度厌恶某种食物，常常是有缘由的。也许是因为他们的身体对该食物过敏，接受不了。可惜，大多数国内的家长确实不在意自己和孩子的过敏症状，有时候还会强迫孩子吃一些他们认为"有好处"的食物。

和过敏相比，还有一种更轻微的症状叫"不耐受"。比如我小时候一喝牛奶肚子就不舒服，常常拉肚子。我皱着眉头告诉父母，他们都不相信，认为我是因为不爱喝牛奶而找借口，于是强迫我把牛奶喝下去。我常常一边抗议，一边忍耐着喝完一整瓶牛奶，然后腹痛好几个小时。事实上，我这种肠胃反应就是典型的"乳糖不耐症"。待我长大了解这一点以后，把牛奶替换成了豆浆，之后再也没有复发过。

重视过敏问题，就是保护孩子。我们应当注意观察和倾听，更应该信任孩子对于食物的天然选择。

2. 糟糕透顶的“体罚”

在北美，家庭暴力是一项重罪。在国内，我们也有《未成年人保护法》，可惜大多数家长认定“爱之深，责之切”，还没有意识到体罚的危害，也并不认为“棍棒教育”算是家庭暴力的一种。

其实，教育学界早有长期的跟踪研究表明，体罚并不能帮助孩子改正不当行为，反而会在他们的心里埋下恐惧、仇恨和暴力的种子，是种简单粗暴、非常糟糕的管教方式。只懂得用拳头解决问题，是教育失败的标志。更何况一旦走到暴力那一步，不仅回不了头，往往也解决不了问题。

一个常常挨打的孩子，通常会变得很气馁，他们根本不相信自己值得被爱，也不会建立主动的“成长内驱力”，只想着混一天算一天。这样的消极抵抗态度，容易引发家长新一轮的殴打，亲子关系由此深陷泥潭，进入一个彻底的恶性循环。

所以，不管是谁告诉你“孩子不打不成器”，请坚定自己的立场，绝对不要听他们的。

3. “情感虐待”最扎心

除了体罚之外，言语虐待和情感虐待也是对孩子极大的伤害。孩子挨打留下的伤痕在身上看得见，随着时间它会慢慢愈合，而情感虐待留下的心理阴影却是无形的，惨痛的心灵伤害也许会持续影响一生。

常常说这些话的家长，需要警惕和反省了：

“你怎么连这么简单的东西都不会，你的脑子还不如个猪脑呢！”

“生你出来，我真是倒了八辈子的霉！”

“看别人家的某某某，再看看你，真给我丢人……”

“你太让我失望了，我当年可不像你这副窝囊样！”

一个孩子最大的不幸，是无法从父母那里得到爱、接纳和信心。连父母都不爱自己的孩子，很难学得会自尊自爱，终其一生都会以各种方式寻求认同。运气好的孩子，学会以自我成长的方式治愈自己；运气不好的，直到晚年还在自我怀疑的泥潭中挣扎，对自己的童年耿耿于怀。

孩子的成长需要积极的引导和不懈的鼓励。希望诸位家长，一定要警惕以上这些生活中隐形的“杀手”，把它们的出现消灭于萌芽状态。让我们用爱的力量，还给孩子一个明媚的童年。

“安全密码”：如何有效避免孩子被绑架和拐卖

2017年3月，多伦多一位4岁的亚裔女童在停靠在家门口的车上被人连车带人偷走了。女孩母亲报警之后，警方连忙发布了“安珀警报”，全市展开了一场声势浩大的“人肉搜索”。很快，一位市民在403号高速公路附近发现了被盗的汽车，迅速报警。救护车和警方火速赶往现场，总算有惊无险地找到了小女孩，她还安然无恙地待在车里。

然而，另一起发生在中国的盗窃案里的孩子就没那么幸运了。2013年3月，长春下着雪。一对父母担心自己2个月大的儿子冻坏，就把孩子放在没有熄火的车上，自己去屋内生炉子。随后，他们发现车和婴儿全被盗走。心急如焚的父母报警之后，各大媒体和电台发动了全城搜索，不断呼吁犯罪嫌疑人“只要你把车停下来，保证孩子的安全，我们不追究”。第二天，犯罪嫌疑人顶不住压力，投案自首，噩耗随之传来：原来此人在盗车之后，嫌不断哭泣的婴儿吵闹，怕事情败露，已将2个月大的婴儿掐死，掩埋雪中。

每个孩子都是父母的心头肉，这种意外，让每个家庭都无法承受。与其寄希望于坏人突然长出良心痛改前非，不如竭尽所能地去除安全隐患，在这个瞬息万变的世界最大程度地维持孩子的安全。

永远、永远不要单独将孩子留在车里，任何情况下都不要。惨痛的前车之鉴已经太多，不要再重蹈任何一个覆辙了。

此外，面对目前日益严峻的儿童安全问题，在孩子2岁以后，建议家长们早早教会孩子保护好自己。父母应当时常和孩子做情景模拟，告诉孩子，无论什么情况，都绝不能跟着未经授权的人离开，哪怕是熟人也不行。要知道，近八成的针对儿童的侵害都发生在熟人之间。

为此，推荐各位父母都教会孩子正确使用“安全密码”。这是我从一位加拿大的大学教授那里学到的。在她开设的课程中，教授和我们分享了自己和女儿设定“安全密码”的故事。

当女儿还在幼儿园时，她就和女儿约定好，每天选一个特定的词语作为“安全密码”。安全密码不得告诉除了母女俩和当天孩子的接送者之外的任何人。两人约定，到孩子幼儿园的放学时间，无论是谁去接女儿，都必须准确地说出那个词语，否则女儿绝不会跟着那个人离开。

譬如，周一早晨，妈妈告诉女儿：“宝贝儿，记住了，今天的安全密码是‘苹果’。”

到了下午，外婆去接女儿。第一秒钟，女儿笑逐颜开地投入外婆的怀抱；第二秒，女儿就离开了外婆，仰起头严肃地问：“外婆，我今天的安全密码是什么？”

当外婆准确地说出“苹果”后，女儿才放心地跟着外婆回家。有一次外婆出门太急，忘记了询问妈妈当天的“安全密码”，于是孩子怎么都不肯和外婆回家。后来，外婆不得不找幼儿园校长借了电话打给妈妈，获知了“安全密码”后，才顺利地将孩子接回了家。

除了我们可以借鉴的“安全密码”之外，想要孩子学会保护自己，我们还可以教会孩子信任自己的直觉，学会聆听自己的身体反应。

当真正的危险靠近时，我们的身体是一定会以某种方式提醒我们的。人体是很神奇的，除了视、听、味、嗅等感觉，还有被称为第六感的直觉。直觉是一种很特殊的感觉，会主动驱使我们远离危险。我们可以告诉孩子，如果他突然产生了“这事不太对劲”的不好的感觉，一定要尊重自己的直觉，不要否认自己的感受。他有权立刻做他所能做的一切（抓、咬、尖叫、逃跑）去维护自己的安全。

如果遇上危险，孩子要懂得聪明地向外界求助，寻找可靠的庇护。

最后，除了呼吁家长们要当心当心再当心之外，我们还急需社会系统的支持。家长们应当发挥自己的力量，推动我国尽早建立像北美的“安珀警报”一样严密的儿童保护系统，让针对儿童的犯罪分子插翅难飞，无路可逃。

每一个孩子都值得在和平安全的环境中，不慌不忙地长大。保护孩子，是全社会每个人的共同责任。

严防儿童性侵害，科学“性教育”刻不容缓

以前我收到过一位父亲的提问，说妻子带女儿出去散步时，有一个老人走过来和孩子聊天，妻子也没太在意。后来那个老人趁着妻子和别人聊天不注意的时候，用力掐了孩子的脸和屁股。孩子对此很不高兴，但是出于礼貌也没发脾气，只是事后将此事告诉了妈妈。妈妈认为自己的女儿被人性骚扰了。那位父亲问我：“这事算是性骚扰吗？”

我对于这件事的看法是，但凡发生了当事人不愿意的行为，都算性骚扰，谁都没有权利在孩子不愿意的情况下触摸他们身体的任何一个部分。父母一定要保护好自己的孩子。

提到“性骚扰”这个令人不快的话题，大部分人都会认为，只有年轻女性会面临被骚扰和侵犯的危险。事实上，无论是哪种性别，或是什么样的年纪，都有可能在某些场合面临被骚扰的状况。

那么，作为老师和家长，我们怎么做可以最大程度地预防这些事呢？答案就是，严防儿童性侵害，科学“性教育”刻不容缓。

1. 和孩子正确谈“性”

首先，要明确的一点是，性别特征和身体发育并不肮脏。我们应该从小

教会孩子他们的生理特征、生殖器的正确名称、将来发育期会产生的变化，以及告诉他们背心和短裤覆盖的部位不能让人碰。

科学的“性教育”是种很有效的防性骚扰的手段，因为猥亵儿童的犯罪者更倾向于侵犯语言能力弱的儿童，例如那些无法准确说出生殖器部位名称的孩子。犯罪分子知道，即使发生了侵害行为，孩子也不知道如何对监护人描述之前发生过的事，他们就更容易逃脱惩罚。

因此，家长要坦诚地和孩子讨论他们的身体，给孩子科普人体在生长发育期的变化。那不仅是为了让孩子熟悉各个部分的正确名称，更是为他们传递一种态度：性别特征是很自然的，身体变化是美好的，一切并不肮脏。

2. “性”并不神秘

加拿大的父母，会从孩子很小的时候开始，就耐心地解答孩子对于身体产生的所有疑问，拿着性教育读本告诉他们“性并不神秘，你好奇的答案都在这里”。

为什么男生和女生尿尿的方式不一样？为什么男女泳装的款式不一样？为什么孩子长大了就要和父母分房睡了？小宝宝到底是怎样来的？对于孩子的性教育该从什么时候开始，应该涵盖什么样的内容，这些问题一向都富有争议性，在不同国家和地区的实践标准也很不一样。

在我目前工作的加拿大不列颠哥伦比亚省，小学的性教育从四年级开始。性教育的内容包括如下几个方面：

（1）青春期身体的变化、青春期卫生；

（2）传染性疾病是如何发生的、如何保护自己的身体；

（3）五年级则讲到了男女的生殖系统、生理学，如何避免传播疾病；

（4）六年级的内容是如何应对发育期的身体和情绪变化；

（5）胎儿的形成过程，什么是 HIV和肝炎等疾病；

（6）七年级涵盖的内容除了对于上述内容的复习，还有男女生殖系统的发育过程和功能、生命的循环、青春期常见的问题、安全的性行为指南，等等。

在加拿大，性教育不仅仅是教孩子们正确认识“性”，更多的是涉及“我是谁”的自我身份认同的问题，以及教会孩子们如何坚持自己的立场，拒绝自己不愿意做的事。性教育手册的每一册最后一页，都鲜明地印上了大大的几个字：

“保护你自己！”

4.“性成熟”值得恭贺

加拿大的一位妈妈，在打扫卫生时发现了青春期的儿子悄悄藏起的一本艺术写真，里面的模特女孩穿着都很“清凉”。妈妈发现后没有大惊小怪，而是默默将写真放回了原处，之后平和地将此事告诉爸爸，让爸爸有机会去找孩子聊聊。

爸爸笑了，找了一个恰当的时机，教会了孩子怎样“像个绅士一样”和女孩约会。他骄傲地拍拍儿子的肩膀：“恭喜你，儿子，你正在变成大人！”

和孩子们青春期躁动的荷尔蒙一样，在儿童早期的身体发育期，孩子们也对自己的身体充满了好奇。他们在自我探索中，免不了会做出一些在家长看起来“不雅”的举止，比如抚弄生殖器之类的。

这种时候，请家长不要大惊小怪或大声训斥，避免为孩子留下心理阴影。我们可以温和地对孩子解释，那些举动不适宜在大家面前进行，但他们可以在自己的房间里自我探索。

5. 对“性侵”受害者说：不是你的错

很多女性在网上说，成长过程中许多人都曾经经历过性骚扰、猥亵甚至性侵。一旦碰上了性侵害，她们不敢告诉别人，因为觉得丢人，觉得自己“脏了”。她们知道，即便是告诉家长，也只会换来一顿“你怎么这么贱”“真丢我们的脸”……没有人能帮她们讨回公道，她们的眼泪只能默默往心底流。

在加拿大，父母对于孩子的态度则大不一样。父母从小就鼓励孩子，一旦遇到自己不喜欢的行为要坚定地说“不”。他们还会告诉孩子，无论是熟人还是陌生人，只要感受到他们不怀好意，这种情况不需要讲礼貌，要大声坚定地拒绝，迅速离开。即便是不幸遇上侵害，也不要害怕，应尽快将此事告知父母或老师，寻找可靠的帮助。

孩子应该明白，无论发生了什么事，自我保护是第一位的。如果意外碰上了侵害，不要害怕，那不是他们的错。他们都明白，如果坏事无可避免地发生了，要在第一时间告知父母，做好后续的保护措施。父母会站在孩子这一边，尽最大努力减缓伤害。由于平时父母与孩子之间已经建立起强大的信任感，孩子会更有安全感。

总之，与其让孩子面对侵害时吓得呆若木鸡，不如早早就帮助他们建立一种认真保护自己的姿态。尽早地对孩子做好科学的性教育和自我保护意识，是很有必要的，也是很有效的。

关键时刻能救命的急救包里，应准备哪些“秘密武器”

在加拿大每一所幼儿园的每一个班级，急救包都是必不可少的安全设备之一。老师们会随身携带，无论是带孩子们去操场玩耍，去公园散步，还是去春游远足，我们随时都准备好了应付最糟糕的状况。英文中有句谚语叫作“存最好的希望，做最坏的准备”，这句话在很多场合都适用。

家庭急救包的内容应当因人而异，但基本上应该覆盖以下几个大类。家长可以对照下面的清单，根据家庭成员的实际情况进行必要的替代和增补。

第一大类：医疗急救必需品

1. 家庭所有成员的医疗信息卡。

首先，在使用任何药物之前，记得一定要遵循儿科医生的医嘱，不要自行替孩子作诊断。

急救包中必备的，首先是家庭成员的医疗信息卡。它的作用是在第一时间给予护理人员足够的医疗信息，这可以大大降低抢救的成本，提升抢救的安全系数。

医疗信息卡的内容应该包含孩子的以下信息：

（1）姓名；

（2）生日；

（3）健康卡／医保号码；

（4）监护人姓名、住址和电话；

（5）相熟的医生和医院号码；

（6）如果购买过医疗保险，请附加保险公司号码；

（7）个人过敏史和慢性病史；

（8）其他重要信息，例如医疗机构的号码，以免在惊慌失措时忘记；

（9）能够提供协助的家人、朋友或邻居号码。

2. 过敏严重的孩子需要“救命笔”。

“救命笔”（EpiPen）在国内使用得较少。

我们可以把“救命笔”理解为一种含有药物的家庭式的医用注射器，它的主要成分是肾上腺素，功能是缓解严重过敏症引发的休克。

在北美，很多儿童都有特别严重的坚果或者小麦过敏症，一旦误食，会引发全身肿胀、头晕、休克等症状，如果抢救不及时甚至会死亡。因此，这样的孩子就需要随身携带一支“救命笔”，里面有专门治疗缓解过敏症的药物。每个孩子所使用的“救命笔”都不同，上面由医生标注好了患者姓名、药物类别和有效期，以确保安全。

3. 止痛剂，要由专门的儿科医生指定品牌和剂量，不要滥用。

4. 口服脱水补充液，用于儿童腹泻后的脱水情况，主要成分是葡萄糖和水。

5. 过氧化氢或酒精棉，用于清洗割伤和擦伤。

6. 抗菌乳膏。用于伤口清洁之后，涂抹于伤口处防止感染。

7. 炉甘石洗剂。孩子不慎接触有毒植物或被蚊虫叮咬后，此物可平复皮肤瘙痒，缓解红肿和疹子。

8. 儿童专用的防蚊虫叮咬喷剂。

9. 儿童专门品牌防晒霜。孩子在出门前应涂抹防晒霜，戴好帽子和墨镜，以保护他们娇嫩的皮肤。

第二大类：医用工具

1. 婴儿或儿童型的体温计。

2. 镊子。主要用于拔除扎入皮肤的碎片、尖刺等。

3. 锋利的小剪刀。

4. 小型量杯，用来衡量计算孩子摄入的药品的液体剂量。

5. 小型“暖宝宝”，缓解腹痛。

6. 冰袋。用于处理瘀青、扭伤等。

7. 小型强光手电筒及备用电池。用来检查喉咙肿胀、眼睑发炎、耳道感染等。

8. 压舌板。

9. 鼻腔冲洗球，缓解鼻塞。

10. 密封的酒精棉布，用来为体温计和其他工具杀菌。

11. 一次性的橡胶手套。接触其他人的体液（血液、唾液、尿液、消化液、汗液等）之前，我们都需要戴上橡胶手套避免感染。只有先保护好自己，才能更好地保护孩子。

12. 医用三角巾。用来处理骨折后的包扎和固定。

第三大类：绷带和清洁湿巾

1. 大量干净的无黏性纱布。

2. 医用胶带，用以固定纱布。

3. 密封无菌的酒精棉球，用于清洁皮肤上的小擦伤和瘀伤。

4. 干净的棉签。主要用来清洁耳朵和鼻子的外部。

5. 大量各种形状和不同用途的创可贴。

6. 绷带，可以用于身体的各个部位。

7. 清洁的湿纸巾。

8. 笔和纸。

9. 紧急情况下用的保温毛毯和眼罩。

10. 隔离设备，例如面罩和人工呼吸罩。

11. 零钱（用来使用公共付费电话）。

12. 一本简单易懂的儿童急救手册。

第四大类：个性化急救物品

每个孩子的需求都不尽相同，因此，有效的急救包里一定要有能满足孩子个人化需求的物品，例如健康的零食之类的。

1. 对于容易贫血和低血糖的孩子，必要的时候应该补充高能量食品，如巧克力、能量棒和坚果之类的。

2. 携带体积小、热量高、易于保存的零食，含纤维与蛋白质的食品，如麦麸饼干等。

我们自然不希望孩子们遇上任何形式的危险。正是因为这样，作为家长和老师的我们才要做好万全的准备。在紧急状况下能够拯救生命的家庭急救包里，要能应付得了可能发生的最坏的意外。

因此，希望每个有孩子的家庭都备有一份内容充实的家庭急救包，即使永远没机会用上它。

培养“终身学习者”：三分钟让孩子爱上阅读

现代社会，最需要的是“终身学习者”。怎样培养孩子成为“终身学习者”呢？孩子们的早期阅读经验很重要。从小开始阅读绘本，能帮孩子发展认知能力、语言能力和逻辑思维能力，不仅能全面提升孩子的智商，还能让孩子有更好的注意力，能够适应未来的学校生活，获得长期的学术方面的成功。

在我现在班级里的小朋友，年龄是2～3岁，正是家长们头痛他们“坐不住”的年龄。当家长们看到那些在家里压根儿坐不住的孩子们，在学校的“故事时间”竟能安稳地坐上45～60分钟，全程注意力集中，积极配合老师，家长们惊讶极了。

事实上，我们发现两三岁的孩子虽然注意力时长有限，但如果阅读主题活动的设计符合他们的身心发展规律，他们是完全有能力“坐得住”的。

我根据自己在加拿大早教学校当阅读老师的经验，总结了四点“秘诀”，能够让孩子们爱上阅读，建立对于“终身学习”的兴趣。

1. 良好阅读习惯需要“仪式感”

在我们班，每天孩子们的活动都很有规律，有一种庄严的“仪式感”。

小朋友在吃好早餐后，主动收好餐盘，排队去洗手间上厕所和洗手。在老师的引导下来到图书角坐下，静静读书，等待老师讲故事。接下来，小朋友们依次把绘本放回书架，来到宽敞的地毯活动区，自己去架子上拿一个小圆坐垫，找好自己喜欢的位置坐下。

小朋友们坐下的位置往往形成一个半圆形，负责讲故事的阅读老师正好坐在半圆的圆心位置。顾名思义，我们把这个集体活动的时间段叫作“晨圈时间”。在“晨圈时间”之内，老师的任务是让小朋友们集中注意力，聚精会神地参加到老师提前设计的故事活动中来。晨圈时间基本上也是讲故事和阅读，为了训练小朋友能够“坐得住”，遵循老师给予的指示，和同伴们交流，一同锻炼思维能力、想象力和语言表达能力。

我们进行集体“晨圈时间”的目的，并非为了培养出一群“听话”的孩子，而是为了教会孩子们体察并遵守集体中的规则，能够良好地配合老师和同伴，学会尊重，学会合作。儿童的规则意识需要从小就开始培养，这样将来进入小学、中学、大学，毕业后步入社会的时候才不至于无所适从。我们鼓励孩子探索自己在集体中的定位，并发展领导潜力。

2. “过程导向”的阅读活动更有乐趣

针对孩子的阅读训练，应当是过程导向，而非结果导向。

我们不需要强迫两三岁的孩子一本正经地坐下来读书。我们想要培养提升的，是孩子们对于阅读的兴趣。我们会鼓励他们坐下来，和小伙伴们聊聊天，听老师唱一支歌，讲一个故事，演一出玩偶戏，表演一个魔术，或者大家一起玩一个简单的小游戏，等等。

我的“晨圈活动”主要通过以下的几个方式进行：打招呼、练习使用社交语言、认识日历和天气、认识字母和发音、唱歌、讲故事，以及身体活动。

首先，唱一首简单的欢迎之歌《小火车欢迎你》。我会把每个小朋友的名字都编入不同的小节唱出来，听到自己的名字出现在歌曲里，小朋友们都很高兴。

接下来，进入寒暄问候的环节。我会用简单的寒暄用语问候每一个小朋友，再和大家谈谈日期和天气，让孩子们对于时间的流逝有个基本概念。每一周，我们都有不同的教学任务，让孩子们以阅读、游戏和故事的形式依次接触26个字母表，唱一支字母之歌。

我们不强制孩子们记住字母发音，只是像讲故事一般生动地把它呈现在孩子们面前。过程导向而非结果导向，不做任何的强制要求，反而会让孩子对阅读活动更有兴趣，学得更好。

3. 善用玩偶等教具，把故事“演”出来

出色的教学活动，就是一场表演，能够完全抓住孩子们的兴趣和注意力，让他们在充满愉悦的氛围中成长和学习。

对于年纪尚小的孩子而言，他们需要生动活泼的教学模式，例如使用玩偶表演、歌曲、游戏和舞蹈等形式来强化记忆。我们的教室里，就长期放置着26个动物玩偶，每个玩偶代表着一个字母。

例如，代表字母a的玩偶是一只绿色的短吻鳄（Alligator）；代表字母b的玩偶是一只棕色的小熊（Bear）。每一只动物玩偶的肚皮上都印有相应的小写字母。这样的设计，是为了通过小朋友对于动物玩偶的兴趣，让他们从直观上认识26个字母的样子，为他们将来的读写能力打下一个好基础。

对于孩子们而言，字母表的学习不再是枯燥无味的书本，而幻化成了有趣的、可以共同玩耍的小动物。老师不强制要求孩子们记住每一个单词的发音，只是愉快地和他们分享与字母有关的小动物，以及小动物有趣的习性特征。孩子们总是听得津津有味。

4. 和孩子一起动手，自创的故事更有趣

老师根据灵感自行创作的“绒布故事”，在北美的儿童教育领域非常流行。“绒布故事”通常在绒布展板上进行，孩子们可以通过触摸绒布角色，身临其境地感受故事的情节。

下面就是我自己制作的关于小猫的“绒布故事”。图一和图二的故事

叫作《小白猫棉棉和她的三颗纽扣》，图三的故事叫作《小白猫棉棉和她的新靴子》。

图一

图二

图三

自己制作的“绒布故事”，好处就在于可以针对自己班上孩子的年龄和认知水平，对已有的故事进行修订或者创造新的故事，并自由发挥。

譬如，某个礼拜我们讲到了字母C，小朋友们意识到C可以组成很多词，比如“猫咪”和“蛋糕”。如果我手头恰好没有一本关于猫咪和蛋糕的故事，我就可以迅速地使用我已有的绒布小白猫，再另外制作几个绒布蛋糕，自己创作一个新的故事出来。

“绒布故事”的另一个好处在于，它能够让小朋友触手可及，通过触觉和感官来生动地参与到故事之中。例如下面的例子：

图四

图五

我制作了两个绒布篮子，一个上面标注了字母B，另一个标注了字母C。然后我问小朋友："大家觉得，这些胡萝卜（Carrots）应该放到哪一个篮子里呀？是Ccccarrots，还是Bbbbbarrots?"

小朋友会回答应该是Carrots，并指向标注了字母C的篮子。

然后，我还会准备另一只绒布小兔，让这只小兔"傻傻的"，故意把胡萝卜放错，放到标注了字母B的篮子里。这时，小朋友们就会大笑，喊道："放错啦放错啦！"

于是，我可以请几个小朋友依次走上前，帮助小白兔把萝卜放进正确的篮子里。小朋友们很喜欢这个游戏。

总之，想要让孩子成为"终身学习者"，家长最好从小时候就为他们准备丰富有趣的阅读活动，以身作则地引导孩子们爱上阅读。一个热爱阅读的孩子，将来的发展绝不至于令人失望。

孩子先“手巧”，才能“心灵”

我班上的两个名字很接近的孩子，暂且叫他们小露和小路。刚来我们班的时候，两个男孩的年纪只相差一个月，小露2岁3个月，小路2岁2个月。

仅看神情举止，年龄小一个月的小路看起来倒是比小露更像个大孩子，个头也比小露高出半头。在家里，他能干的事全都自己干，例如吃饭、穿衣、换鞋、把换洗衣服放入洗衣篓、收拾自己的图书和玩具……小路有自己独立的房间，每天晚上准点和父母道过晚安回房休息，从来不需要爸爸妈妈拍着背哄睡。早晨，他跟着父母来学校，独立地换好衣服鞋子，笑嘻嘻地吻过父母说再见，挥挥手，就头也不回地走进我们的教室。“晨圈活动”的故事时间，他永远坐得笔直，精神抖擞地倾听我讲故事，时不时还会举手提出一个问题，或者评价一下自己怎样看待这个故事。当我带领孩子们读一个新故事，或者玩一个新游戏，小路总是热情高涨地第一个要求参与。

小露则不同。他的爸爸妈妈工作忙，从小由奶奶带大。奶奶无微不至地照顾小露，什么事也用不着他干，吃饭都是要喂的。刚入园的时候，小露诧异地看着小伙伴们自己用汤匙和叉子吃饭，眼巴巴地盯着老师，等着老师喂他。每天早晨奶奶送小露来上学时，小露都扭着身子尖声大哭，别的小朋友不得不捂住耳朵。小露的语言能力其实很强，但平时习惯性地用哼哼唧唧的方式来撒娇，要求得不到满足就哇哇大哭。有时候小露想找小伙伴玩耍，却不知道该怎么友好地加入，于是劈手夺过小伙伴的玩具，或者拉着他们的手不肯放，把小伙伴吓得连连后退，大家都不愿意和小露玩。

其实，对孩子过于心疼、包办一切的家长，真是害了孩子。他们无微不至地照料，其实是剥夺了孩子的自信。要知道，越是相信自己“我能搞定”的孩子，越是独立和能干，也越自信。

想锻炼孩子的独立能力，我认为要先从孩子的“手巧”开始培养。一双灵巧的手，能干的事情太多了：穿鞋子、系纽扣、绑背带、端椅子、玩玩具、拿刀叉……能够顺利自如地使用双手的孩子，都是很能干的，日常生活中不需要他人的过多帮忙，就能照顾好自己。那么，怎样的教学活动可以打造孩子的一双巧手呢？这就需要老师创造出的手眼协调、手脑结合的精细运动了。

有的家长强制孩子小小年纪就坐下来一本正经地练习写字。这对于他们的年龄段来说，既不适合，也不现实。相反，如果我们为孩子设计和布置整个房间，放置两张孩子们可以任意发挥创造力的“工作台”，满足孩子们对“玩”的需求，孩子们手部的精细运动就能发展得更好。

例如，在我的教室，每一天孩子们都能在“工作台”上发现新的玩具和游戏活动，橡皮泥、填色绘图、简单的迷宫、描绘动物轮廓图……这些游戏的设计并不是漫无目的的，在“玩耍”的背后，有着我们精心布置的教学理念。这些游戏，有助于孩子锻炼手部的灵活度和小肌肉群，提高手眼协调能力，提高对语言词汇的感知力。

这里给大家介绍一些适合孩子和父母共同进行的亲子活动，以手部精细运动为目的：

1. 橡皮泥

橡皮泥很便宜，容易买到也适合自制，非常适合孩子和父母一起玩。它不仅能锻炼孩子手部的小肌肉群，还能激发孩子的想象力、创造力。在父母的引导下，孩子能够用口头表达能力描述自己的作品。

父母可以针对孩子的作品，提出各种问题，例如：“这是什么？小兔子？小兔子现在打算干什么呢？”

父母可以鼓励孩子使用不完美的语言去描述自己的作品，并通过交流，帮助孩子扩大词汇量。

2. 描摹本

描摹本的好处在于，它可以锻炼孩子的巧手，也能让孩子在专心致志地涂色中变得冷静和专注。缺点在于，它的创造性不强，孩子无法发散想象力。所以，描摹本的使用要恰当，不要过度。

有条件的家长，可以为孩子自制一本他们喜爱的描摹本。自制的描摹本的好处，就是那是独一无二的。比如，如果孩子喜欢恐龙，而我们刚好又买不到恐龙题材的描摹本，就可以直接上网搜集恐龙素材，打印出一系列恐龙描摹图。

3. 拼图和迷宫游戏

除了上面所说的活动，如果想要锻炼孩子的手眼协调能力和手部灵活度，还可以同他们进行拼图和迷宫游戏。拼图不仅让孩子锻炼了手指灵活度，还增添了他们的耐心和毅力，可以不断挑战难度更高的作品。

迷宫游戏，则能够提升孩子的逻辑思维能力，加强他们的记忆力。

总之，我们应该重视孩子的“巧手”和精细化动作发展，因为只有先做到“手巧”，才能做到后一步的“心灵”。还有，精细化动作发展，需要“粗放式”养育才能成功。家长照顾得越是“精细”，孩子的手就越缺乏锻炼。因此，想要养出心灵手巧的孩子，家长就要从克制自己开始，尽量自己“不动手”，鼓励孩子“多动手”，多说“你做得到”。

发掘“未来科学家”：怎样激发孩子的创造探索精神

作为一个在温哥华工作的儿童教师，我的工作职责之一就是让孩子们在充满乐趣的环境中学习各种各样的知识。

北美幼儿教育理念认为，科学家是无法被“制造”的，他们只能被“发现”。那些最伟大的科学家，最该感谢的是父母，从小没有浇灭他们求知欲的火苗。家长发现了孩子的潜力，诱发了他们对真理的热情和探求，并提供知识的资源供他们无限遨游。

在这里，我想和读者分享一个发掘“未来科学家”的活动，即家长和老师结合自身的兴趣，带领孩子一起进行“科学和社会学研究”。不要被貌似高大上的“科学和社会学”的名头吓到了。这是连我们班3岁以下的小朋友都可以完全理解、积极参与的活动。

“科学研究”的涵盖很广，大到研究宇宙有几大星系、恐龙是如何灭绝的，小到蚂蚁的身体构造，都可以算作是科学研究。“社会学研究”的范畴就更广了，所有与人文有关的知识都属于社会学，包括人的情绪、家庭、朋友、自己的爱好，等等。

在我所负责的班级里，我们每个月都会有不同的“科学／社会学研究”。下面是我们的教学计划表：

1. 一月：“植物”

老师询问孩子，我们生活中常见植物有哪些？它们的形态、名称和生长环境分别是什么样的？作为延展活动，我们还可以带领孩子外出散步，顺便观察公园里的植物。

2. 二月：“宠物”

老师询问孩子，哪些动物可以算作是宠物？哪些小朋友家里养了宠物？宠物为我们带来什么样的好处？我们应该怎样照顾它们？

如果条件允许，请家长配合，从家里带来宠物兔子一类的较温顺的动物，给孩子们参观。

3. 三月：“动物”

老师教孩子，关于世界上常见的动物的知识，农场动物和野生动物的不同生活习性，食肉动物和食草动物的不同，动物的进化，等等。

在进行动物主题科学的学习过程中，学校通常鼓励老师和家长组织一次实地考察，带领孩子们去农场亲自接触小动物，或者参观动物园。

4. 四月：“昆虫”

老师教孩子认识不同的常见昆虫，理解昆虫的习性和生存环境。孩子们可以学习昆虫的生命循环，昆虫的食物链，以及它们在大自然中的作用。

老师和家长还可以鼓励孩子们饲养某些昆虫，例如观察蚕吐丝结茧的变化，毛毛虫羽化的过程，蚯蚓是怎样让土壤发生变化的，等等。

5. 五月：“恐龙”

老师教孩子认识恐龙及其他远古生物。通过查阅资料，我们带领孩子认识不同习性的恐龙，阅读关于恐龙的故事，让孩子发挥想象力，讨论恐龙后来去了哪儿。

6. 六月：“宇宙和太空”

老师教孩子认识何为宇宙，什么是星系，太阳系里的星球有哪些，认识我们生存的地球，以及人类是怎样乘坐宇宙飞船探索宇宙的。

我们可以让孩子尝试着用纸板做一艘简单的“太空船”，再用黑布把教室遮起来，营造一个小型的“宇宙”，让孩子体验一把“星际穿越”的感受。我们还可以带领孩子去本地的科技馆参观，接触更多的宇宙知识。

7. 七月：“水”

老师教孩子认识水的不同形态。水、冰和蒸汽有什么不同？怎样制造冰和水蒸气？我们还可以带领孩子们进行水形态转换的实验。

8. 八月：“海洋”

老师教孩子认识海洋里的生物。它们是怎样呼吸的？它们的生命和陆地生命有什么不同？海洋里有哺乳动物吗？

老师可以得到家长的配合，组织家长带孩子一起去当地的水族馆参观。

9. 九月：“我的身体”

老师教孩子认识身体各个部位的名称和简单的人体解剖学知识。小朋友们通过阅读绘本故事，观察老师带来的人体X光图，来认识人体结构和骨骼的作用。

类似的活动还可以延伸到艺术类。例如，我们用颜料和棉签自制自己的手印和手骨图。此活动还可以延伸到唱歌和舞蹈方面，例如*Head, Shoulder, Knees and Toes*和*My Hand, My Mouth, My Nose and My Ears*这两首歌都很适合和孩子做游戏。当老师唱到某个身体部位时，小朋友要将自己的手指向相应的部位摇晃。

对于大一点儿的孩子，我们还可以在此主题中加入性别教育的元素：男孩子和女孩子的身体有什么不一样？哪些部位属于隐私部位？如果有人未经允许碰触自己，我们该怎么做？

10. 十月："我的家庭"

老师教孩子关于每位家庭成员的称呼，不同的家庭是什么样的，不一样的家庭特征，正确认识单亲家庭、多子女家庭、丁克家庭等。

11. 十一月："天气"

老师教孩子怎么辨别天气，天气的特征，以及适合不同天气的不同着装，不同天气可以进行的户外运动。

老师还可以引导讨论：你最喜欢什么样的天气？为什么？

12. 十二月："冬季庆典"

老师教孩子，在北美的冬季庆典有圣诞节、驯鹿和圣诞老人，在世界的其他国家，大家有些怎样的冬天庆典呢？

想要激发孩子对科学的兴趣，最好的方式就是把科学元素融入儿童的日常玩耍之中。上面的科学主题活动都是我亲自带领孩子们体验过的，小朋友们对科学主题活动都非常感兴趣。毕竟，对于孩子而言，没有什么比亲自动手更有趣的，而科学主题活动为他们提供了不少独立观察、自由创造、自我表达的机会。

儿童早期的阅读写作训练并不一定要强制孩子静坐下来读书写字。科学的主题活动，也不是强迫孩子学会做实验，或者加减法计算，而在于锻炼孩子们的逻辑思维能力和合理质疑的思辨精神。我们通常通过游戏的方式，给孩子普及"科学是很有趣的"的概念。每个大人都曾经是孩子，所以，我们和孩子一定是能玩儿到一起去的。我们只需要暂时忘记自己已经长大的事实，放下自以为是的心防，从孩子的视角去重新观察这个世界。

好的家长和老师，不仅仅教孩子科学知识，更是要激励他们自己去寻找关于生命的答案。每个孩子都是天生的科学家和艺术家，只要我们不去打压他们的好奇心，他们就能将这份宝贵的求知欲的火焰一直保存下去。

体育：教你轻松设计出孩子们热爱的户外活动

在加拿大，老师们相信孩子的身体素质决定了他们终生成就的上限。因此，自由的户外玩耍时间，即我们教育体系中的“体育”，是孩子身心健康的重要保证，也是优质幼儿园培养计划中的重要环节。

在我们学校，孩子们每天要风雨无阻地在户外活动两次，每日待在户外的时间至少90分钟。充足的户外运动时间，能够帮助孩子的身体发育得更好，也能够让他们在消耗能量之后胃口大开，好好吃一顿有营养的午餐，再美美地睡一个午觉。让孩子们从小就进行足量的运动，对于他们的心理健康状况也是有好处的。

想要为孩子设计一些好的户外活动，应该注意些什么？下面是可供家长们参考的几个步骤。

第一步：和孩子一起准备合适的户外“装备”

北美幼教领域有一句话是这样说的：“没有坏天气，只有不合适的着装。”大家认定，无论在任何天气，孩子们都能穿戴上合适的“装备”，开开心心地去户外玩耍。

温哥华夏天日照时间长，空气干净，紫外线强烈，而冬季则温和多雨。因此，为了保证舒适的户外时间，我们幼儿园里每一个小朋友都是“全副武装”的。他们各自的柜子里，整整齐齐地放满了水杯、雨靴、防寒雨衣、绒布外套、背心、防水裤、棉布长裤、帽子、手套、太阳镜、防晒霜、室外跑鞋、室内舒适鞋，以及三套以上的换洗衣物，每一件物品上都清晰地标注好自己的名字，以免和同伴弄混。

第二步：让孩子有撒欢儿专属的“破衣服”

孩子毕竟是孩子，一定会有大喊大叫、撒丫子奔跑、在沙子里钻、在泥里打滚等“不讲规矩，不守礼仪”的需求。这种对于“混乱感”的需求，在室内很难得到满足。因此，户外活动场就是个撒欢儿的好地方。

很可惜，现在的城市生活，已经让我们减少了许多探索大自然的乐趣。更何况，当孩子们穿上昂贵时髦的大牌童装，父母开心地带着孩子拗造型，叮嘱孩子“别把衣服弄脏了”，孩子根本不敢甩开手脚自由地玩耍。越是穿着精致的孩子，越是束手束脚。

有“儿童教育神作”之称的自传体小说《窗边的小豆豆》里，小林校长就针对此事做出了一个明智的判断。他告诉家长们：“请您让孩子穿上他最破的衣服来学校上学。”

这样孩子才可以无拘无束地发挥想象力，尽情享受户外的乐趣，而不是担心爸爸妈妈责骂自己弄脏了好看的衣服。

第三步：带领孩子认识大自然

户外活动能够帮助孩子认识大自然。

我们在不同的季节，引导孩子们观察树叶颜色的变化，采摘大自然的果实，观察各种昆虫和小松鼠……大自然赐予的教育是最好的教育，孩子们通过亲身体验，把自己和这个世界紧紧地联系在了一起。

以前我在维多利亚岛大学幼儿园实习时，我们学校旁边就是一大片静谧的森林。实习中心的老师们也常常带着孩子们去森林中探险，去小溪边玩水。孩子们给小溪取了个名字叫作“蚯蚓河”，在下雨天一边欢笑着踩水，一边观察“蚯蚓河”的溪水涨落现象。每天早晨，小朋友们都会满怀期待地等在窗边，等着鹿爸鹿妈带着刚出生不久的小鹿悠闲地从学校后院经过……现在想起来，仍然是最温馨美好的回忆。

现在我工作的私立幼儿园处于城市最繁华的街区，本来没什么大自然可言，好在附近有个优美静谧的小公园。孩子们每天都在公园里奔跑撒欢儿。他们很擅长“一叶知秋”，从细节中发现大自然的美。有的孩子用藤条编制篮子来捡拾松果，有的孩子大声宣布他发现了“松树在分泌香香的胶水（松香）”，还有的孩子专心致志地蹲下身观察蚂蚁排队搬运食物。

有一次，烈日当空，一条蚯蚓痛苦地扭动着身躯，快要被晒伤了。小朋友们飞快地奔跑过来向我报告。我告诉他们，蚯蚓需要水，它喜欢阴凉的地方。小朋友们立刻说，我们把它带去树叶下面的泥土里吧！我告诉孩子们，我们人类的手指太粗糙了，用手抓它容易让它受伤，该怎么办呢？小朋友们都积极地想起办法来。最后，他们一个负责去找柔嫩的树叶，一个小心翼翼地把蚯蚓用嫩叶包起来。大家一起找了个背阴的泥土松软的地面，郑重其事地把它浅浅埋进土里，还撒上了不少清凉的水帮蚯蚓解渴。

第四步：建立规则意识

户外玩耍的时间段属于孩子自己。孩子们可以找自己感兴趣的活动来做，老师们都会给予大家自由的选择。

只有两个规则需要小朋友们遵守：

一是要保证自己和其他人的安全，不能做危险的事，也不能不遵守秩序（打人和抢玩具），等等；

二是要对自己的行为负责，在完成一个活动之后，要做好善后的清洁工作。

我们希望通过自由活动时间，让孩子们明白他们每个人都有自己的“自由选择”，但同时，他们也需要为自己的选择承担相应的责任。在一个集体中，这种积极良好的氛围一旦被建立起来，就能充分地渗透到每一位个体的潜意识之中。

做到以上这几步，我们就可以和孩子尽情享受户外的好时光了！每一位老师和家长，都有能力为孩子设计出他们热爱的户外活动，只要我们足够用心，就能带领孩子体验更不一样的教育。

“小小世界人”和国际化价值观

现在的世界是个大大的“地球村”。我们的孩子和全世界的孩子一样，站在世界的起跑线上，未来他们要面临的是共同竞争和合作。世界是平衡的，如果我们想要得到更多，就要比别人付出更多。想要提升孩子的竞争力，我们必须让他们从小就接轨国际化价值观，将自己锻造成优秀的“世界公民”，成为一名“小小世界人”。

成熟的“小小世界人”不追求绝对的公平，毕竟绝对公平只存在于理想的乌托邦。他们更应该追求的，是在自己所处的位置找到平衡，选定一个只属于自己的，可以撬动世界的支点，最大化地发挥自己的潜力，散发光和热。

践行以下几点北美孩子都在培养的国际化价值观，会对我们国内的孩子有帮助。

1. 坚毅（Grit）成就自我

“坚毅”（Grit）这种品质，按照现在的标准，正是心理健康和成功人生的重要指标。身心健康得很纯粹的孩子，是足够强韧和坚毅的。他们经受得起各种考验，面对痛苦绝不退让，永远能带着一颗乐观的心继续向目标迈进。

成长是件残酷的事，没有人可以不支付必要的代价。要坚持自我是很困难的，想要保持个性，就必须承受孤独和众人的非议。同样地，想要“合群”，必须牺牲掉一部分自我，与自己并不那么喜欢的人虚与委蛇。面对挫折，脆弱的孩子害怕得退缩了，而坚毅的孩子则咬牙坚持，解决困境，进入了人生的新阶段。想要培养心智坚毅的孩子，关键点在于我们要帮他们保存内心的勇气。多鼓励，而非否决；多放手，而非包办。这样养出来的孩子，未来可期。

2. 保护弱势群体，让世界更美好

一个国家最宝贵的资产，是它的人民。一个社会伟大与否，在于它是否能保护弱势群体，让每个人都有可依靠的未来。

社会不同阶层的个体之间可以有差异，但支配人心的应该是自由、公平、尊重，而不是狭隘和不宽容。我们要告诉孩子，不管他们属于多数派还是属于少数派，都不要轻易地给人“贴标签”。不能用标签去绑架别人的人生，更不能让标签去定义自己的人生。

所有特立独行、忠于自己的个体都值得敬重。我喜欢他们身上时隐时现的信心与力量感。希望每个孩子都能在社会上找到属于自己的位置，并从内心的立场积极为自己认为正确的事物发声。未来社会的新风向，就留给新一代的中国孩子去解答。

3. 锻造孩子的“心理弹性”

当理想照进现实，我们往往会发觉，自己那些信心满满的期盼，几乎从来不会发生。命运往往对我们另有安排。教育的成功，在于教会孩子不要气馁，要迎难而上。

我从小学过钢琴、舞蹈、绘画、书法、奥数、作文……然而，至今只有我真心喜爱的阅读、写作坚持了下来。因为任何一项技艺，如果希望达到精通的程度，中途需要经历好几个“坎”。刚入门谁都觉得简单轻松，但再往上一级就需要不断被打击，要战胜很多内心的挫败感，坚持以蜗牛般的速度

往上拱才能有所成就。坚持积累到了一个节点上，就会突飞猛进。然后，想再上一个台阶，就会有更大更长的瓶颈阶段需要突破。面对这种状况，所有的孩子都一样，喜欢的东西怎样都能坚持下去，而不喜欢的东西怎样都不能坚持长久。

一个从小为了自己的爱好而不断克服困难的孩子，不管外界给予多少打击，他们都由衷地相信自己终会成功，因为自己是个值得被爱的好孩子。他们专注、好奇、热情、百折不挠、充满责任感……最后成功地站在顶峰的那批人，不一定是天分最佳或最聪明的人，而是懂得自己要什么，充满内在驱动力，性格坚韧，肯数十年勤学苦练的人。

4. 家园共建“育儿友好型社会”

幼儿园和家长一起，应该共同推动建立“育儿友好型社会”。我们每一个人的力量都至关重要。毕竟，我们每一个看似微小的选择，都是在为自己和孩子们未来生活的世界投票。

大到儿童安全座椅的推广，公共环境里的育婴室和哺乳室，公交车上的孕妇专座，小到人们对怀孕期女员工更多的尊重，我们每个人都可以行动起来，由自己做起，一点一滴建立一个更少歧视的社会，给孩子一个更公正、更美好的成长环境。

总之，世界是个地球村，“软实力”的竞争才是未来20年孩子们竞争的核心。我们应该注重培养孩子的专注力，让他们投入地做自己喜欢和擅长的事。自由独立、有幽默感、耐得住寂寞、挺得过挫折、不放弃梦想的一颗赤诚的初心，就是孩子可以拥有的最可贵的品质。

我们可以为孩子做的，还有很多。祝愿天下所有的父母和孩子们一起，都能拥有一个比从前更宽广、更美丽的世界。